Walter Mair

Osttirol Süd

Lienz – Drautal – Villgraten – Lesachtal

50 ausgewählte Tal- und Bergwanderungen

ROTHER
BERGVERLAG

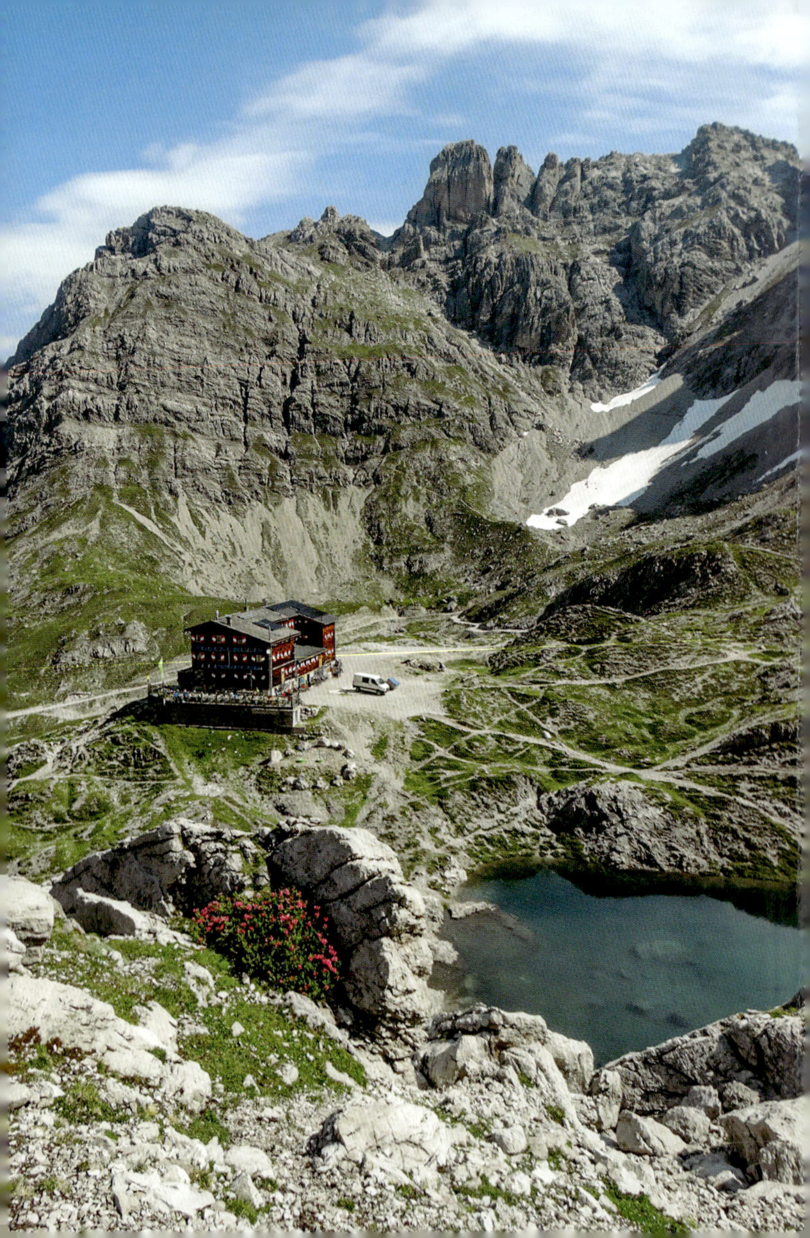

VORWORT

Der Wanderführer Osttirol Süd erscheint nun in 7. Auflage. Das spricht für die herrliche Osttiroler und Kärntner Berglandschaft, für das lohnende und vielfältige Tourenangebot. Um auf aktuellem Stand bezüglich Wegen, Steigen, Hütten und Touren zu sein, bin ich in den Jahren 2019/22 alle hier vorgeschlagenen Wanderungen und Bergtouren noch einmal abgegangen. So wurden auch alle durch das Sturmtief Vaia im Oktober 2018 verursachten riesigen Waldschäden berücksichtigt, soweit davon Wege und Steige betroffen waren.

Die hier vorgestellten Bergziele sind fast alle in einer halben Autostunde von Lienz, Sillian oder Kötschach-Mauthen erreichbar. Von Lienz aus präsentiert dieser Wanderführer die Schönheit der Lienzer Dolomiten, ehe wir den Zietenkamm und die südliche Schobergruppe besuchen. Das Pustertal aufwärts entdecken wir die besonderen Eigenheiten der Villgratner Berge. Zu Osttirols schönsten Almdörfern im Villgratental führen historische Wege und unvergessene Schmugglerpfade – dort, wo nicht selten alte Geschichten vom Leben der Schmuggler, Wilderer und Jäger erzählen. Vom Sillianer »Marktl« steigen wir zum Karnischen Kamm auf, der uns, begleitet von stummen Zeugen aus dem Ersten Weltkrieg, bis hinüber zum Plöckenpass nicht mehr loslässt. Das Kleine Tiroler Gailtal sowie, jenseits der »Wacht«, das Kärntner Lesachtal bis Kötschach-Mauthen liegen zu Füßen des Karnischen Hauptkammes, über den der anspruchsvolle »Weg des Friedens« führt. Nördlich des Tiroler Gailtals gibt es ein sanfteres Gegenstück dazu, den Gailtaler Höhenweg, der eine Tagesetappe lang seine Geheimnisse preisgibt.

Ein Dank gilt den vielen Hüttenwirten, die den Wanderern und Bergsteigern Quartier und Einkehr anbieten, sowie den kleinen, auch ehrenamtlich tätigen Arbeitstrupps, die Wege und Steige markieren und instand halten. Es schließt daran die Bitte an alle Besucher an, die idyllische Landschaft und deren unwiederbringliche Oasen der Natur zu schützen. Damit sichern wir auch unseren Nachkommen Naturparadiese auf der Sonnenseite des Lebens.

Lienz, im Sommer 2022 Walter Mair

Die Karlsbader Hütte, 2260 m, am Laserzsee. Der Steig führt in kurzen Kehren auf die Laserzwand (Tour 7) mit dem Schöttnerspitzl. Zur Rechten reihen sich Roter Turm, Ellerturm, Kleiner Laserzkopf u. a.

INHALTSVERZEICHNIS

Lesachtal

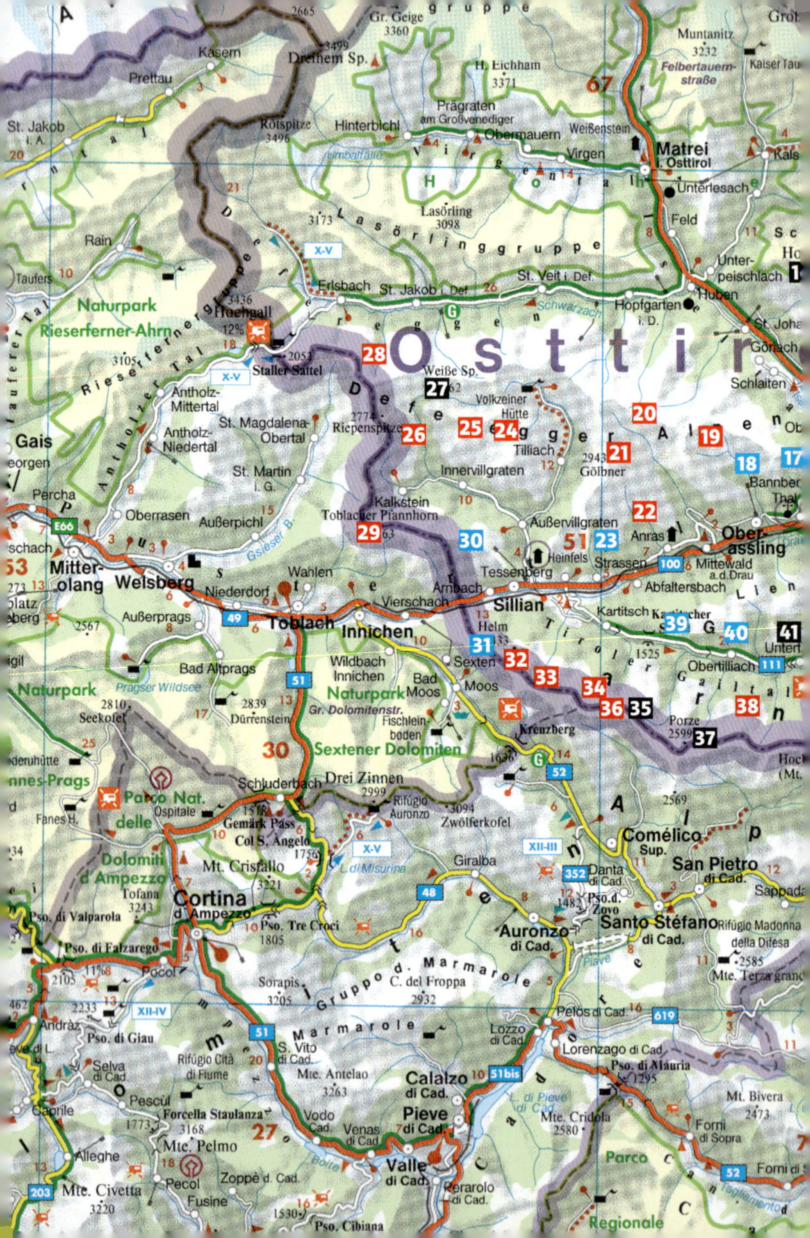

Gr. Geige
3360
Drehem Sp.
Kasern
Prettau
St. Jakob i. A.
H. Eichham
3371
Prägraten am Großvenediger
Hinterbichl
Rötspitze
3496
Obermauern
Weißenstein
Virgen
Matrei i. Osttirol
Unterlesach
Muntanitz
3232
Felbertauern-straße
Kaiser Tau
Umbalfälle
Lasörling
3098
Lasörlinggruppe
3173
Feld
Rain
Taufers
Naturpark Rieserferner-Ahrn
Hochgall
3436
Erlsbach
St. Jakob i. Def.
St. Veit i. Def.
Schwarzach
Hopfgarten i. D.
Huben
Unter-peischlach
Staller Sattel
2052
Osttirol
Weiße Sp.
Volkzeiner Hütte
Rieserfernergruppe
Rieserferner Tal
Antholz-Mittertal
Antholz-Niedertal
Antholzer Tal
St. Magdalena-Obertal
2774
Riepenspitze
Defereggen
Tilliach
Gölbner
2943
Schlaiten
Görlach
St. Joha
Gais
eorgen
Percha
St. Martin i. G.
Innervillgraten
Kalkstein
Toblacher Pfannhorn
Bannberg
Thal
Oberrasen
Außerpichl
Gsieser B.
Außervillgraten
Heinfels
Anras
Ober-assling
Mitter-olang
Welsberg
Niederdorf
Wahlen
Tessenberg
Strassen
Mittewald a.d.Drau
Abfaltersbach
Arnbach
Vierschach
Sillian
Außerprags
Toblach
Innichen
Helm
Kartitsch
Obertilliach
Bad Altprags
Wildbach Innichen
Sexten
Bad Moos
Moos
Pragser Wildsee
Naturpark
Naturpark Gr. Dolomitenstr.
2810
Seekofel
2839
Dürrenstein
Fischlein-boden
Kreuzberg
Porze
2599
Sextener Dolomiten
Schluderbach
Drei Zinnen
2999
Rifúgio Auronzo
3094
Zwölferkofel
Parco Nat. delle Dolomiti d'Ampezzo
Ospitale
Gemärk Pass
Col S. Angelo
1756
Fanes H.
Mt. Cristallo
3221
L. di Misurina
Giralba
Comélico Sup.
San Pietro di Cad.
Sappada
Danta di Cad.
Pso. d. Zovo
Santo Stéfano di Cad.
Rifúgio Madonna della Difesa
Tofana
3243
Cortina d'Ampezzo
Pso. Tre Croci
1805
Auronzo di Cad.
Piave
Pso. di Valparola
Pso. di Falzarego
Pocol
2105
Sorapis
3205
Gruppo d. Marmarole
C. del Froppa
2932
Mte. Terza grand
2585
Pelos di Cad.
Andraz
Pso. di Giau
2233
Marmarole
Lozzo di Cad.
Lorenzago di Cad.
S. Vito di Cad.
Selva di Cad.
Rifúgio Città di Fiume
Mte. Antelao
3263
Calalzo di Cad.
Pso. di Máuria
1295
Caprile
Pescul
Forcella Staulanza
1773
3168
Mte. Pelmo
Vodo Cad.
Venas di Cad.
Pieve di Cad.
L. di Pieve di Cad.
Mte. Cridola
2580
Mt. Bivera
2473
Forni di Sopra
Alleghe
Pecol
Zoppè d. Cad.
Valle di Cad.
Rerarolo di Cad.
Boite
Parco Regionale
Forni di S
Tagliamento
Mte. Civetta
3220
Fusine
1530
Pso. Cibiana
E66
49
51
48
52
352
51bis
619
100
111
203
X-V
XII-III
XII-IV
Karnische Alpen
Gailtal
Villgratner Berge
Tiroler Gailtal

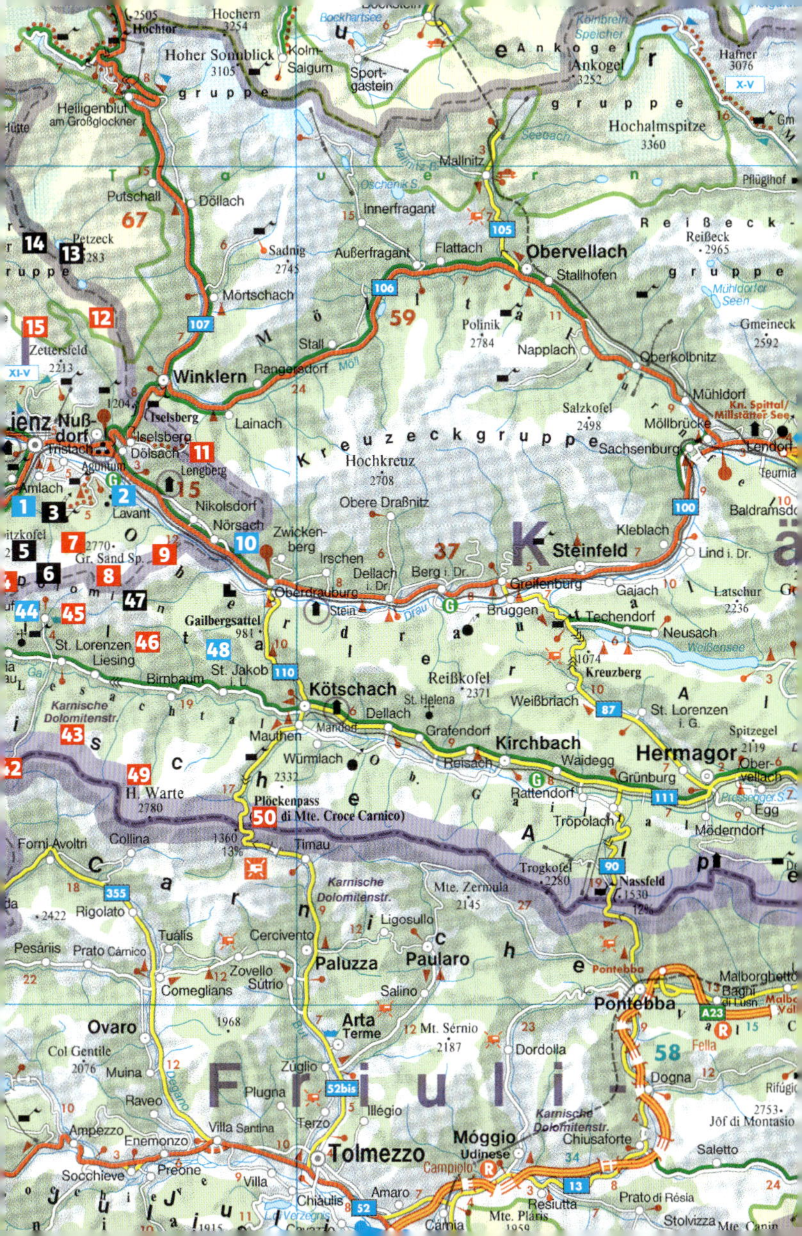

Hochern
3254
Hochtor
2505
Hoher Sonnblick
3105
Kolm-Saigurn
Bockhartsee
Sport-gastein
Kölnbrein Speicher
Ankogel
3252
Ankogelgruppe
Hafner
3076
X-V
Heiligenblut am Großglockner
Hochalmspitze
3360
Seebach
Mallnitz
Tauern
Oschenik S.
Pflüglhof
Putschall
67
Döllach
Innerfragant
105
Reißeck
Reißeck
2965
Reißeckgruppe
14
13
Petzeck
3283
Sadnig
2745
Außerfragant
Flattach
Obervellach
Stallhofen
Mühldorfer Seen
106
Mörtschach
59
Polinik
2784
Gmeineck
2592
15
12
107
Stall
Möll
Napplach
Zettersfeld
2213
XI-V
Winklern
Rangersdorf
24
Oberkolbnitz
Mühldorf
Kn. Spittal/ Millstätter See
Iselsberg
Lainach
Salzkofel
2498
Möllbrücke
Lienz
Nußdorf
Tristach
Iselsberg
Dölsach
11
Kreuzeckgruppe
Sachsenburg
Lendorf
Teurnia
Aguntum
Amlach
Lengberg
15
Hochkreuz
2708
1
2
Lavant
100
Baldramsdorf
3
Nikolsdorf
Obere Draßnitz
Nörsach
Zwickenberg
Kleblach
Steinfeld
Lind i. Dr.
5
7
2770
Gr. Sand Sp.
9
10
Irschen
37
6
8
Dellach i. Dr.
Berg i. Dr.
Greifenburg
Gajach
Latschur
2236
47
Oberdrauburg
Stein
Drau
Bruggen
Techendorf
Neusach
44
45
Gailbergsattel
981
Weißensee
St. Lorenzen
46
Liesing
48
1074
Kreuzberg
Gail
Birnbaum
St. Jakob i. L.
110
Reißkofel
2371
Kötschach
St. Helena
Weißbriach
Dellach
Karnische Dolomitenstr.
St. Lorenzen i. G.
87
43
Mauthen
Mandorf
Grafendorf
Spitzegel
2119
Kirchbach
Hermagor
Würmlach
Reisach
Waidegg
Ober-vellach
49
2332
G
Grünburg
H. Warte
2780
Plöckenpass
Rattendorf
111
Pressegger S.
50
di Mte. Croce Carnico)
Egg
Tröpolach
Möderndorf
Forni Avoltri
Collina
1360
13%
Timau
Trogkofel
2280
Nassfeld
1530
12%
90
355
Karnische Dolomitenstr.
Mte. Zermula
2145
2422
Rigolato
Ligosullo
Tualis
Cercivento
Pesariis
Prato Cárnico
Paluzza
Paularo
Pontebba
Malborghetto
Zovello
Sútrio
Bagni di Lusn.
Comeglians
Salino
Pontebba
A23
1968
Ovaro
Arta Terme
Mt. Sérnio
2187
Fella
58
Col Gentile
2076
Dordolla
Muina
Zúglio
Dogna
Friuli
Raveo
Plugna
52bis
Rifúgio
Illégio
Karnische Dolomitenstr.
2753
Jôf di Montasio
Ampezzo
Villa Santina
Terzo
Enemonzo
Móggio Udinese
Chiusaforte
Tolmezzo
Saletto
Campiolo
Socchieve
Preone
Villa
13
Prato di Résia
Chiaulis
52
Amaro
Resiutta
Verzegnis
Cavazzo
Mte. Pláris
1959
Stolvizza
Mte. Canin
Cárnia

TOP-TOUREN

Kerschbaumeralm und Spitzkofel
Mächtige Türme prägen das eindrucksvolle Spitzkofelmassiv hoch über der Kerschbaumeralm *(Tour 5, 9.00 Std.)*.

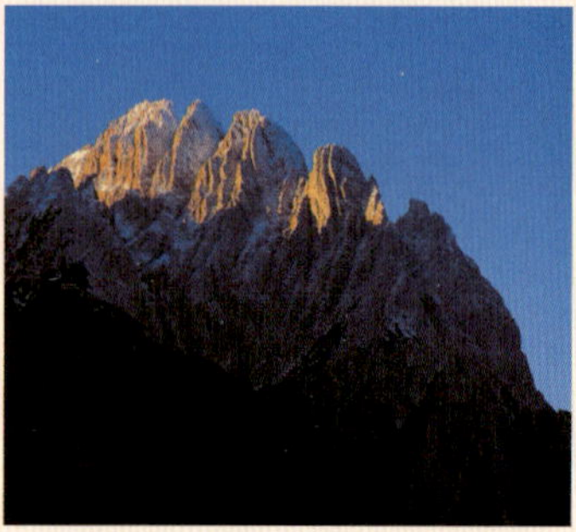

Karlsbader Hütte und Laserzwand
Ins Herz der Laserzberge führt die Wanderung von der Dolomitenhütte zur Karlsbader Hütte und auf felsigem Steig zum Gipfel der Laserzwand *(Tour 7, 6.30 Std.)*.

Ederplan und Zietenkopf
Etwas Kondition erfordert die Rundtour über das Wildseetörl und die Planekhütte. Vom Heimkehrerkreuz am Ederplan bieten sich Ausblicke in die Schobergruppe *(Tour 11, 9.00 Std.)*.

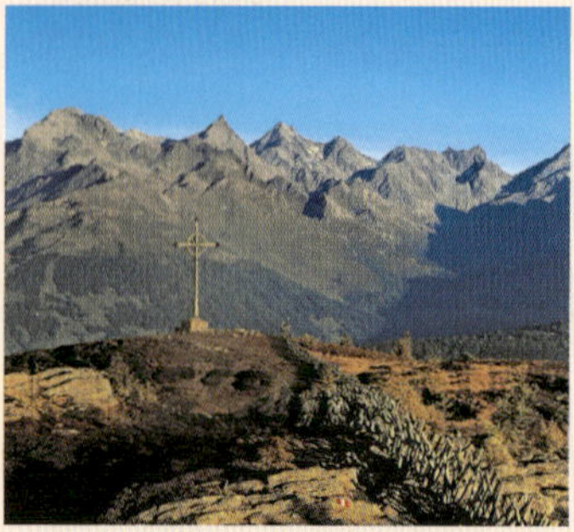

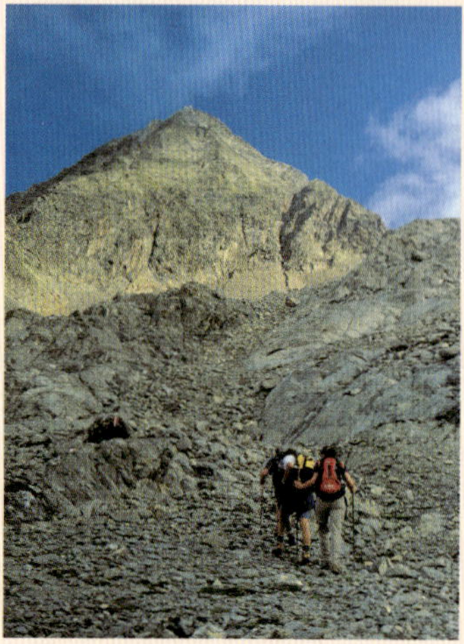

Lienzer Hütte und Glödis
Nach dem Zustieg im Debanttal lädt am Glödis ein Klettersteig ein und lohnt mit einer erlebnisreichen Ersteigung *(Tour 14, 8.30 Std.)*.

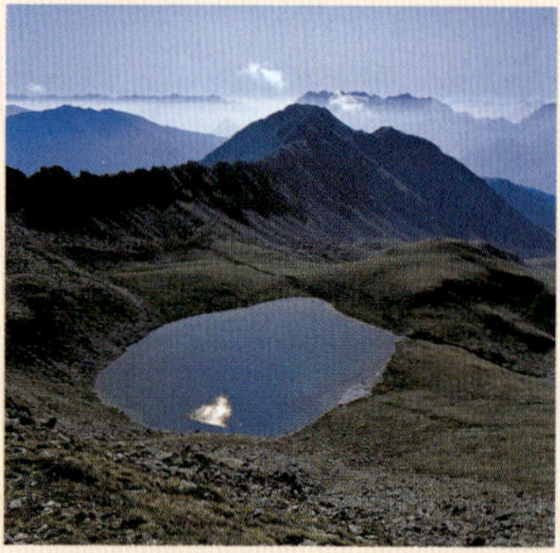

Anraser See und Gumriaul
Über sanfte Bergwiesen gelangen wir zum Anraser See, ehe wir im Schuttrasengelände den Gumriaul ersteigen. Der Finsterkofel kann unterwegs »mitgenommen« werden *(Tour 22, 8.30 Std.)*.

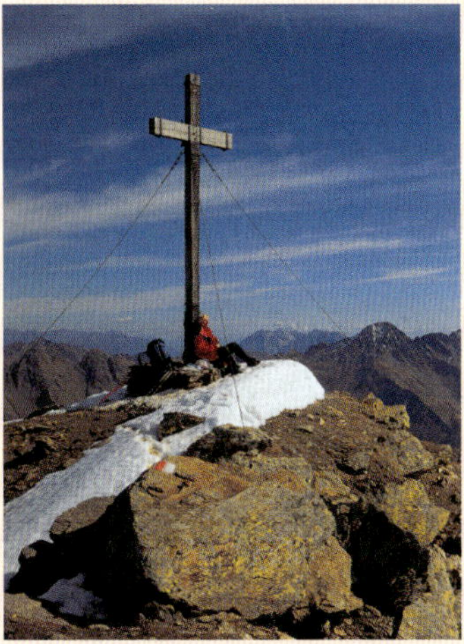

Volkzeiner Alm und Hochgrabe
Nach dem Aufstieg über den reizvollen Schrentebachboden schauen wir auf der Hochgrabe über alle Gipfel der Villgrater Berge bis tief in die benachbarten Berggruppen *(Tour 24, 6.30 Std.)*.

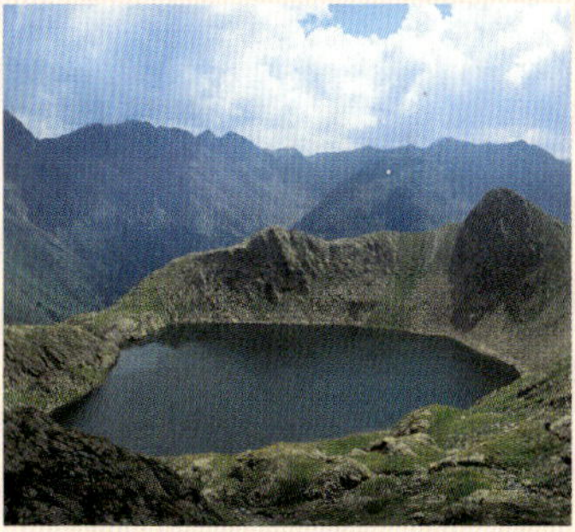

Schwarzsee und Riepenspitze
Gleich einem Kratersee liegt der Schwarzsee geheimnisumwittert und sagenreich. Eine Stunde währt der Aufstieg von hier auf die Riepenspitze *(Tour 26, 7.00 Std.)*.

Große Kinigat
Hoch im Kar festigt sich die Große Kinigat mit mächtigen Türmen *(Tour 36, 10 Std.)*.

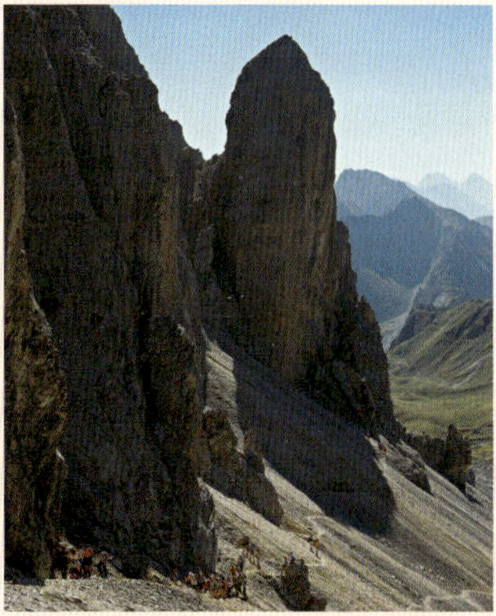

Hochweißsteinhaus und Hochweißstein
Aus dem Lesachtal führt die Tour im Frohntal zum Hochweißsteinhaus und über das Alpljoch auf einen der mächtigen Gipfel am Karnischen Kamm *(Tour 42, 6.00 Std.)*.

Wolayer See und Rauchkofel
Geborgen inmitten fossilienreicher Berge liegt die Wolayer Seehütte am gleichnamigen See, einsam und schön *(Tour 49, 8.30 Std.)*.

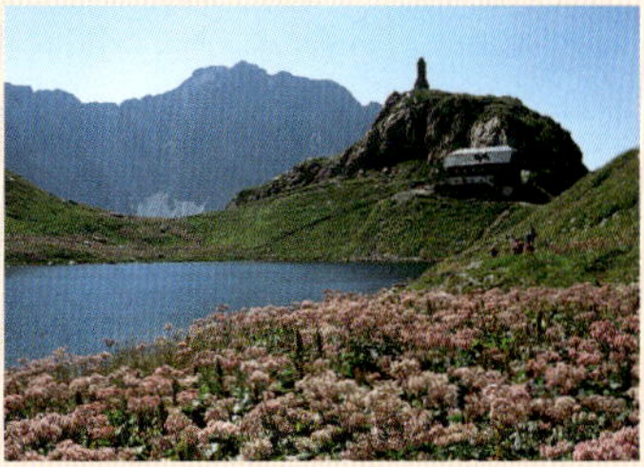

WICHTIGE HINWEISE FÜR UNTERWEGS

Schwierigkeiten

Unter dem Schlagwort »Anforderungen« finden Sie bei jeder Tour detaillierte Angaben. Das Spektrum reicht von komfortablen Talausflügen auf Forst- und Wirtschaftswegen über unbezeichnete Routen auf Pfaden, mitunter nur Pfadspuren, bis zu längeren Hüttenwegen und Gipfelsteigen. Kurze weglose Abschnitte gelten in der Regel als Bestandteil offizieller Wanderwege. Zur besseren Einschätzung der jeweiligen Anforderungen wurden die Tourenvorschläge (Tournummern) farbig markiert. Diese erklären sich wie folgt:

SCHWIERIGKEITSKATEGORIEN

■ = Leicht

Leichte Touren für Wanderer. Wirtschafts- und Forstwege sowie einfache Pfade und Steige, die in der Regel gut bezeichnet sind (genügend markiert und beschildert). Maximal mittlere Steigungen, eventuell mit steilen Aufschwüngen. Keine ausgesetzten Passagen. Selbst bei zweifelhaftem Wetter relativ gefahrlos. Für Senioren geeignet, für Kinder nur empfehlenswert, wenn die Forstwegabschnitte nicht zu lang sind.

■ = Mittel

Mittelschwere Touren für geübte Wanderer, die Trittsicherheit erfordern können. Längere mittelsteile oder steile Steige (evtl. sehr steile Aufschwünge) setzen Ausdauer und den Verhältnissen angepasste Ausrüstung voraus. Unmarkierte Wegstücke, Orientierung erfordernde Unterbrechungen sowie ausgesetzte Stellen können vorkommen. Verschlechtert sich das Wetter, ist alpine Erfahrung unerlässlich. Etappen im Schrofengelände sind frei von Kletterpassagen. Abgesehen von ausgedehnten Touren sind rote Vorschläge bei entsprechender Vorsicht auch für Kinder geeignet.

■ = Schwierig

Diese Steige sind zwar meist ausreichend markiert, aber schmal und über weite Abschnitte steil angelegt. Stellenweise können sie sehr ausgesetzt sein, manchmal ist es nötig, die Hände zu Hilfe zu nehmen. Diese Steige, darunter auch Klettersteige, sollten daher nur von absolut trittsicheren, konditionsstarken und alpin erfahrenen Bergwanderern begangen werden.

Gehzeiten

Die angegebenen reinen Gehzeiten können nur als Richtwerte für durchschnittlich trainierte Wanderer gelten (4 km/Std. auf leichten Talwegen, 350 Hm/Std. im Aufstieg, 500 Hm im Abstieg). Jahreszeit, Wetter, Verfassung, erforderliche Pausen u. a. bestimmen die insgesamt benötigte Zeit.

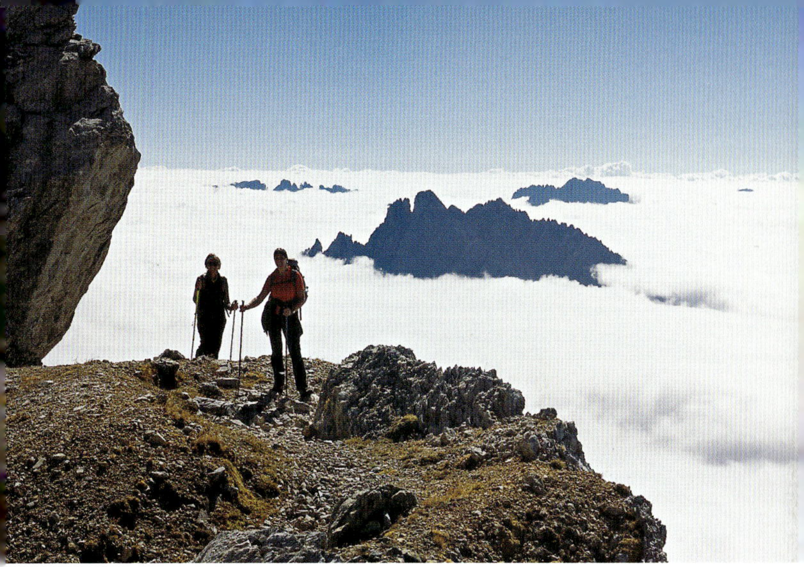

Nebel flutet den Karnischen Kamm (Tour 36).

Anfahrt

Bahn: Lienz und die Tourenorte im Drautal sind mit Bahn oder Bus (eventuell eingeschränkter Fahrplan) erreichbar.

Auto: Die Anfahrt nach Osttirol erfolgt von Norden über den Pass Thurn und Felbertauern (Tunnel, Maut) oder die Glocknerstraße (Wintersperre, Maut), von Osten über Villach und Spittal a. d. Drau, von Westen (aus Südtirol) über Toblach und Sillian oder Antholz und Stallersattel.

GPS-TRACKS UND KOORDINATEN DER AUSGANGSPUNKTE

Zu diesem Wanderführer stehen auf www.rother.de GPS-Tracks und Koordinaten der Ausgangspunkte zum kostenlosen Download bereit.
7. Auflage, Passwort: **413207ymu**
Sämtliche GPS-Daten wurden auf einer digitalen Karte erfasst. Verlag und Autor haben die Tracks und Wegpunkte nach bestem Wissen und Gewissen überprüft. Dennoch können wir Fehler oder Abweichungen nicht ausschließen, außerdem können sich die Gegebenheiten vor Ort zwischenzeitlich verändert haben. GPS-Daten sind zwar eine hervorragende Planungs- und Navigationshilfe, erfordern aber nach wie vor sorgfältige Vorbereitung, eigene Orientierungsfähigkeit sowie Sachverstand in der Beurteilung der jeweiligen (Gelände-)Situation. Man sollte sich für die Orientierung auch niemals ausschließlich auf GPS-Gerät und -Daten verlassen.

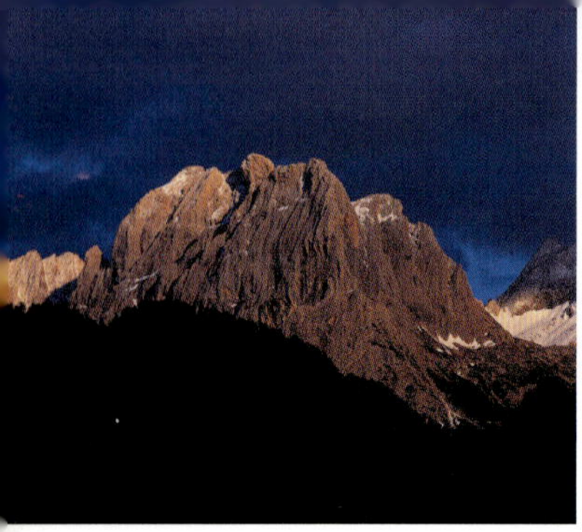

Abendlicht in den Lienzer Dolomiten.

Gefahren

Gefährliche Situationen entstehen im Gebirge meistens durch das Zusammentreffen von subjektiven (Unwissenheit, Leichtsinn, mangelnde Ausrüstung, fehlendes Training) und objektiven Gefahren (von der Natur ausgehend) wie Nebel, Temperatursturz, Gewitter sowie Steinschlag und Muren. Erstere lassen sich sehr gut, Letztere nur auf ein gewisses Maß beschränken. Regen oder Schneegestöber kann grasige oder felsdurchsetzte Steige in heimtückische Rutschbahnen verwandeln. Bei Gewittern gilt: Gipfel, Grate, Felsvorsprünge und Hochflächen sofort verlassen, weg von Drahtseilen oder Eisengeländern, keine einzeln stehenden Bäume aufsuchen!

Notruf

Bergrettung 140, Europäische Notrufnummer 112.
Ärztedienst 141, Rettung 144, Polizei 133.
ÖAMTC-Pannenhilfe 120 (9900 Lienz, Tiroler Straße 19 a).

AusrüstunSg

Selbst bei Talwanderungen erweisen sich Trekkingschuhe als vorteilhaft. Außer Regen- und Kälteschutz sowie Reservewäsche kann eine Taschenlampe gute Dienste leisten. Auf Bergtouren sind Skistöcke zur Gelenkent-

SYMBOLE

Symbole im Tourenkopf
- Mit Bahn/Bus erreichbar
- Einkehrmöglichkeit unterwegs
- für Kinder geeignet

Symbole im Höhenprofil
- Ort mit Einkehrmöglichkeit
- Einkehrmöglichkeit
- Schutzhaus, Unterstand
- Parkplatz
- Bahnhof
- Bushaltestelle
- Seilbahn-Station
- Auf-/Abfahrt mit Seilbahn
- Gipfel
- Kirche, Kapelle
- Kreuz, Marterl/Bildstock
- Aussichtsplatz
- Wasserfall
- Pass, Sattel
- Brücke
- Abzweigung
- Klettersteig

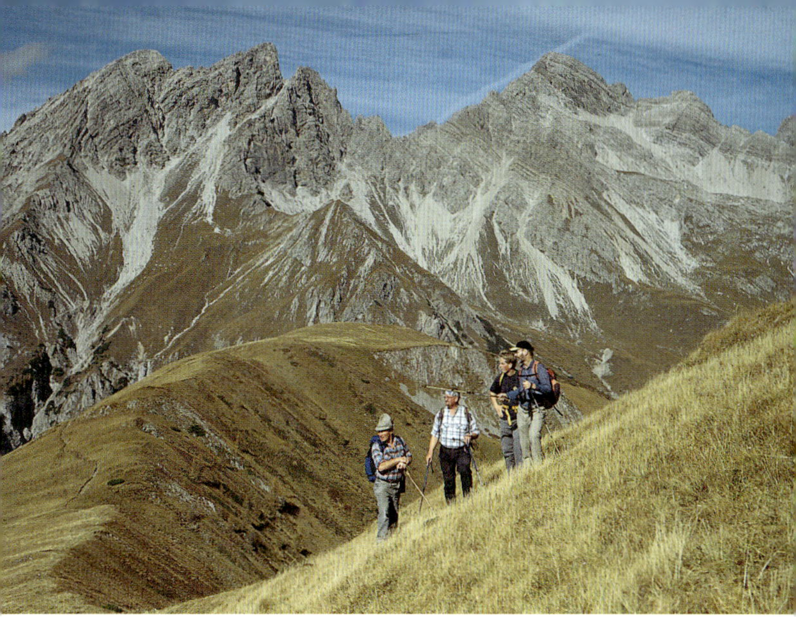

Das Rosenköpfl (links) und die Grubenspitze westlich vom Lumkofel (Tour 46).

lastung empfehlenswert. Wem umweltbelastenden Getränkedosen im Regal oder gar am Wegrand ein Dorn im Auge sind, der wählt bewusst eine bequeme Nachfüllflasche.

Jahreszeit

Die Wanderungen lassen sich zum Teil problemlos bereits im Frühling begehen. Die aufgeführten Bergtouren empfehlen sich in der Regel etwa von Mitte Juni bis Anfang Oktober. Auf jeden Fall sollte man sich über die Öffnungszeiten der Hütten informieren. Ab Mitte Oktober ist schattseitig mit vereisten Passagen zu rechnen.

Landkarten

Für die Begehung der Touren reichen die Wanderkärtchen mit eingezeichneter Route vollkommen aus. Die Kartenausschnitte wurden überwiegend der Freytag & Berndt-Wanderkarte WK 182 (Lienzer Dolomiten u. a.) im Maßstab 1:50.000 entnommen, einige der WK 181 (Kals u. a.) und der WKS 3 (Pustertal u. a.). Sie sind für den Wanderer ein zuverlässiges Hilfsmittel. Wer noch detailliertere Information (im Maßstab 1:25.000) möchte, kann auf die AV-Karte Nr. 41 (Schobergruppe) oder die Tabacco-Karten 010 (Sextener Dolomiten), 032 (Antholz – Gsies) und 01 (Sappada) zurückgreifen.

Der Umwelt zuliebe ...

Auch beim Wandern hinterlassen wir einen ökologischen Fußabdruck, aber im Einklang mit der Natur unterwegs zu sein, ist gar nicht so schwer!

VORBEREITUNG UND ANFAHRT

- Sich vorab informieren, worauf in Bezug auf Natur und Umwelt in der jeweiligen Wanderregion besonders zu achten ist.
- Soweit möglich mit Bahn und Bus anreisen, Wander- und Rufbusse nutzen.
- Ist eine Anfahrt mit dem Auto nötig, Fahrgemeinschaften bilden.
- Bei weiten Anfahrten Mehrtagestouren planen oder von einem Quartier vor Ort aus mehrere Touren absolvieren.
- Flugreisen möglichst reduzieren und durch Beiträge zu Klimaschutzprojekten kompensieren.

KLEIDUNG UND AUSRÜSTUNG

- Beim Kauf von Outdoor-Kleidung auf umweltfreundliche und faire Herstellung achten und Kleidungsstücke möglichst viele Jahre nutzen.
- Ausrüstung kann man eventuell auch gebraucht kaufen oder ausleihen.
- Reparieren statt neu kaufen.

VERPFLEGUNG

- Beim Einkauf Bio-Ware, regionale und saisonale Erzeugnisse bevorzugen.
- Hütten und Gasthäuser auswählen, die regionale Produkte verwenden.
- Auf Einwegflaschen und Plastikverpackungen verzichten, stattdessen wiederverwendbare Trinkflaschen und Brotzeitboxen benutzen.

ÜBERNACHTUNG

- Bei lokalen Anbietern buchen, damit Menschen vor Ort profitieren.
- Auf Hütten und in anderen Unterkünften Strom und Wasser sparen.

UNTERWEGS

- Wege benutzen und Abkürzer vermeiden.
- Sperrungen von Wegen und Schutzgebieten respektieren.
- Keine Blumen pflücken und keine Pflanzen entnehmen.
- Waldbrandgefahr beachten.
- Müll wieder mit nach Hause nehmen und dort entsorgen.
- Toilettengänge in freier Natur möglichst vermeiden.
- Lärm vermeiden.
- Hunde an die Leine nehmen.

ROTHER
BERGVERLAG

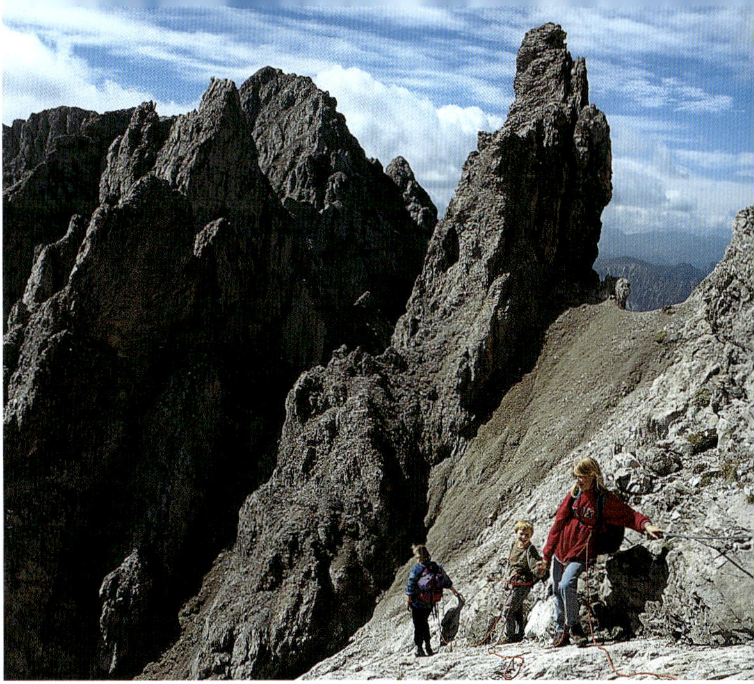

Für Türme und Zacken können sich Kinder begeistern (Tour 5 zum Spitzkofel).

Mit Kindern unterwegs

Ob sich Touren für Kinder eignen, hängt nicht nur von der Länge, sondern vielmehr vom Abwechslungsreichtum einer Wanderung ab. Routen auf abenteuerlichen Waldpfaden und kurzweiligen Lehrwanderwegen zu Tobeln und Seen, Ruinen und Aussichtsfelsen finden immer große Akzeptanz.

Markierungen

Alle hier ausgewählten Routen und Wanderwege sind markiert und beschildert. Unabhängig von der farbigen Schwierigkeitsbewertung in diesem Wanderführer (Blau, Rot, Schwarz) wird im freien Gelände überwiegend in Rot-Weiß oder Rot-Weiß-Rot markiert. Gelegentlich sind gelbe Farbflecken der Stufe schwarz (s. o.) gleichzusetzen. Neben der Markierung auf Steinen sind bemalte Pflöcke, vor allem im Rasengelände, üblich. In diesem Wanderführer wird bei allen Wandervorschlägen individuell auf »sportliche« bzw. alpine Streckenabschnitte aufmerksam gemacht. Neu sind Wegtafeln mit Beschriftung auf gelbem Grund. Sie lösen die alten Alpenvereinstafeln allmählich ab.

WANDERN IM SÜDTEIL OSTTIROLS

Vier Gebietsräume umfasst dieser Wanderführer, ausgehend von der Dolomitenstadt Lienz und der umgebenden Bergkulisse. Daran schließen an: Puster-, Villgraten- und Tiroler Gailtal bis zur Landesgrenze und, diese überschreitend, das Kärntner Lesachtal bis Kötschach-Mauthen. Der hier bevorzugte Gebietsteil verhält sich konträr zu den vergletscherten Hohen Tauern mit den dort dicht gereihten Dreitausendern. Er bleibt ihm aber an Erholungswert, Natur- und Abenteuererlebnis gewiss ebenbürtig. Dafür bürgen im ersten Gebietsteil die **Berge um Lienz**, die formschönen und eindrucksvollen Lienzer Dolomiten. Sie kennen und lieben zu lernen gelingt auf zahlreichen Wanderungen bereits im Vorfeld der Felsburgen, auf sonnigen Bergwiesen, im stillen Kar und auf einsamen Wegen und Steigen. Auf ihnen dringen wir zu den Geheimnissen der Felsgipfel vor. Wenn am Abend die lichtgebadeten Türme, Zacken und Riffe im Samt des Himmels verschmelzen und Erinnerungen daran festheften, dann sind wir bereits einem der Dolomitengeheimnisse nahegekommen.

Der südliche Teil der **Schobergruppe** fließt mit ausgewählten Bergwanderungen in diesen Wanderführer ein. Einen direkten Zugang erlaubt das Debanttal, das längste der Schobergruppe. Es führt zur Lienzer Hütte im Talschluss und zu Gipfeln im weitbogigen Rahmen. Zu den Bergen um Lienz gesellen sich der Ederplan mit dem Zietenkamm auf der Mölltaler Seite. Ein weiteres Teilgebiet erstreckt sich im **Pustertal**, von Lienz bis zur italienischen Staatsgrenze, mit Urlaubsorten sowohl in der Talsohle als auch entlang der Pustertaler Höhenstraße, einer Ausflugsstraße ersten Ranges. Dort münden die sonnigen Täler der Defereggger Alpen und gewähren Einlass zu Almen und Bergseen. Die Burg Heinfels, mit alter und wechselvoller Geschichte, bewacht den Eingang ins **Villgratental**. Schmal und schattig streckt sich das Tal bis Außervillgraten und, einer Sonde gleich, dringt die Bergstraße geradlinig bis zur Volkzeinalm im Winkeltal vor, einem Eldorado für Wanderungen und lohnende Gipfeltouren. Das Haupttal mit der Ortschaft Innervillgraten ist geschichtlich reicher, auch das Gemeindegebiet umschreibt einen viel größeren Bogen, als dies bei Außervillgraten der Fall ist. Hier verbindet sich bäuerliche Kultur mit natürlichem Lebensraum in gediegener Weise. Nirgends schöner in Osttirol sind die in den Talschlüssen geborgenen Almdörfer wie Unter- und Oberstaller, Kamelisen- oder Alfenalm. Die Villgratner Berge gelten als Herzstück der Defereggger Alpen, einige Wanderwege wurden mit dem Gütesiegel des Landes Tirol ausgezeichnet.

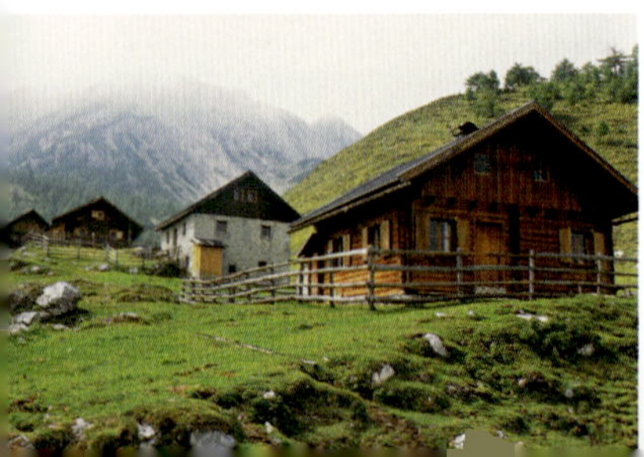

Unholdenalm am Hochstadel (Tour 9).

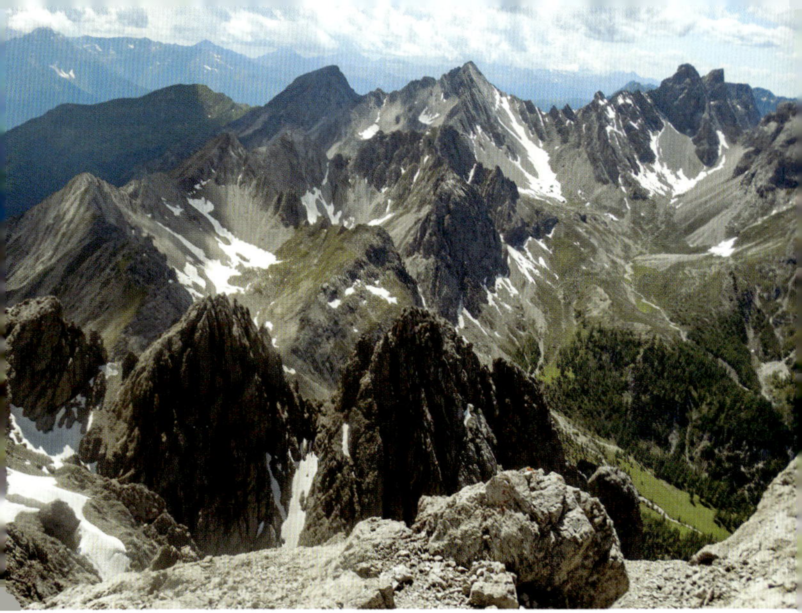

Blick vom Hochstadel auf den Dreitörlweg zwischen Laserztörl (rechts) und dem Baumgartenkar mit seinen Schneefeldern (Tour 8).

Diesen Wanderführer vervollständigt das südlichste der Osttiroler Bergtäler. Beim Speichersee in Tassenbach steigt die Straße in langen Kehren in das **Kleine Gailtal** an, das mit dem Dorf Kartitsch bis zur Tannwiese bzw. zum Kartitscher Sattel reicht. Es schließt daran das **Tilliacher Tal** mit Obertilliach an, bis zur Wacht bei der Kärntner Landesgrenze. Die Fortsetzung bildet das Kärntner Lesachtal, dem wir in diesem Wanderführer bis Kötschach-Mauthen folgen. All diese aufgeräumten, sauberen Ortschaften bieten jenen Erholungs- und Urlaubsraum von ganz eigenem Flair, der Gäste aus aller Welt anzulocken vermag. Diese Talschaft begrenzen nördlich sanft und in langen Zügen Ausläufer der Lienzer Dolomiten, während mit viel härteren Konturen der Karnische Kamm im Süden – auch symbolische – Grenze zu Italien ist. Dort verläuft auf den Spuren der verlustreichen Dolomitenfront der »Weg des Friedens«. Mit vielen Etappen nähern wir uns historischen Geschehnissen und Relikten aus dem Ersten Weltkrieg. Gräber und Kreuze stehen mahnend und gegen das Vergessen ankämpfend auf ehemaligen Kriegsschauplätzen. So wird man manche Strecke besinnlicher begehen, ehe wir uns von der bizarren Gesteinswelt und dem Formenreichtum dieses Gebietsteiles faszinieren und vom Friedensweg über Höhen und Tiefen lenken lassen.

SEHENSWÜRDIGKEITEN UM LIENZ

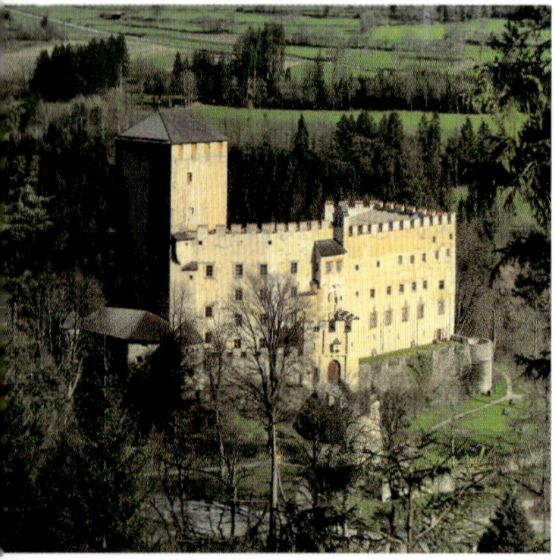

Schloss Bruck, ehemals die Residenz der Görzer Grafen.

■ **Schloss Bruck:** Das sagenbehaftete (ehemalige) Görzerschloss steht auf einer an drei Seiten steil abfallenden Felskuppe des Lienzer Schlossberges. Von Mitte des 13. Jh. bis 1500 war es Haupt- und Residenzschloss der Grafen von Görz. Sehenswert sind die Kapelle zur Hl. Dreifaltigkeit, der Rittersaal, das Bezirksmuseum mit der Sammlung von Werken der Maler Albin Egger-Lienz, Franz von Defregger, Hugo Engl, K. Hoffmann und anderen. Zum 500. Todestag des letzten Görzer Grafen Leonhard verband sich mit der Tiroler Landesausstellung die Städtepartnerschaft mit Görz. 2001 galt eine große Ausstellung dem Maler Albin Egger-Lienz.

■ **Pfarrkirche St. Andrä:** Das bedeutendste religiöse Zentrum des südöstlichen Tirols reicht in spätantike bzw. frühchristliche Zeit zurück. Schmuckstücke sind die Gewölbe und Wandmalereien sowie der Rokoko-Hochaltar

Die Wallfahrtskirche Maria Schnee in Maria Luggau im Lesachtal feierte 2013 die 500-jährige Klostergeschichte (siehe Tour 4).

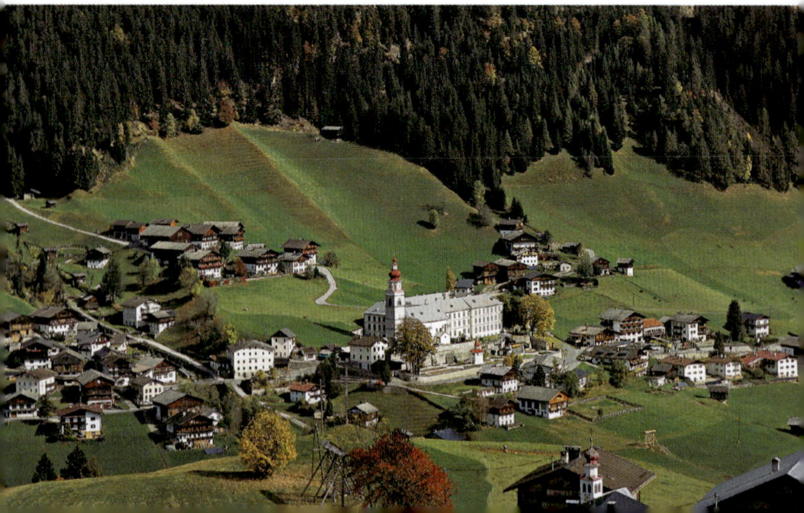

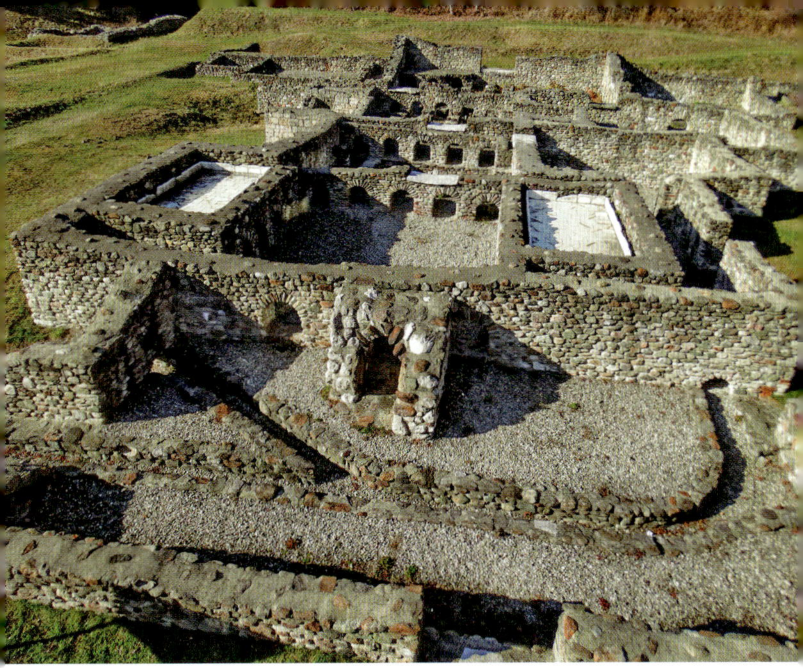

Teil des Ausgrabungsgeländes der Römerstadt Aguntum östlich von Lienz.

oder die Grabplastik bzw. die beiden Reliefplatten für Leonhard von Görz. Über dem Westeingang beeindruckt die Empore. In unmittelbarer Nähe befindet sich das Bezirkskriegerdenkmal mit Fresken von Albin Egger-Lienz sowie der Kriegerfriedhof.

■ **Liebburg:** Erbaut von den beiden Brüdern Wolkenstein-Rodenegg am unteren Stadtplatz von Lienz um 1608, weist das Haus zwei charakteristische Türme auf. 1990 wurde es innen modernisiert, mit dem »Europ-Nostra-Preis« ausgezeichnet und zum Rathaus der Stadt Lienz umgestaltet.

■ **Lienzer Klause:** Die alte Landesgrenze (3 km südwestlich von Lienz im Ortsteil Burgfrieden, Parkplatz vor dem ehemaligen Festungsbau). Die gut erhaltene Anlage aus dem 12. Jh. bewährte sich in der Talenge am Übergang ins untere Pustertal über viele Jahrhunderte, ein letztes Mal während der Befreiungskriege 1809. Das starke Bollwerk verhinderte den Durchmarsch der französischen Truppen unter General Ruska. Die Lienzer Klause wurde 2009 restauriert und um einen informativen Themenweg bereichert.

■ **Aguntum:** Römersiedlung am Debantbach, 2 km östl. von Lienz. Seit Mitte des 1. Jh. n. Chr. Bekannt mit der Blütezeit bis in das 4. Jh. n. Chr., bedeutend und besuchenswert u. a. das Atriumhaus und das Museum.

WISSENSWERTES VON A BIS Z

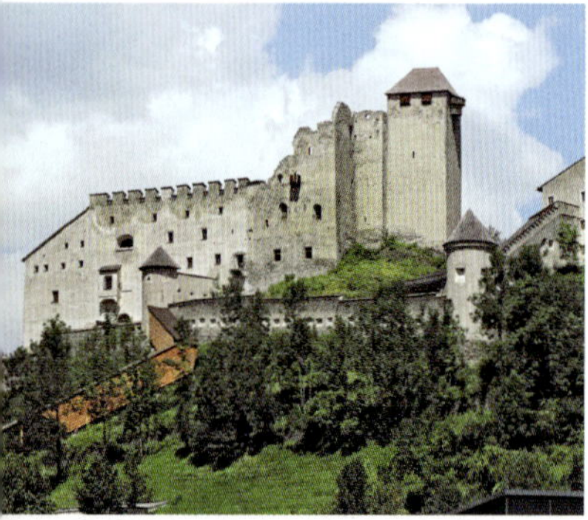

Das aufwendig restaurierte Schloss Heinfels ist seit Sommer 2020 wieder zugänglich.

■ **Alpenverein:** Sektion Lienz im AV-Haus, Defreggerstr. 11, A-9900 Lienz. Alpine Auskunft freitags 15 – 18 Uhr. Österr. Bergrettungsdienst, Pfister 5, A-9900 Lienz, Tel. 140.

■ **Aigner Badl:** Abfaltersbach, Heilbad für Rheuma- und Gelenkschmerzen.

■ **Bademöglichkeiten:** Öffentliche Freibäder (im Sommer) in Lienz, Leisach, Dölsach, Nikolsdorf, Thal, Virgen und Matrei, Hallen- und Freibad in Lienz, Strandbad Tristacher See.

■ **Bergbau:** Vor allem an der Südseite der Hohen Tauern, Schürfe hauptsächlich nach Kupferkies seit dem 15. Jh., letzte Bergbaustätte in Osttirol bis 1953.

■ **Christkindlmarkt:** In der Adventszeit am Lienzer Hauptplatz u. a. Orten.

■ **Defregger:** (Franz von D., 1852–1926) Bedeutender Maler mit Geburtshaus in Iselsberg/Stronach.

■ **Dolomitengolf:** 18-Loch-Golfanlage bei Lavant, die einzige Osttirols.

■ **Dolomitenlauf:** Volkslanglauf über 40 km im Januar in Lienz und Obertilliach.

■ **Dolomitenmann:** Mannschaftswettbewerb (4 Personen) im September: Berglauf – Paragliding – Wildwasserpaddeln – Mountainbike.

■ **Dolomitenradrundfahrt:** (Rad/Bike) 110 km lange Straßenschleife mit Start/Ziel in Lienz im Juni.

■ **Dreitausender:** Nach akribischer Zählung gibt es in Osttirol 255 davon.

■ **Egger-Lienz:** (Albin E.-L., 1868–1926), Maler, Werke im Osttiroler Heimatmuseum Schloss Bruck bei Lienz.

■ **Eislaufen:** Am Tristacher See und auf Kunsteisbahnen in Lienz und Huben.

■ **Felbertauernstraße:** Schnellstraße mit mautpflichtigem Tunnel; verbindet seit 1967 Osttirol mit dem Pinzgau.

■ **Flugplatz:** Lienz-Nikolsdorf für Sportflugzeuge und Segelflieger, seit 1986 Rettungshubschrauber, ab 2001 vom ÖAMTC betrieben.

■ **Franzosenzeit:** Um 1809 Volksaufstände in Osttirol gegen französische Truppen und deren Fremdherrschaft.

■ **Galerien:** Städtische Galerie, Tammerburg, Rondula, Schloss Bruck, Galerienbummel empfohlen (Information Tourismusinformation Lienz).

■ **Görzer:** Mit Graf Leonhard erlosch um 1500 das Görzer Geschlecht und deren Residenz auf Schloss Bruck bei Lienz.

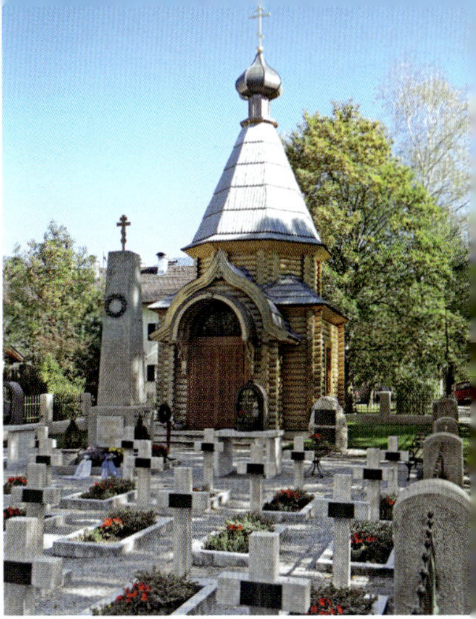

Die Kapelle am Kosakenfriedhof in der Peggetz östlich von Lienz.

■ **Heinfels:** Im 13. Jh. Burg der Görzer Grafen, Burgfels seit 4. Jh. v. Chr. besiedelt, zu ihren Füßen die »Punbrugge« (über 300 Jahre alt) über den Villgratenbach, eine große Zimmermannsleistung.
■ **Helm:** Hoch über Sillian und am Westende des Karnischen Kammes zwischen Sexten- und Pustertal, Seilbahnen von Sexten und Vierschach.
■ **H-2000:** Hochstein-Skiabfahrt bei Lienz (1300 Hm), großteils beschneibar.
■ **Isel-Trail**: 4- bis 5-tägige Wanderung entlang der Isel (Gletscherfluss) von Lienz bis zur Iselquelle am Umbalkees im inneren Virgental.
■ **Kletterhallen:** In Lienz, im ÖAV-Haus, beim Heeressportverein Lienz, beim ÖBRD-Matrei sowie in Sexten.

WICHTIGE TELEFONNUMMERN UND ADRESSEN

Tourismusverbände
Tourismusinformation Lienzer Dolomiten, Europaplatz 1, A-9900 Lienz, Tel. +43 50 212400, www.lienz-tourismus.at
Osttirol Werbung, Mühlgasse 11, A-9900 Lienz, Tel. +43 50 212212, www.osttirol.com (unter Service/ Kontakt und Öffnungszeiten: Adressen und Telefonnummern der Tourismusinformationen Lienz, Sillian, Obertilliach, Innervillgraten)
Tourismusverband Lesachtal, Liesing 29, 9653 Liesing, Tel. +43 4716 24212, www.lesachtal.com

Wanderbus rund um Lienz
Der Bus fährt von Juni bis September ab dem Lienzer Bahnhof zu den schönsten Ausgangspunkten in die Lienzer Berge (z. B. Dolomitenhütte, Klammbrücke, Seichenbrunn, Hochsteinhütte). Auch eine Abholung am Endpunkt des Pustertaler Almwegs ist möglich. Fahrzeiten und nähere Infos bei der Tourismusinformation Lienzer Dolomiten.

Postbusverbindungen
Linien und Fahrpläne unter www.vvt.at

Bergbahnen in Osttirol
Lienzer Bergbahnen, Zettersfeld und Hochstein, Tel. +43 4852 63975, www.lienzer-bergbahnen.at
Hochpustertaler Bergbahnen – Thurntaler, Sillian, Tel. +43 4842 6880, www.hochpustertal-ski.at/de/sommer/
Obertilliacher Bergbahnen, Tel. +43 4847 5300, www.obertilliacher-bergbahnen.com/sommer/de/

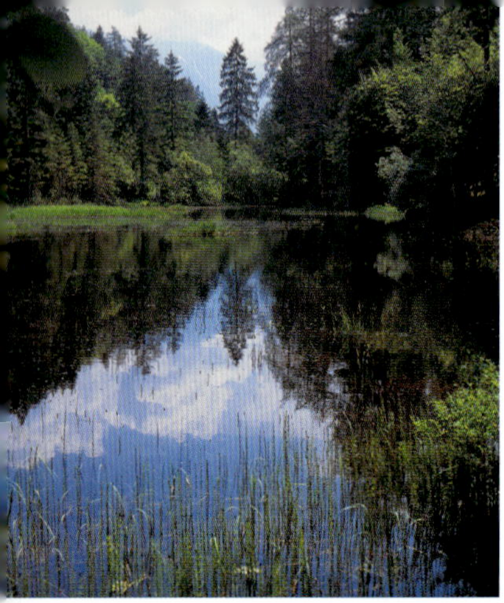

Das Naturdenkmal Alter See westlich des Tristacher Sees.

■ **Kosakenfriedhof** und neue Kapelle im Bereich Peggetz, 1 km östlich von Lienz (Massaker am 1. Juni 1945). Kosakenmuseum, Lienz, Hauptplatz 3.

■ **Krampusumzüge:** 4.–6. Dez. in Lienz u. a. Osttiroler Ortschaften.

■ **Kulturwanderung:** Geführte Touren von Lienz zu Sehenswürdigkeiten und Osttirol-Führungen nach Vereinbarung (Information Tourismusinformation Lienz).

■ **Laserzlauf:** Alpiner Tourenlauf in den Lienzer Dolomiten, im März, veranstaltet von der Alpinen Gesellschaft Alpenraute.

■ **Liebburg:** Seit 1990 Rathaus der Stadt am Lienzer Hauptplatz.

■ **Lienzer Klause:** Wehranlage in der Talenge bei Leisach (Pustertal).

■ **Loipen:** Langlaufloipen in allen Osttiroler Wintersportorten, Langlaufzentrum und Biathlonanlage in Obertilliach.

■ **Minigolfplätze:** In den meisten Urlaubsorten des Gebietes.

■ **Nationalpark Hohe Tauern:** Länderübergreifendes Schutzgebiet (Salzburg, Kärnten und Tirol), das die schönsten Teile der Hohen Tauern umfasst: eine der eindrucksvollsten Hochgebirgslandschaften der Erde. Mit 1856 km² einer der größten Nationalparks Europas, auf Osttiroler Gebiet seit 1991.

■ **Naturdenkmäler:** In Osttirol gibt es »nur« 45 Naturdenkmäler, oft einzelne Bäume, eines der schönsten der »Alte See« westlich des Tristacher Sees.

■ **Naturprodukte:** Erlesenes vom Bauernhof wird wöchentlich am Freitag und Samstag am Lienzer Markt in der Messinggasse angeboten.

■ **Osttirol:** Als Name seit Mitte des 19. Jh. bekannt, doch erst mit Abtrennung Südtirols (von Österreich an Italien, Friedensvertrag von St. Germain 1919) als Bezeichnung des politischen Bezirkes Lienz gebräuchlich.

■ **Paragliding:** Möglichkeiten zum Drachenfliegen auf dem Zettersfeld (Lienz), Helm und Thurntaler(Sillian) u. a. Osttiroler Tourismusorte.

■ **Pfleghaus:** Historisches Bauwerk bei Anras an der Pustertaler Höhen-

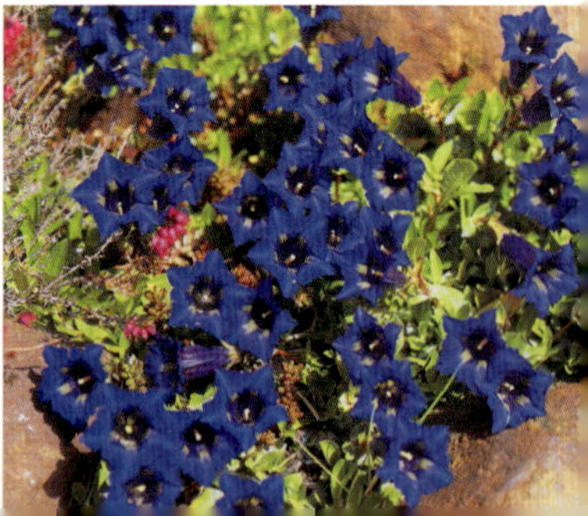

Großblütiger Enzian erfreut uns mit azurblauen Blüten von April bis August.

straße, daneben die Pfarrkirche zum hl. Stephanus.

■ **Pustertaler Höhenstraße:** Von Leisach bei Lienz auf der Sonnenterrasse des Pustertales bis Heinfels (ca. 35 km), Ausflugsstraße ersten Ranges, ca. 200 Hm oberhalb der Talsohle mit der Bundesstraße.

■ **Radwege:** Grenzüberschreitend der Pustertaler Radweg nach Südtirol und Kärnten, Route in das Iseltal (Lienz–Matrei), Mountainbikewege.

■ **Rafting:** Raftingcamp Schlaitner Brücke (Iseltal), 9951 Ainet, Tel. +43 4853 5231. Raftingcamp Ainet Osttiroler Adventures (Lienz) Tel. +43 4852 61861.

■ **Rodelbahnen:** Beleuchtete Naturbahnen Amlach und Leisach (Rodelbahn Lienzer Dolomiten), Tristach – Kreithof, Fallwindes – Kals, Alpe Stalle – St. Jakob, Reiterstubn – Winkeltal, Naturbahnen in allen Tourismusorten.

■ **Sillian:** Marktgemeinde, Hauptort des Osttiroler Hochpustertales, Kutschen- und Heimatmuseum in Arnbach.

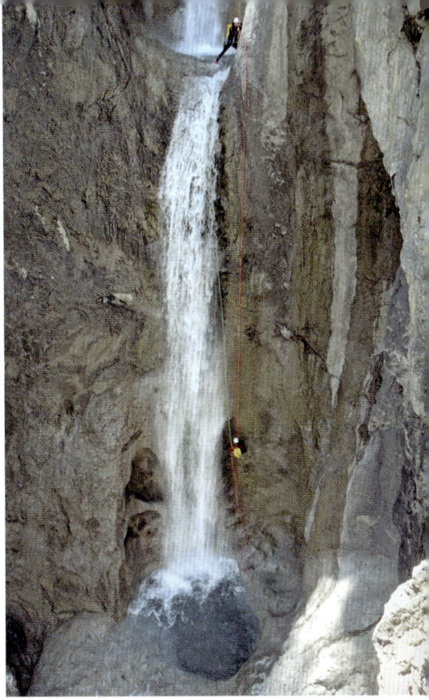

Der Frauenbach im Lavanter Almtal (Tour 2) ist für Schluchtengeher ein gewagtes Abenteuer.

■ **Skisportgebiete:** Zettersfeld: Seilbahn, Sessel-, Schlepplifte; Hochstein: Sesselbahnen zur Moos- und Sternalm, Schlepplift zum Hochstein; Heinfels-Sillian: Seilbahn zum Thurntaler, Sessel-, Schlepplifte; Außervillgraten: Sesselbahn zum Thurntaler; Vierschach: Seilbahn, Schlepp-, Sessellifte zum Helm; Obertilliach: Gondelbahn zur Connyalm am Golzentipp; St. Oswald: Schlepplift; Prägraten: Schlepplift.

■ **Streichelzoo:** Westlich von Lienz, bei der Moosalm (Hochsteinbahn oder Fußweg ab Schloss Bruck).

■ **Tammerburg:** Am Nordrand von Lienz (bei St. Andrä), seit 1992 kulturelle Veranstaltungen und Programme der Stadt Lienz.

■ **Tassenbach:** Speichersee und Vogelparadies bei Strassen, 7 ha großes Biotop, beim TIWAG-Kraftwerk Amlach.

■ **Tristacher See:** Einziger Naturbadesee Osttirols (7 ha), Campinglatz.

■ **Wildpark Assling:** bei Thal-Assling, Mai – Okt., 9 – 19 Uhr.

■ **Zettersfeld:** Skigebiet nördlich von Lienz auf 1800 bis 2200 m, und Sommerwandergebiet, siehe Tour 15.

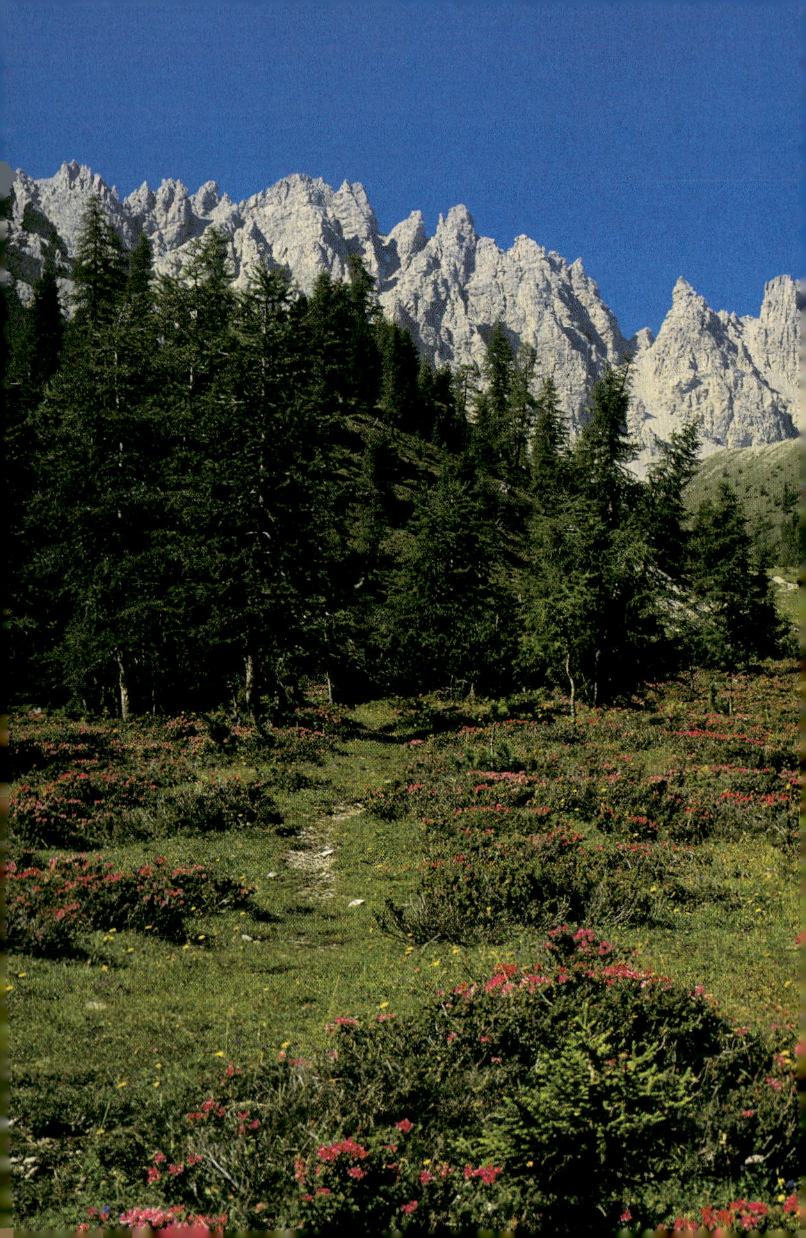

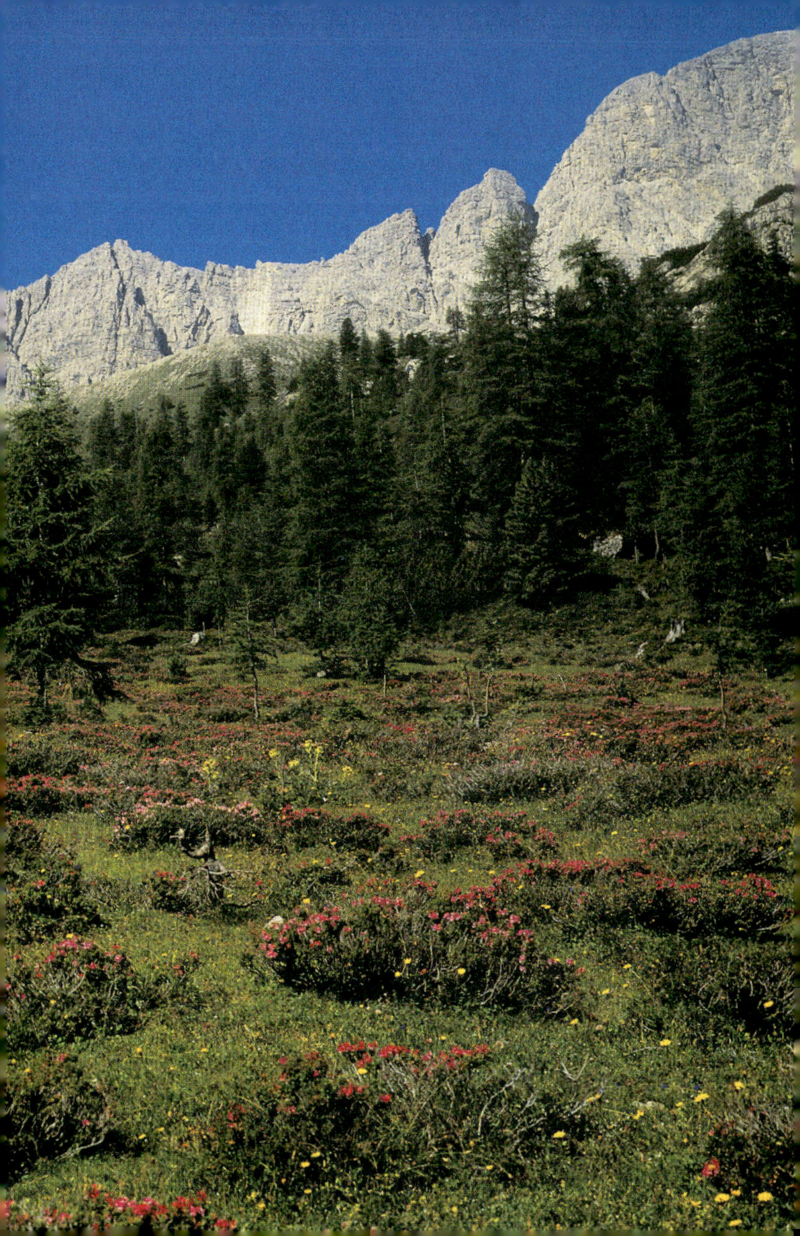

↗ 75 m | ↘ 75 m | 1.0 km

1 Wasserschaupfad Galitzenklamm

0.45 h

Wassererlebnispark und Klettersteige in Stadtnähe

Eine erste kühne Erschließung der einst unzugänglichen Galitzenklamm datiert aus dem Jahre 1887. Eine an senkrechte Wände geheftete, hölzerne Treppenkonstruktion öffnete erstmals den Zugang in die wildromantische Klamm. Bereits 1891 wurde sie von Touristen besucht, ehe die Steiganlage verfiel und in Vergessenheit geriet. Im Juni 2001 erfolgte nach mehrjähriger schwieriger Bauzeit ein Neuanfang mit Wasserschaupfad, Wasserspielplatz, Waldseilpark, Kindererlebnismeile und vielem mehr. In guter Ergänzung dazu gibt es Klettersteige unterschiedlichster Schwierigkeiten.
Im Oktober 2018 zerstörte ein Unwetter die Jausenstation Galitzenklamm und die Anlage Wassererlebniswelt zur Gänze. Mit finanzieller Hilfe vom Land Tirol, über Gemeinden bis hin zu zahlreichen selbstlos tätigen Helfern konnte alles schöner als zuvor im Mai 2019 wiedereröffnet werden.

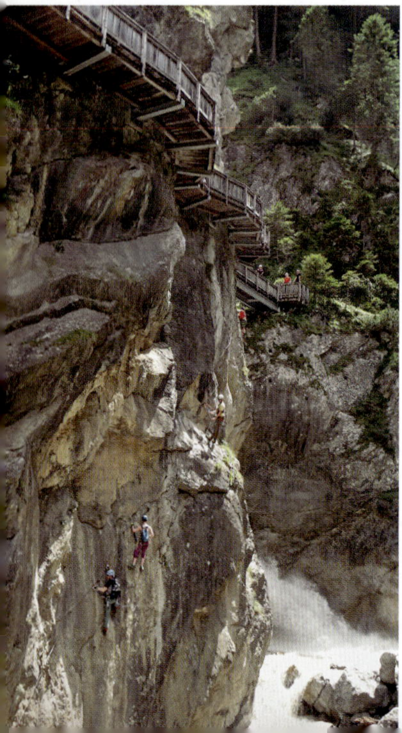

Talorte: Erholungsdorf Amlach, 687 m, und Leisach, 710 m, 2 km bzw. 2,5 km südlich von Lienz.
Ausgangspunkt: Galitzenklamm, Parkplatz und Info-Stelle (Kasse am Schluchteingang, 1,5 km südwestlich von Amlach). Von Lienz Zufahrt über Leisach (Burgfrieden).
Anforderungen: 1) Wasserschaupfad: familiengerechter Schaupfad zur Hohen Brücke mit drei Wasserfällen, Gehzeit 45 Min. für Auf- und Abstieg. Helmverleih am Eingang.
2) Klettersteige Galitzenklamm: Für Geübte bieten sich fünf Klettersteige in unterschiedlichen Schwierigkeiten an. Verleih von Klettersteigsets am Schluchteingang. Begehung nur während den Öffnungszeiten der Klamm.
Einkehr: Jausenstation Galitzenklamm am Schluchteingang (geöffnet Mai bis Okt.).
Weitere Infos: Öffnungszeiten Klamm: 1.5.–17.5. Fr bis So 10–17 Uhr, 21.5.–31.5. Do bis So 10–17 Uhr, 1.6.–30.9. täglich 9–18 Uhr, 1.10.–15.10 täglich 10–17 Uhr.

Der Galitzenklamm-Klettersteig wird zahlreich begangen. Oben sichtbar ist der Wasserschaupfad.

Die Galitzenklamm und der Wasserschaupfad zur Hohen Brücke.

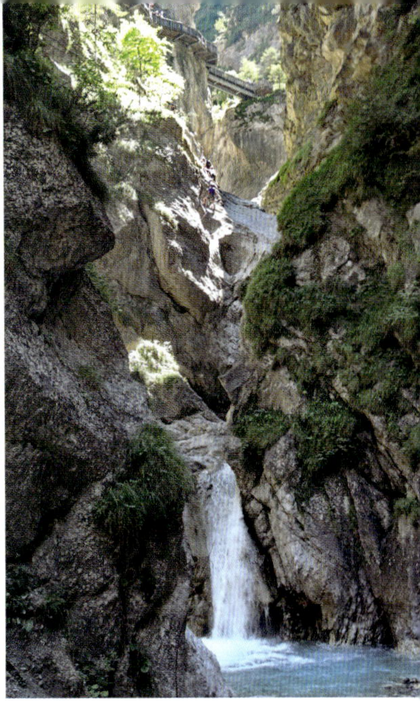

Der Wasserschaupfad Galitzenklamm ist im Besonderen für Familien ein lohnendes Ausflugsziel und kann auch mit Kleinkindern begangen werden. Vom **Schluchteingang** ❶ führt eine befestigte Weg- und Steiganlage mit Treppen, Stiegen und Aussichtskanzel bis hinauf zur **Hohen Brücke** ❷ und gewährt den Blick auf drei Wasserfälle und den unter uns tobenden Galitzenbach mit seinen Ursprüngen im inneren Kerschbaumertal. Auf demselben Weg geht es zurück zum **Schluchteingang** ❶.

Ergänzend bereichern den Wasserschaupfad in der Galitzenklamm fünf Klettersteige. Direkt am Eingang der Klamm befindet sich der kurze **Familienklettersteig** (45 Min. Kletterzeit, 70 Hm, 200 m Steiglänge, Schwierigkeit B). Durchgehend seilgesichert führt er, teils ausgesetzt, über zwei Eisenleitern im Steilbereich. Er ist für Kinder ab 10 Jahren zugelassen.

Geübte können den **Galitzenklamm-Klettersteig** begehen (0.45–1 Std. Kletterzeit, 75 Hm, 210 m Steiglänge, Schwierigkeit B, mehrere Stellen C, Notausstieg im Mittelteil). Der Klettersteig beginnt 5 Min. ab Kasse am Schluchteingang und ist durchgehend seilgesichert. Zwei Seilbrücken und die Nähe zum Wildbach prägen den Anstieg. Der Rückweg erfolgt am Wasserschaupfad.

Die sehr anspruchsvollen Klettersteige Dopamin, Endorphin und Adrenalin bleiben sehr Geübten vorbehalten.

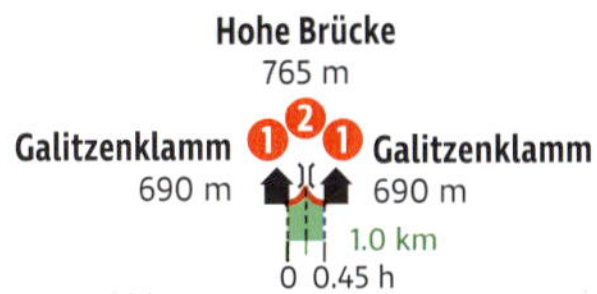

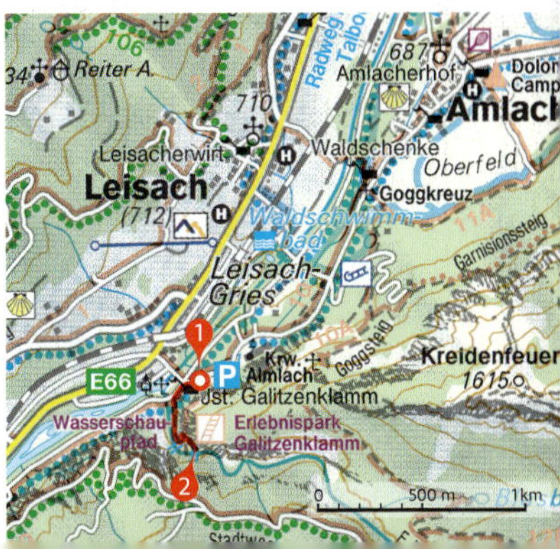

↗ 110 m | ↘ 110 m | 3.7 km

2 Waldlehrpfad Lavanter Forchach und Frauenbach-Wasserfall 1.30 h

Naturdenkmal und kleiner Erlebnispark zu Füßen des Hochstadels

Lavant siedelt auf einem Schuttfächer zu Füßen der hochragenden »Unholden«, wie die Lienzer Dolomiten ursprünglich genannt wurden. Bekannt ist die viel besuchte Wallfahrtskirche zum hl. Ulrich mit Kreuzigungsgruppe am Kirchbichl (siehe Tipp). Vom Ortsteil Wacht führt ein Waldlehrpfad zum imposanten Wasserfall des Frauenbaches in der vegetationsreichen Lavanter Forchach. Der Wildbach stürzt hier nach einer 1,1 Kilometer langen Schluchtstrecke mit zwei sehenswerten Abschlusskaskaden von 11 und 26 Metern Fallhöhe in ein kleines Felsbecken. Ein Treppensteig mit zwei Aussichtsplattformen bringt uns ganz nahe an das Naturjuwel heran.

Talort: Wallfahrtsort Lavant, 675 m, 7 km südöstlich von Lienz, am Fuße der Lienzer Dolomiten gelegen (Dolomitengolf, Golfhotels).
Ausgangspunkt: Ortsteil Wacht, 640 m, 2 km südöstlich von Lavant. Dorthin auf Straße oder parallel führendem Gehsteig (30 Min. Gehzeit); Parkplatz.
Anforderungen: Leichte und lehrreiche Wanderung mit geringen Steigungen.
Einkehr: Unterwegs keine; Gasthaus Lavanter Hof und Restaurant Römerstube in Lavant.
Tipp: Vom Dorf Lavant führt ein schöner Kreuzweg (30 Min. Gehzeit) mit kleinen offenen Stationskapellen hinauf zum historisch interessanten Lavanter Kirchbichl mit der Wallfahrtskirche zum hl. Ulrich und der etwas höher gelegenen Kirche zu den hl. Petrus und Paulus. Am Lavanter Kirchbichl boten Ausgrabungen ein genaues Bild frühchristlicher Zeit (archäologisches Museum in Lavant).

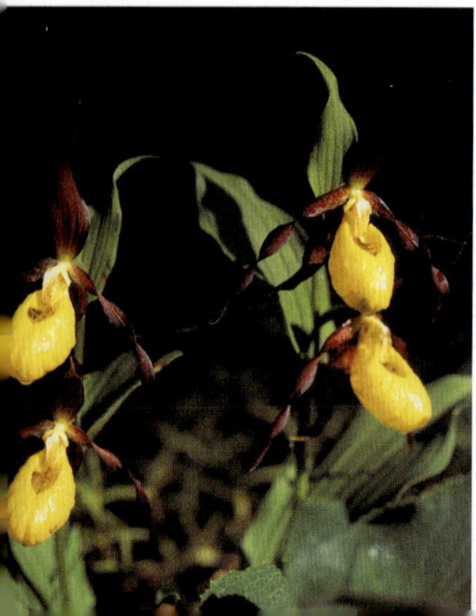

Wer die Wanderung in Lavant beginnt, zweigt östlich der Dorfmitte ca. 100 m nach dem Restaurant Römerstube und den Sportstätten rechts ab und folgt der Straße auf dem Gehsteig bis in den kleinen Ortsteil **Wacht** ①, 640 m. Ca. 60 m

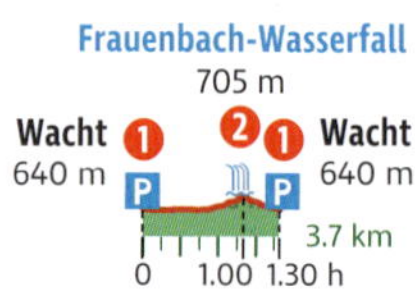

Orchideen, u. a. der Frauenschuh, bereichern die Lavanter Forchach.

nach der östlichen Ortstafel beachten wir den dort beginnenden Waldlehrpfad (Parkplatz), auf dem wir die **Lavanter Forchach**, einen ca. 50 ha großen Schwemmkegel, der über Jahrhunderte aus dem Geschiebe des Frauenbaches entstanden ist (bebilderte Infotafeln), durchstreifen werden. Im hellen Streulicht des lockeren Föhrenwaldes haben sich seltene und hochempfindliche Tier- und Pflanzenarten angesiedelt, die als streng geschützt gelten. Ein noch verbliebenes 5 ha großes Areal ist der Lebensraum von 16 verschiedene Orchideenarten und etlichen spezialisierten Insekten. Der nahezu eben verlaufende, dicht beschattete Waldlehrpfad ist mit rund einem Dutzend hölzernen Tierskulpturen und erneuerten Info-Tafeln bestückt. Wir wandern entlang eines Erlenbestandes, den auch der Biber erobert hat. Etwas später betreten wir eine Werksstraße und beachten ca. 120 m östlich die Fortsetzung des Waldlehrpfades knapp vor der Lauenbrücke (Schranke). Wir gelangen zum breiten Schuttfächer des Frauenbaches und folgen dem von Rotföhren gesäumten Weg zwischen Bach und Militärgelände bei mäßiger Steigung zum Wasserkraftwerkshaus. Als Attraktion schließt daran der Treppensteig mit den zwei Aussichtskanzeln an, von denen wir den **Wasserfall des Frauenbaches** ❷, 705 m, aus nächster Nähe bestaunen können.

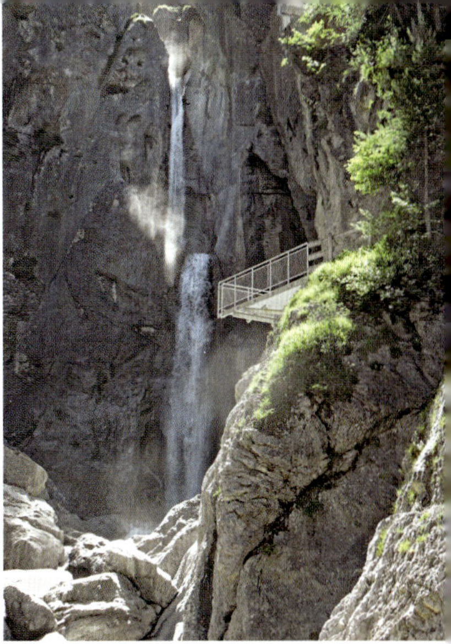

Der Wasserfall in der Lavanter Forchach.

Der Rückweg zum Parkplatz in **Wacht** ❶ erfolgt auf der Naturstraße oder auch kurz auf einem parallel verlaufenden Steig im Wald.

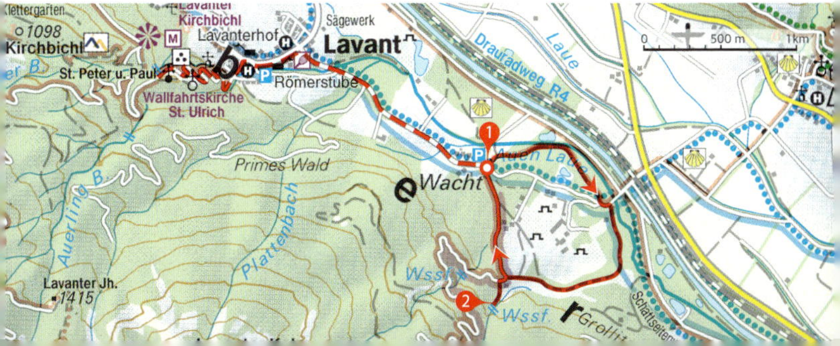

↗ 1270 m | ↘ 340 m | 6.1 km

3 Über den Westgrat auf den Rauchkofel, 1911 m

4.45 h

Eine zünftige Kammtour hoch über Lienz

Der bis zum Gipfel bewaldete Rauchkofel lädt mit mehreren interessanten Routen ein. Neben dem bekannten Salzsteig wird auch der Westgrat viel begangen. Dabei überwinden wir vom Talboden bis zum Gipfel 1270 Höhenmeter und werden mit dem Blick ins Herz der Laserzberge belohnt.

Talort: Erholungsdorf Amlach, 2 km südwestlich von Lienz.
Ausgangspunkt: Goggkreuz, 687 m, am südlichen Dorfrand.
Endpunkt: Dolomitenhütte, 1620 m, Parkplatz (Bus zum Bahnhof Lienz nur im Juli und August Mo. 17 Uhr, Hüttenshuttle mit Vorbestellung unter Hütten-Tel. +43 664 2253782).
Anforderungen: Ausdauer erfordernde Bergtour, Trittsicherheit bis Kreidenfeuer, markiert.
Hinweis: Der 8 Min. nach dem Kreidenfeuer ehemals frühzeitig mögliche »Ausstieg« ist durch Vermurung unpassierbar geworden.
Einkehr: Unterwegs keine; Dolomitenhütte, 1620 m, am Endpunkt der Tour (geöffnet 1. Mai – 20. Okt. und 8. Dez. – Ostern, Panoramaterrasse, Übernachtung möglich; Tel. +43 664 2253782, dolomitenhuette.at).

70 m östlich vom **Goggkreuz** ❶ (Schranke) wenden wir uns dem **Goggsteig** zu. Wir kommen zum Goggbrunnen (Trinkwasser) und überqueren anschließend die Amlacher Naturrodelbahn und schreiten später am Maria-Thaler-Marterle vorbei. Der teils mit bequemen Treppen sanierte Goggsteig lenkt hinauf zum Goggbankl, ehe wir nach weiteren elf engen Kehren zum **Gogghüttl** ❷, 1076 m, gelangen, 45 Min. Ein Kruzifix schmiegt sich an einen mächtigen Föhrenstamm und eine Tafel an einer struppigen Fichte weist uns zum Westgrat. Im Weiteren steigen wir auf der bewaldeten westlichen Stirnseite des Rauchkofels bei mittlerer Steilheit an. Wo sich das Gelände zu einem schmalen Rücken umformt, weicht der Pfad etwas auf die südliche Seite aus. Über kleine, felsige Absätze erreichen wir den ersten Latschenkopf. Dort steigen wir südseitig kurz in eine Gratkerbe ab. Die nächste Steilstufe empor zum zweiten Gratkopf ist seilgesichert und mit einer Leiter ausgestattet. Ein kleiner Kammsattel verbindet zum dritten, mit Latschen bedeckten, leicht überschreitbaren Gratkopf. Auffallend ist danach ein schmaler Felsspalt, der einen Spreizschritt und Trittsicherheit verlangt. Auf der nächsten markanten Erhebung, dem **Kreidenfeuer** ❸, 1615 m, steht ein Vermessungszeichen und die Bank mit Buch der Bergsteigergilde »Alm-Extrem«.

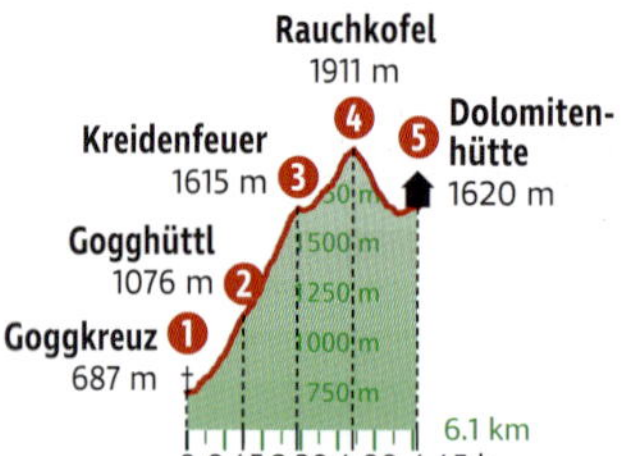

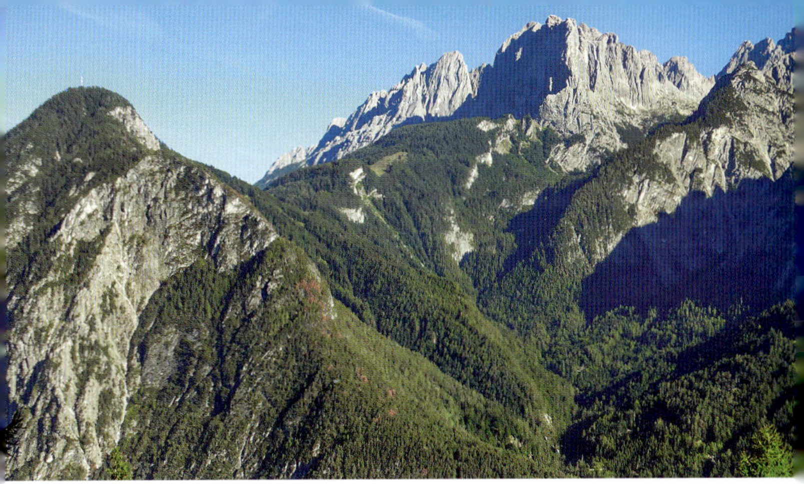

Rauchkofel-Westgrat mit Laserzwand, Rotem Turm und Großer Keilspitze (von rechts).

Ein exponiert stehendes Kreuz schaut auf den Lienzer Talboden, gesamt 2.30 Std. Der noch vor uns liegende Teil des Westgrates ist wesentlich flacher, doch in seiner Länge nicht zu unterschätzen, 1.30 Std. Zwischen Lärchen, Latschen und einzelnen blitzverbrannten Bäumen weicht der Steig gelegentlich auf die Nordseite aus und führt über einzelne kleine Waldstufen kurz steil, doch landschaftlich stimmungsvoll dahin. Mit einem letzten Aufschwung erreichen wir den Gipfel des **Rauchkofels** 4, 1911 m, mit Gedenkkreuz, Infotafeln und Rastbänken sowie ORF-Sendemast und Werksgebäude. Beeindruckend ist das herrliche 360°-Panorama.

Der **Abstieg** setzt etwa 50 m östlich vom ORF-Sendemast an und führt in Kehren, teils auf Treppen, südlich hinab. Der erdige, dann wieder schottrige Steig führt an einer »Felsenbank« vorbei und verläuft im Baumschatten hinab zur Kofelwiese (Brettersteg bei sumpfiger Mulde). Dann erreichen wir den **Tristacher Sattel**, 1584 m, mit der ORF-Seilbahn-Talstation, und kurz darauf den Parkplatz, 5 Min. vor der **Dolomitenhütte** 5, 1620 m, 45 Min.

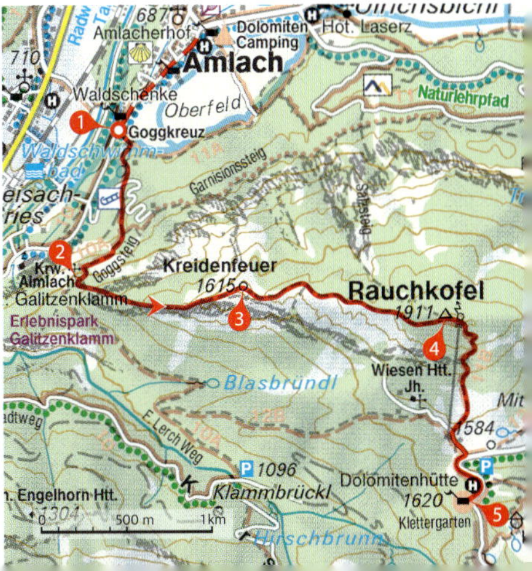

↗ 1310 m | ↘ 850 m | 16.5 km

4 Wallfahrt über den Kofel, 1880 m

6.00 h

Traditioneller Bußgang nach Maria Luggau im Lesachtal

Die geschichtsträchtige Wallfahrt führt aus dem Pustertal über den Kofelpass nach Maria Luggau. Das dort viel fotografierte Ortsbild wird von der 1986 feierlich zur Basilica minor erhobenen Kirche Maria Schnee und dem von Serviten geleiteten Kloster beherrscht. Es ist das religiöse Zentrum des Lesachtales und ein weit über die Grenzen Kärntens bekannter Wallfahrtsort mit 500-jähriger Kirchengeschichte. In gediegenen Klosterzellen bieten sich den Wallfahrern komfortable Übernachtungsmöglichkeiten.

Talort: Leisach, 2,5 km südwestlich des Stadtzentrums von Lienz.
Ausgangspunkt: Luggauer Brücke, 720 m, Parkplatz und Bushaltestelle 6 km westlich von Lienz.
Endpunkt: Maria Luggau, 1179 m, Rückfahrt per Postbus über Kötschach und Oberdrauburg oder über Panzendorf nach Lienz.

Anforderungen: Ausdauer erforderlich. Trittsicherheit im Aufstieg zum Kofelpass, markiert, bez. 212. Bedingt durch die Sturmkatastrophe im Oktober 2018 ist von Salach bis Guggenberg eine Umgehung angezeigt, wobei wir ein bisher romantisches Wegstück einbüßen.
Einkehr: Unterwegs keine; Gaststätten in Maria Luggau.

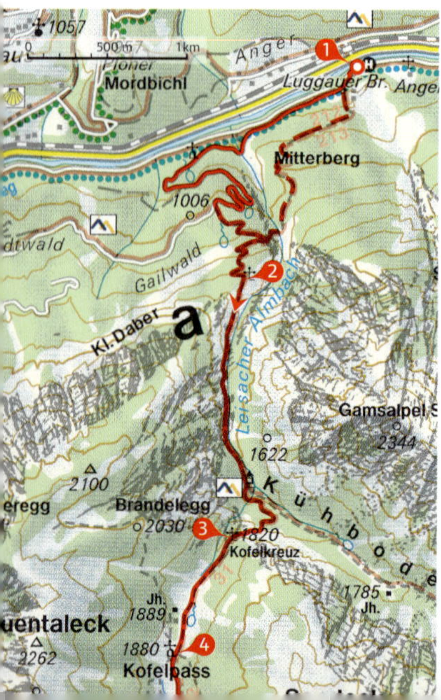

Am bergseitigen Westrand der **Luggauer Brücke** ❶ (Parkplatz) bietet der Anstieg zwei Möglichkeiten:

a) Am alten »Wallfahrerweg« im Bereich des Schotterwerkes empor zum Leisacher Almbach und weiter zum **Daprakreuz** ❷ (in der Karte rot gestrichelt).

b) Bevorzugter Anstieg am Schwarzbodenweg (Schranke) bis zur Tafel Maria Luggau, 40 Min. Fortsetzend führt uns ein Steig vorerst etwas steil hinauf und am »Schlaitener Trog« (Quellwasser) vorbei. Schließlich steigen wir zusammen mit der Route a hinauf zum **Daprakreuz** ❷, 1292 m, 45 Min., hoch über dem Leisacher Almbach. Das auf eine Rastbank schauende Kruzifix wurde als Dank für unfallfreie Holzfällungen zur Zeit des Pustertalbahnbaues im Jahr 1871 errichtet.

Hoch über der Bachschlucht führt der Steig, bez. 212, zwischen Latschen und über erneuerte Hangbrücken leicht steigend aufwärts. Er lenkt an dem vom Bach teils »angenagten« Ufer entlang und über Schotterbänke zu einer Steigteilung, 30 Min. (Bank, Marienbildnis), wo wir in Richtung Kofelpass bergan steigen und nach 4 Min. einen kleinen Bach queren. Fichten, dann Latschen und einzelne Lärchen geben den Steig bald frei, der mit einigen Treppen einen Felssockel erklimmt, eine gesicherte Felswand und anschließend eine etwa 15 m breite Schuttreise quert. Dann windet sich der seilgesicherte Fels-Schuttsteig hinauf und an der Mariengrotte und der Gedenktafel für Willi Altstätter vorbei. Auf einer Hangkanzel steht ein hochaufragender Strommast, ehe wir nach einem Gatter, am **Kofelkreuz** ❸, 1815 m, vorbei, ein schütteres Lärchenwäldchen durchschreiten und die große Kofelwiese, den sogenannten **Kofelpass** ❹, 1880 m, bzw. die Leisacher Alm (Bildstock, Jagdhütte) betreten, 1 Std.

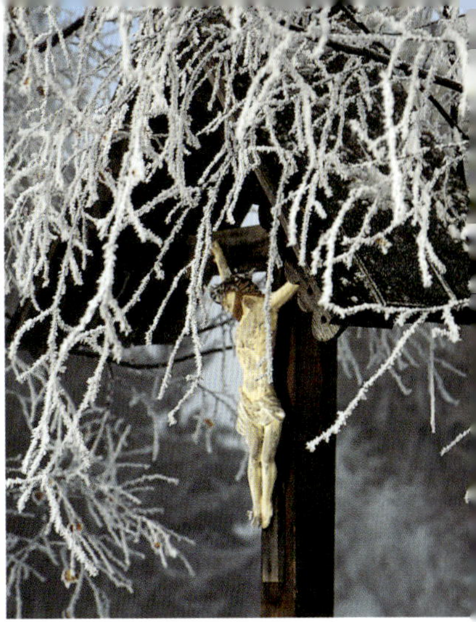

Das Daprakreuz nach der Steilstufe.

Nach der Rast bei einer Quelle folgt der Abstieg in das südlich verlaufende Eggental. Ein schottriger Naturweg und abkürzend der alte Steig lenken über Bergwiesen und neben Latschen hinab und an einer Hütte vorbei. Bald nach der Wegschranke gelangen wir, von Fichtenbäumen umschattet, in den Bereich der **Lotteralm** mit einem Marienbildstock, und einer Notunterkunft in einem dafür adaptierten Stadel, 1475 m, 1 Std. Für uns Wallfahrer gilt die **Wegtafel** ❺ 3 Min. vor der Lotteralm. Sie weist auf schmalem Steig hinab zur nahen Brücke am Eggenbach. Es folgt ein etwas langwieriger

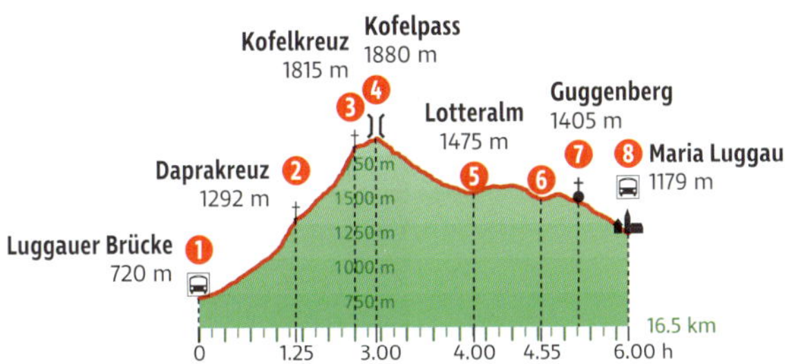

Seilgesicherte Passagen erleichtern den Aufstieg in Richtung Kofelpass.

Forstweg mit durch das Sturmtief Vaia 2018 verändertem Landschaftsbild. Wo wir später den leicht ansteigenden Weg in Richtung **Salach** (1426 m, Kapelle) erreichen, beachten wir kurz zuvor die **Tafel** ❻ mit der Umgehung auf asphaltierter Straße bis in den Weiler **Guggenberg** ❼, 1405 m, knapp östlich der hübschen Anna-Kapelle. Von dort geht es an einigen Häusern vorbei, dann entlang einer Wiese zum nahen Waldrand. Abschließend haben wir die Wahl, am Kehrensteig oder am Güterweg hinab zum Wallfahrerbrunnen am Trattenbach zu gehen, ehe wir bei etwas Gefälle an den denkmalgeschützten Stockmühlen vorbei zur Wallfahrtskirche Maria Schnee in **Maria Luggau** ❽, 1179 m, gelangen, 1.45–2 Std. von der Lotteralm bzw. der Brücke am Eggenbach.

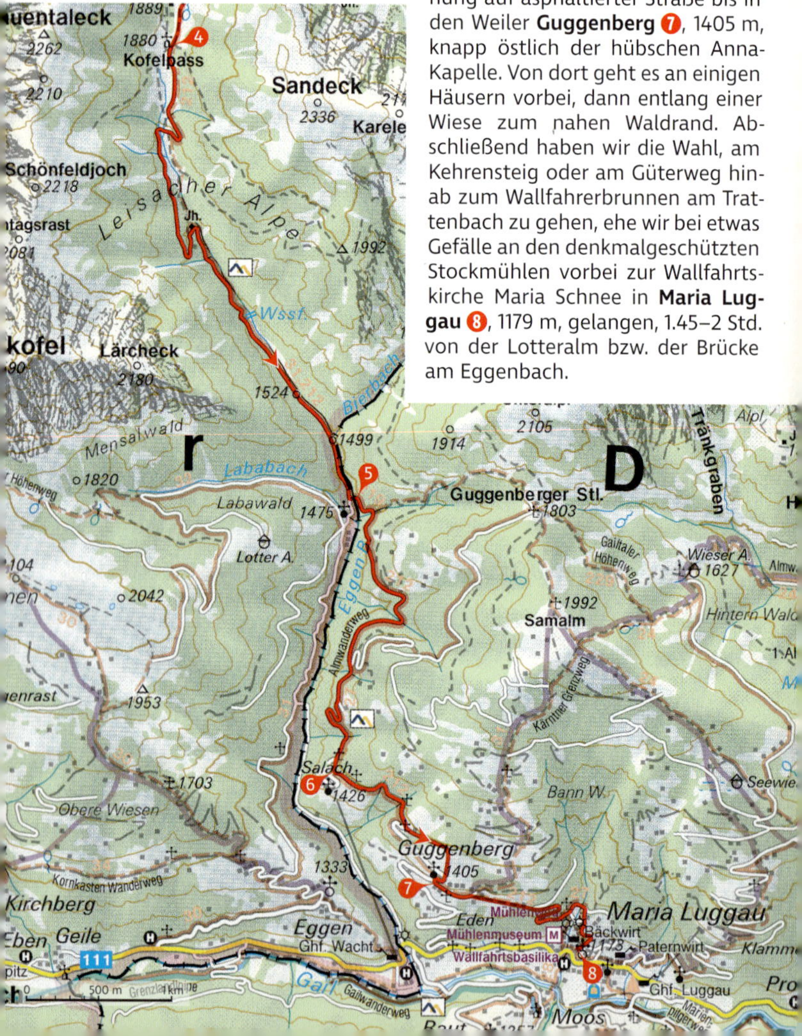

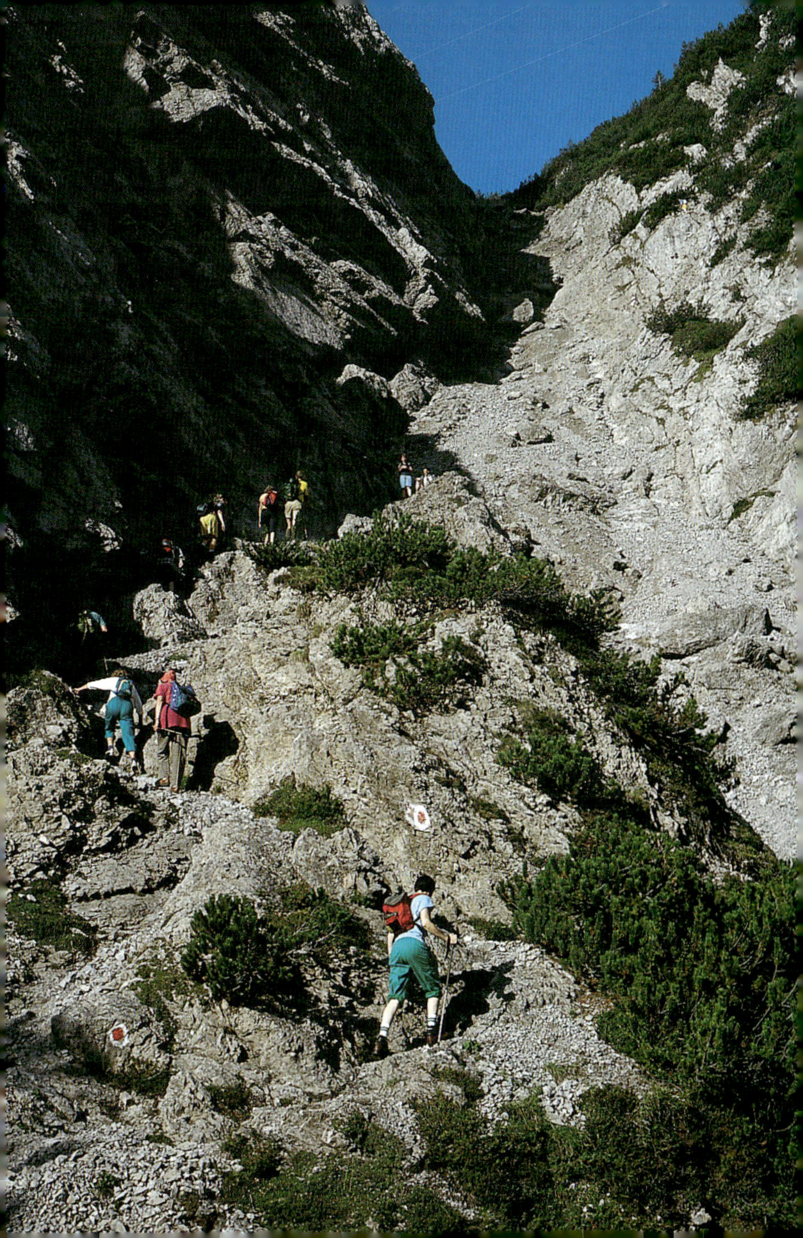

TOP

↗ 1750 m | ↘ 1750 m | 17.7 km

5 Kerschbaumeralm, 1902 m, und Spitzkofel, 2718 m

9.00 h

Erlebnis im Landschaftsschutzgebiet Lienzer Dolomiten

Wer beim Klammbrückl in die 33 Meter tiefe, schachtartige Felsschlucht schaut und das unendliche Spiel des wilden Wassers betrachtet, versteht, dass dieser Bereich 1986 zum Naturdenkmal erklärt worden ist. Beachtenswert ist ebenso der Klapffall im Talinneren mit dem Klettersteig »Verborgene Welt« für Geübte. Dort vorbei führt der Steig über eine felsige Talstufe auf die baumbeschattete Hochweide zum Kerschbaumeralm-Schutzhaus.

Talorte: Leisach, 710 m, und Amlach, 687 m, 2,5 km bzw. 2 km südlich des Stadtzentrums von Lienz.
Ausgangspunkt: Klammbrückl, 1096 m, Parkplatz, im Landschaftsschutzgebiet Kerschbaumeralm. Zufahrt: 2 km südwestlich von Leisach (Burgfrieden) zur Draubrücke (Tafeln) und am asphaltierten Stadtweg empor, dann weiter unter Buchen und Nadelbäumen am Naturweg zum Parkplatz knapp vor dem Klammbrückl.

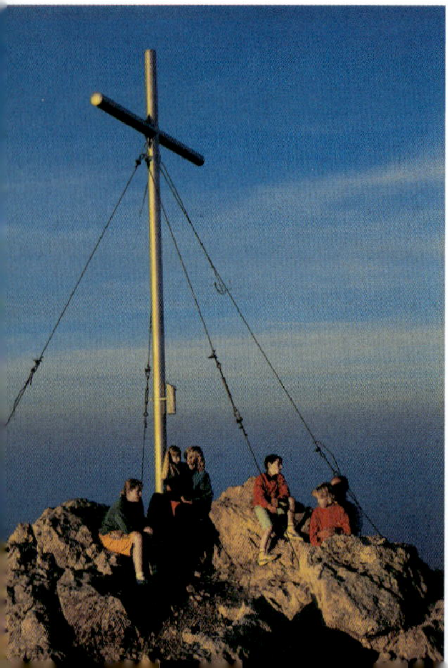

Anforderungen: Zur Kerschbaumeralm leichte, markierte und landschaftlich schöne Wanderung. Die Tour zur Linderhütte und zum Spitzkofel ist gesichert, dennoch ist Trittsicherheit geboten.
Einkehr: Kerschbaumeralm-Schutzhaus, 1902 m (ÖTK, geöffnet von Anfang Juni bis Ende Sept., 26 Schlafplätze in Zimmern und Lagern; Tel. +43 664 3034647, www.kerschbaumer-alm.com; Materialseilbahn im Talinneren zur Alm und zum Schutzhaus).
Variante: Durch das Hallebachtal zum Spitzkofel, 4.30 Std. Der von den Athleten der Extremveranstaltung »Dolomitenmann« ausgetretene Steig beginnt im Kerschbaumertal ca. 40 m orografisch links vom Hallebach ❷ und führt in einem urwüchsigen, überwiegend steilen Bergtal empor. Wir durchschreiten unberührte Waldzonen und wechseln auf halber Höhe auf die linke Talseite. Zwischen schütteren Lärchen, über Halden und eine Schuttrinne überwinden wir eine große Felsschwelle, an deren rechtem Rand wir höher steigen. Auf einer kleinräumigen Hangterrasse steht das Mitterkopfhüttl (Jagdhütte), ca. 2000 m, 2 Std. Wesentlich sanfter kommen wir jetzt hinauf in das kupierte, dünn begrünte Hallebachkar, wo wir den quer vom Hallebachtörl zum Spitzkofel führenden Steig erreichen, 1 Std. Weiter zum Spitzkofel siehe Hauptroute.

Abend am Spitzkofel, gut 2000 Meter über dem Lienzer Talboden.

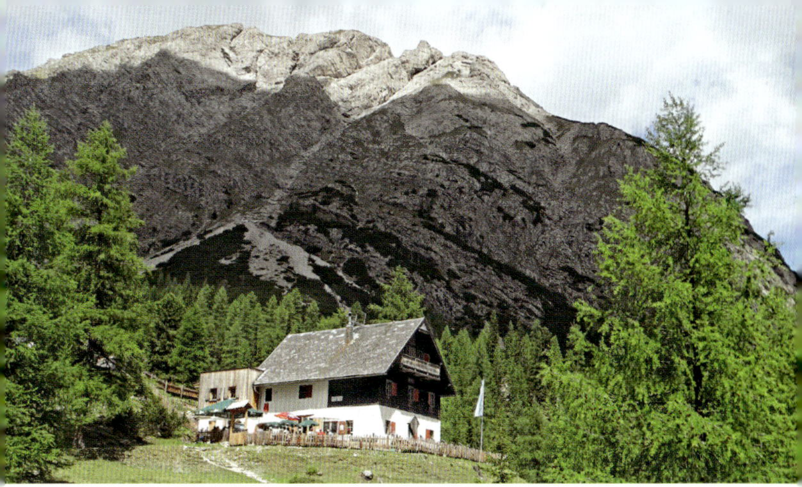

Zum Schutzhaus Kerschbaumeralm sind auch Kinder gut unterwegs.

Ab dem **Klammbrückl** ❶ (Schranke) schreiten wir am Forstweg an der nahen Hirschbrunnhütte oberhalb vorbei und beachten nach wenigen Minuten im Schatten von Fichten und mächtigen Buchen den bergwärts abzweigenden Steig. Dieser quert den Forstweg insgesamt fünfmal bzw. folgt ihm zwischenzeitlich ein Stück. Nach ca. 35 Min.

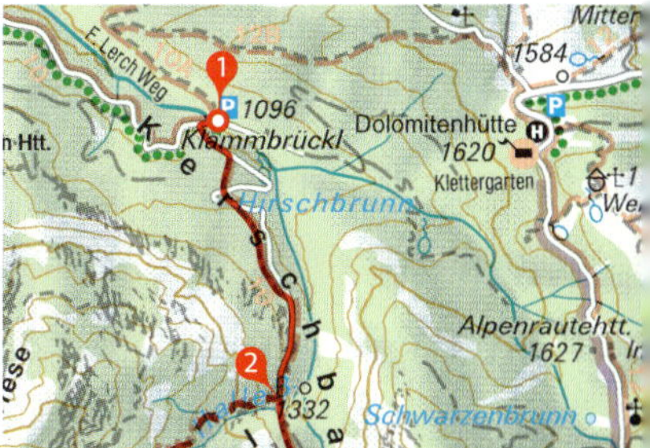

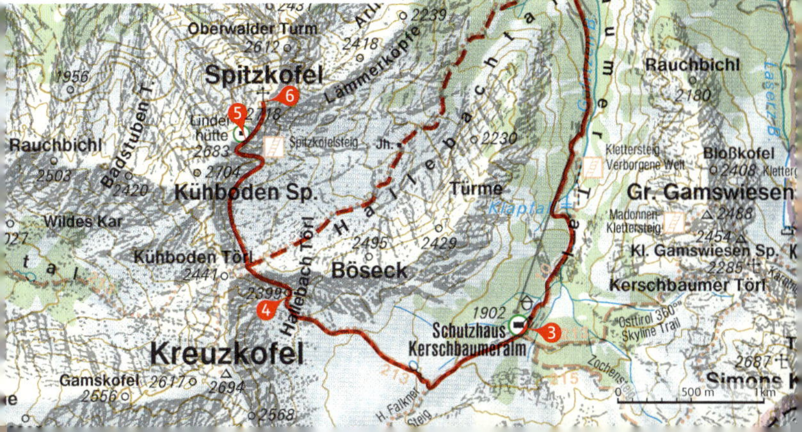

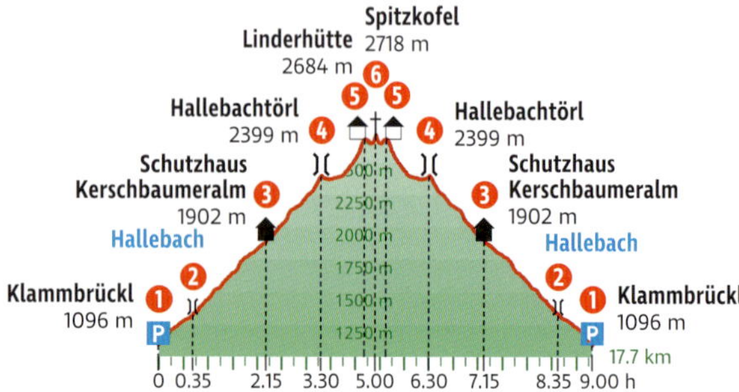

überschreiten wir den **Hallebach** ❷, 1332 m, wo ebenso ein Anstieg zum Spitzkofel möglich ist (siehe Variante). Wir bevorzugen den Hauptweg im Kerschbaumertal und beachten in weiterer Folge den abkürzenden Steig bis hin zum Georg-Bichler-Gedenkkreuz, knapp vor der Talstation der Materialseilbahn, 1561 m, 1.15 Std. Anschließend gilt es zwei große Schuttreisen, u. a. den sogenannten Brandgraben, auf einem Schuttsteig zu queren, ehe wir dem im Steilfels halb verdeckten Klapffall gegenüberstehen. Eine Tafel weist zum Klettersteig »Verborgene Welt« mit den Schwierigkeiten B bis D, womit er Geübten vorbehalten bleibt. Über einen Felsaufschwung gelangen wir in die vordere Almverebnung, die ab dem Gatter, mit silbernem Bachlauf, wiegenden Lärchenwipfeln und von den Eisenschußtürmen gerahmt, schön wie ein Gemälde ist. Der Steig führt an der Almhütte vorbei zum etwas höher gelegenen **Schutzhaus Kerschbaumeralm** ❸, 1902 m, 1 Std.

Zum Spitzkofel geht es südwestlich über Bergweiden hinauf und vorbei am südlich abzweigenden Hans-Falkner-Weg, ehe letzte Lärchen von grün überwachsenen Moränen abgelöst werden. Aus einer letzten Steigkehre betreten

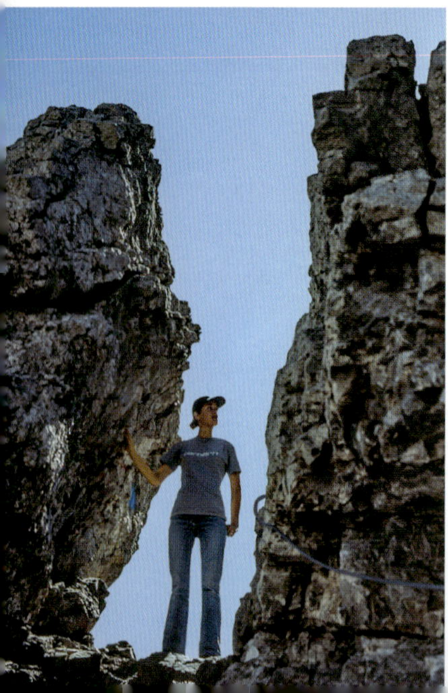

Kleine Felstore »öffnen den Weg« zum Spitzkofel.

wir das **Hallebachtörl** ❹, 2399 m, 1.15 Std. Dort steigen wir ca. 35 m ins Hallebachkar ab und queren es in nördlicher Richtung zum etwas höher gelegenen Felsfuß des Spitzkofel. Die nächste Etappe hinauf zur **Linderhütte** ❺, 2684 m, 1 Std., ist gut gesichert, verlangt aber stellenweise Trittsicherheit. Die unbewirtschaftete Hütte wurde durch das Sturmtief im Herbst 2018 zerstört und 2021 mit großem Arbeitsaufwand des ÖTK mit vielen Helfern wieder instandgesetzt (Selbstversorgerhütte, 8 Schlafplätze, ohne Kochstelle und ohne Trinkwasser). Zum Spitzkofel, 30 Min. wechseln Schrofengelände und kompakter Fels. Einer schräg nach unten lenkenden Felsrinne folgt ein schmales Felstor, ehe wir etwas steil (Seile) zur Spitzkofelscharte, 2650 m, absteigen. Zum Kreuz am **Spitzkofel** ❻ geht es über Bänder und Schrofen, ehe wir gut 2000 Höhenmeter über dem Lienzer Talboden einen unvergesslichen Rundblick genießen.
Abstieg auf dem bekannten Weg.

Das obere Kerschbaumertal mit Kreuzkofel und Hallebachtörl (rechts).

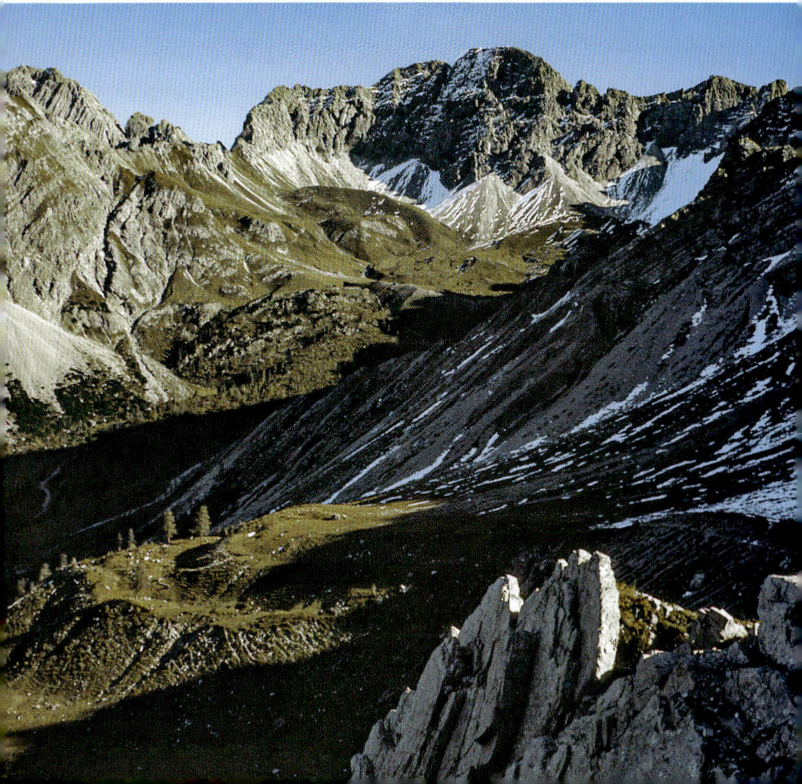

↗ 1450 m | ↘ 1450 m | 14.4 km

6 Kerschbaumeralm – Zochenpass – Weittalspitze, 2539 m

8.00 h

Klettersteig auf einen Hausberg der Kerschbaumeralm

Die südlich vom Schutzhaus aufragende Weittalspitze bietet zwei Aufstiegsmöglichkeiten: den Normalweg über die Weittalscharte oder den Klettersteig vom Zochenpass aus. Er erinnert an den Obmann der Bergrettung Lienz, Toni Allmaier, der am Elbrus 1999 verunglückt ist. Mit dem Abstieg am Normalweg ergibt sich eine lohnende Überschreitung.

Talorte: Leisach, 710 m, und Amlach, 687 m, 2,5 km bzw. 2 km südlich des Stadtzentrums von Lienz.
Ausgangspunkt: Klammbrückl, 1096 m, Parkplatz, im Landschaftsschutzgebiet Kerschbaumeralm. Zufahrt: 2 km südwestlich von Leisach (Burgfrieden) zur Draubrücke (Tafeln) und am asphaltierten Stadtweg empor, dann weiter am Naturweg zum Parkplatz knapp vor dem Klammbrückl.
Anforderungen: Zur Kerschbaumeralm leichte, markierte Wanderung. Der vom Zochenpass ausgehende Klettersteig ist nicht durchgehend seilgesichert und weist die Schwierigkeiten A und B auf. Schwieriger ist die gesicherte Steilstufe zum Gipfel.
Einkehr: Kerschbaumeralm-Schutzhaus, 1902 m (ÖTK, geöffnet von Anfang Juni bis Ende Sept., 26 Schlafplätze in Zimmern und Lagern; Tel. +43 664 3034647, www.kerschbaumer-alm.com; Materialseilbahn im Talinneren zur Alm).

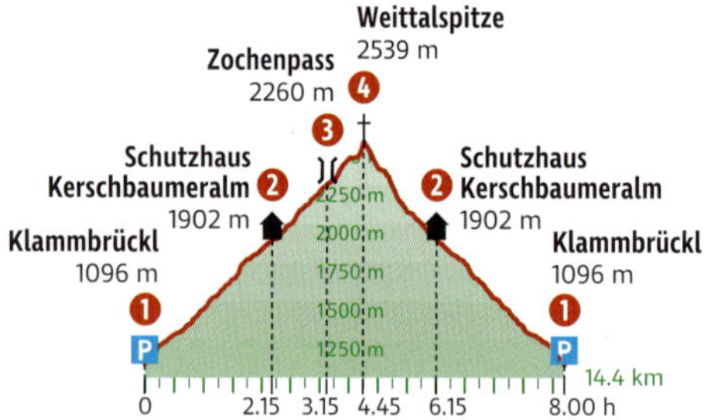

Ab dem **Klammbrückl** ❶ (Schranke) schreiten wir am Forstweg an der nahen Hirschbrunnhütte oberhalb vorbei und beachten nach wenigen Minuten den bergwärts abzweigenden Steig. Dieser quert den Forstweg insgesamt fünfmal, bzw. folgt ihm zwischenzeitlich ein Stück bis hin zum Georg-Bichler-Gedenkkreuz, knapp vor der Talstation der Materialseilbahn, 1561 m, 1.15 Std. Anschließend gilt es zwei große Schuttreisen auf einem Schuttsteig zu queren, ehe wir dem im Steilfels halb verdeckten **Klapffall** gegenüber-

Die Weittalspitze mit Weittalscharte rechts und dem Toni-Allmaier-Klettersteig links.

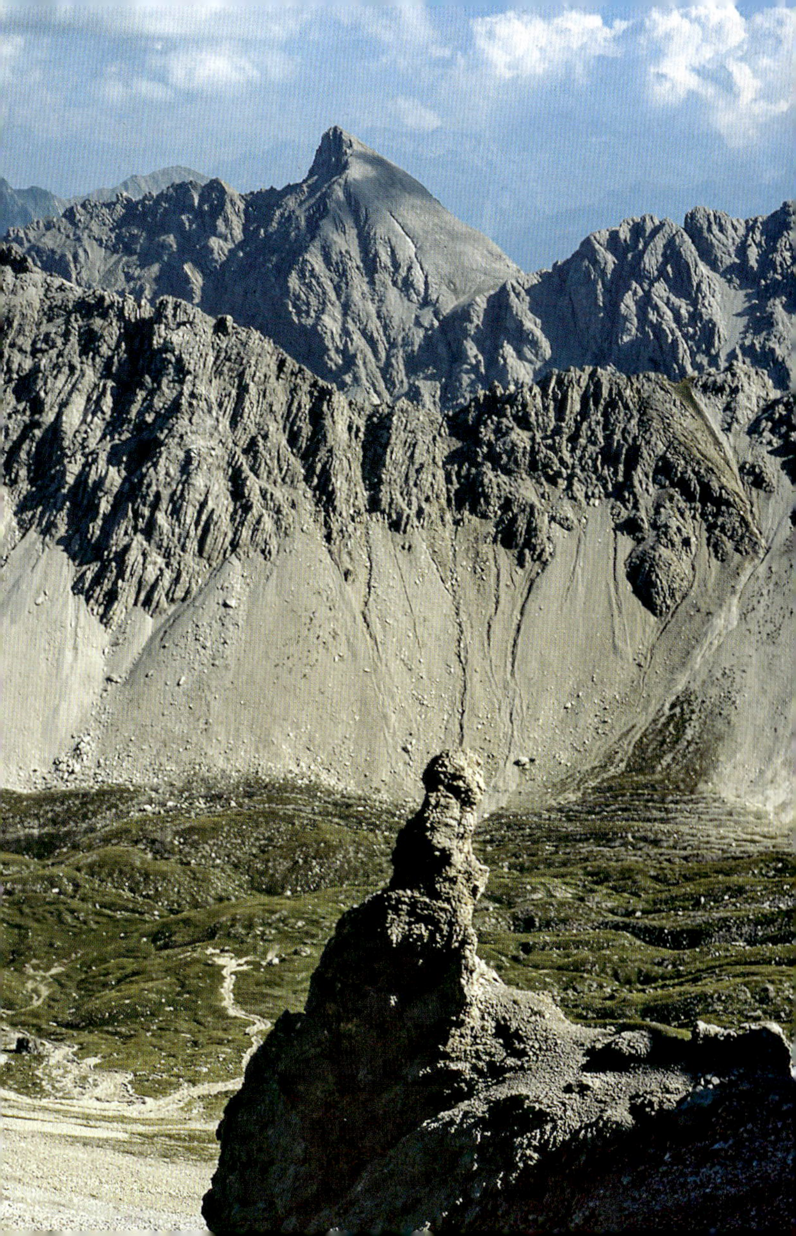

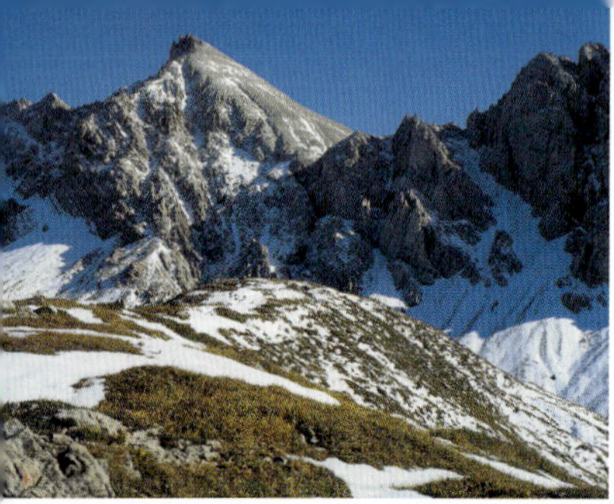

Die Weittalspitze im Kerschbaumertal.

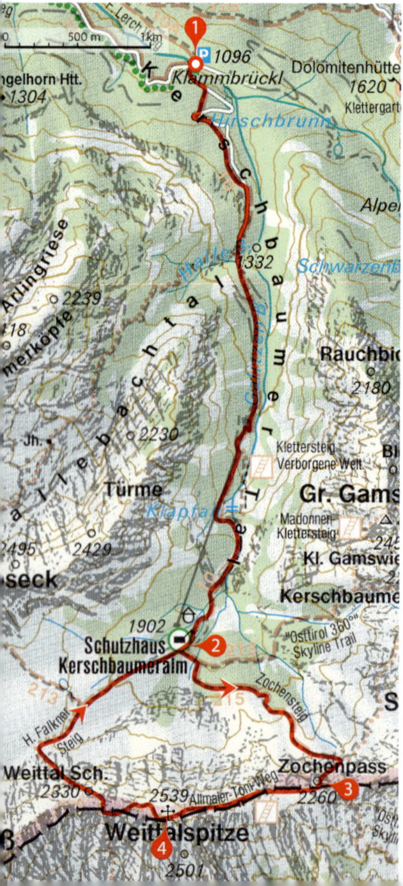

stehen. Eine Tafel weist zum Klettersteig »Verborgene Welt« (für Geübte, Schwierigkeiten B bis D). Über einen Felsaufschwung gelangen wir in die vordere Almverebnung, die ab dem Gatter, mit silbernem Bachlauf, wiegenden Lärchenwipfeln und von den Eisenschußtürmen gerahmt, schön wie ein Gemälde ist. Der Steig führt an der Almhütte vorbei zum etwas höher gelegenen **Schutzhaus Kerschbaumeralm** ❷, 1902 m, 1 Std. Am großen Steinmann 70 m südlich des Schutzhauses (Tafel) überqueren wir eine große Schuttreise und steigen in einem Lärchenwäldchen bergan. Weiter oben werden die zwergwüchsigen Lärchen weniger und versandete Moränen prägen die Landschaft. Da ist Platz für die seidenweichen, gelb leuchtenden Blüten des Rhaetischen Alpenmohns. 5 Min. vor dem **Zochenpass** ❸, 2260 m, mündet der vom Kerschbaumertörl kommende Steig ein. Den schon den Römern bekannten historischen Pass bewacht der Zoche, eine hüfthohe Statue.

Der Klettersteig beginnt mit leichtem Gehgelände auf südseitig geneigten Schutt-Rasenhängen. Beim Steinmann mit Stange, 15 Min., zweigt ein Steig zum Kanzele rechts ab, während wir der Markierung zum Klettersteig folgen. Schon bald sind Felsen und Schrofen mit Stahlseil versehen. In der Folge wechseln kleine Türme und Schärtchen, wobei wir wiederholt die Gratseite geringfügig wechseln. Zwischendurch leichtes Gehgelände, dann bieten wiederholt kurze Kletterstellen Abwechslung

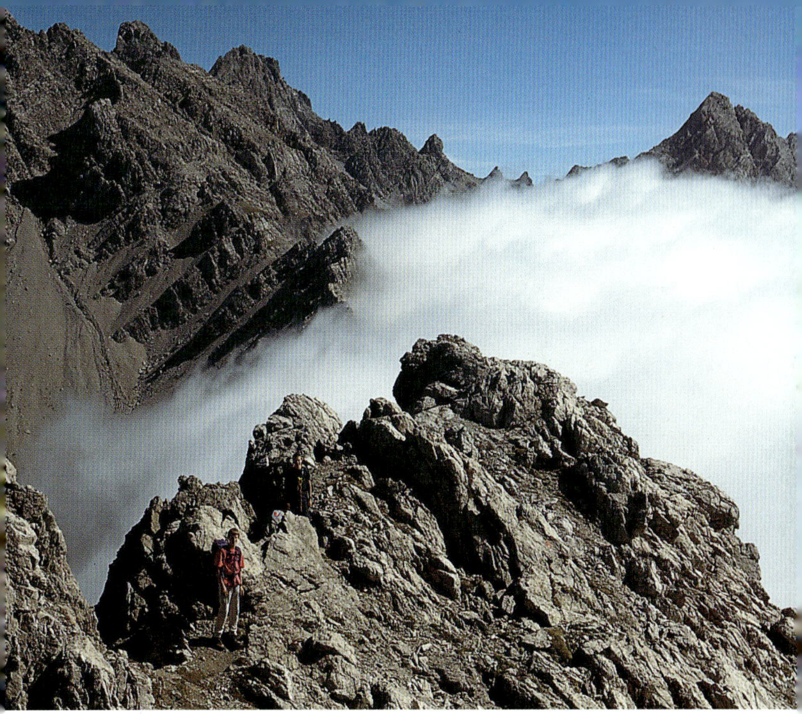

Ein abenteuerlicher Felsgrat führt vom Zochenpass zur Weittalspitze.

bis in den gipfelnahen Bereich. Dort fordert uns der steile Abschluss auf glattem Fels (Steinschlag) ein wenig. Mit entsprechend Armkraft gelangen wir zum Gipfelkreuz der **Weittalspitze** 4, 2539 m, mit Buch, 1.30 Std.
Der Abstieg auf der Westseite der Weittalspitze überrascht mit einer großen schuttüberstreuten Flanke, wo uns der gut begehbare Kehrensteig hinab zur Weittalscharte, 2330 m, führt. (Ein dort möglicher Abstieg zum Tuffbad bleibt Ortskundigen vorbehalten.) Wir wenden uns nördlich in Richtung Kerschbaumeralm. Im nun steilen Schrofengelände steigen wir mit Vorsicht ab und behalten den markierten, die Halde hin und her querenden Schuttpfad im Auge. Um eine Felskante herum gelangen wir in den breiten, mittelsteil ins Grün der Almböden abfließenden Schuttfächer. Dort verbindet der Hans-Falkner-Weg mit dem vom Hallebachtörl kommenden Steig. Hinab zum **Schutzhaus Kerschbaumeralm** 2, 1.30 Std., begleiten uns Lärchen und zu Sommerbeginn blühende Alpenrosen. Zurück zum Parkplatz beim **Klammbrückl** 1 im Kerschbaumertal auf dem vom Hinweg bekannten Weg, 1.45 Std.

TOP

7

↗ 1100 m | ↘ 1100 m | 13.8 km

Dolomitenhütte, 1620 m – Karlsbader Hütte, 2260 m – Laserzwand, 2614 m

6.30 h

Am Rudl-Eller-Weg ins Herz der Laserzberge

Das Laserz, in dessen Mitte die geschichtsträchtige Karlsbader Hütte steht, gilt als das eigentliche Herz der Lienzer Dolomiten. Diesen außergewöhnlichen Naturraum besuchen wir von der Dolomitenhütte aus am alpin angehauchten Rudl-Eller-Weg. Mit dem Abstieg am Egerländerweg (Sommerweg) ergibt sich eine lohnende Rundtour. Am hüttenversorgenden Fahrweg sind auch Mountainbiker täglich unterwegs.

Talorte: Lienz und Tristach, 2 km südlich der Bezirkshauptstadt Lienz.
Ausgangspunkt: Dolomitenhütte, 1620 m, Parkplatz. Erreichbar von Lienz über Tristach und Kreithof, 1047 m, und weiter auf mautpflichtiger Straße, 12 km von Lienz. Bus ab Bahnhof Lienz nur im Juli und August, jeden Montag 8.30 Uhr Auffahrt, 17 Uhr Abfahrt.
Anforderungen: Am Rudl-Eller-Weg bei guten Bedingungen mäßig schwierig, an einigen Stellen Trittsicherheit erforderlich. Eine 25 m hohe Felsrampe ist mit einem Stahlseil versehen.
Für die mögliche Begehung des Klettersteigs »piccola ferrata« zum Hohen Törl sind Klettersteigset und Helm sowie individuelle Sicherung für Anfänger und Kinder erforderlich. Schwierigkeiten: A, B, bei Nässe rutschiges Felsgelände. Kletterzeit 30 Min., 80 Hm, 200 m Steiglänge, kein durchgehendes Fixseil.
Einkehr: Kreithof (Gasthof, Pension) am Anfahrtsweg, Dolomitenhütte am Ausgangspunkt (geöffnet 1. Mai – 20. Okt., 8. Dez. – Ostern, Panoramaterrasse, Nächtigungen; Tel. +43 664 2253782, dolomitenhuette.at) und Karlsbader Hütte (DAV, geöffnet von Mitte Juni bis Anfang Okt., 90 Schlafplätze; Tel. +43 664 9759998, karlsbaderhuette.at).

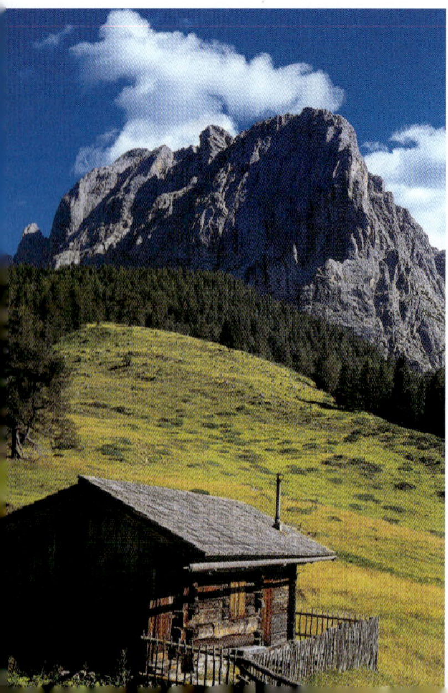

Beim **Parkplatz** ❶, 80 m vor der **Dolomitenhütte**, zweigt der Rudl-Eller-Weg ab (Wegtafel). Nach 7 Min. über ein Zäunchen zum Felsfuß des Weißsteins. Helle und vom Wasser durchfurchte Felsplatten sind mittels Fixseil anregend und leicht übersteigbar. Es schließt daran ein Waldsteig, ehe wir, vom Anblick der großartigen Laserzwand überrascht,

Über der Weißsteinalm ragen die mächtige Laserzwand und der Rote Turm auf.

geringfügig zu den zwei Hütten der **Weißsteinalm** ❷ absteigen, 1751 m, 30 Min. Wir verlassen den stillen Platz, schreiten an einem Wassertrog vorbei und steigen die Bergwiesen und eine waldgesäumte Schneise bergan. Der in kurzen Kehren verlaufende Steig führt zum Hexenstein, 2035 m, auf einer Hangebene (Zellin), der mächtigen Laserzwand gegenüber, 45 Min. Noch ein schütterer Lärchenhain, dann über die mit Latschen bewachsenen sogenannten Bromachnocken, 2100 m, wo wir auf teils seilgesichertem Steig unschwierig zum **Insteintörl** kurz absteigen (Gedenktafel). Erstmals prüft uns die erwähnte ca. 25 m hohe Felsrampe, die, mit Fixseilen versehen, dennoch Vorsicht verlangt.

Unmittelbar danach haben wir die Wahl, im Kar hinauf zum **Hohen Törl** ❸, 2233 m, 45 Min., zu gelangen oder am luftigen Klettersteig »piccola ferrata« (siehe Anforderungen). Nach anregender Kletterei wird die Laserz-Westkante halb umrundet, wobei im Abstieg und anschließend im Schrofengelände Trittsicherheit erforderlich ist. Wir queren die Laserz-Westschlucht bis zur nahen Steigteilung am Fuße hochragender Felswände: a) Der höher und am Wandfuß entlangführende Steig (Gedenktafel Rudl Eller) birgt ein seilgesichertes, latschenbewachsenes Felseck, anschließend zwei kleinere Geröllrinnen und später eine 7 m, ebenso gesicherte Geröllschlucht. Dann über eine Schutthalde und mit etwas Anstieg zum großen Moränenriegel und bald zur nahen Karlsbader Hütte.

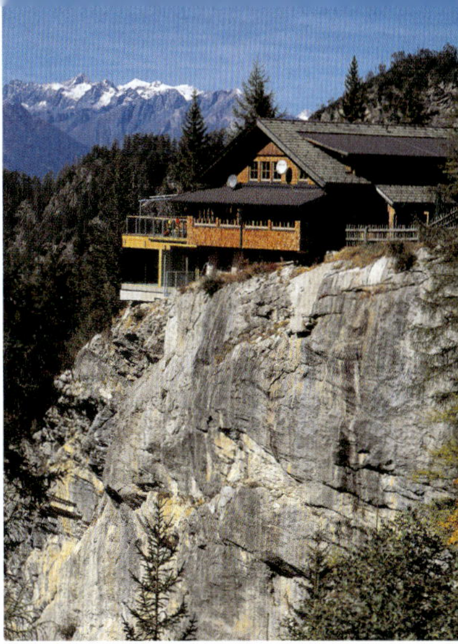

Die Dolomitenhütte, im Hintergrund der 3660 m hohe Großvenediger.

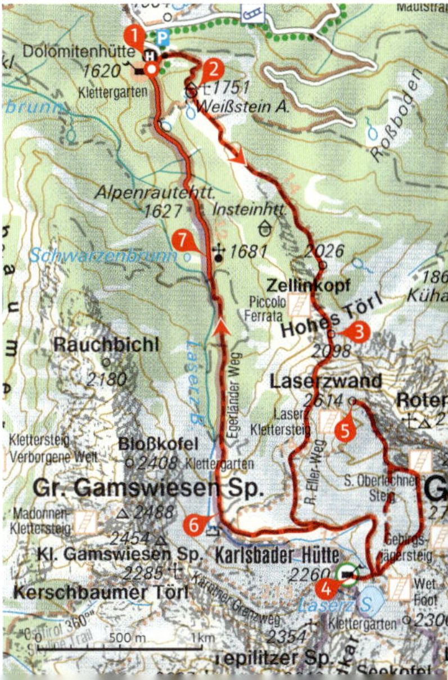

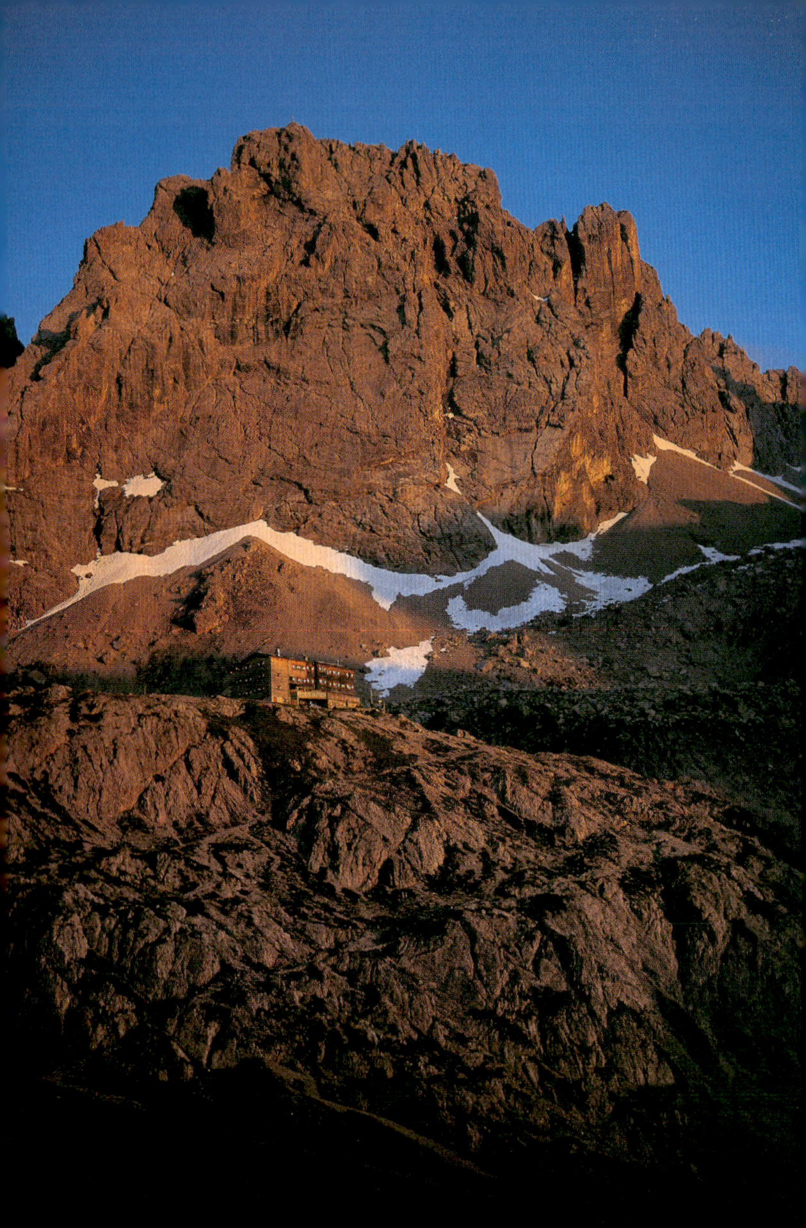

b) Der etwas tiefer verlaufende Steig lenkt ab der erwähnten Westschlucht hinab zum Xaver-Profer-Gedenkstein. Wenig später laufen die Steige wieder zusammen und überwinden den großen Moränenriegel, worauf wir am Fahrweg zur **Karlsbader Hütte** ❹, 2260 m, gelangen, 1 Std.

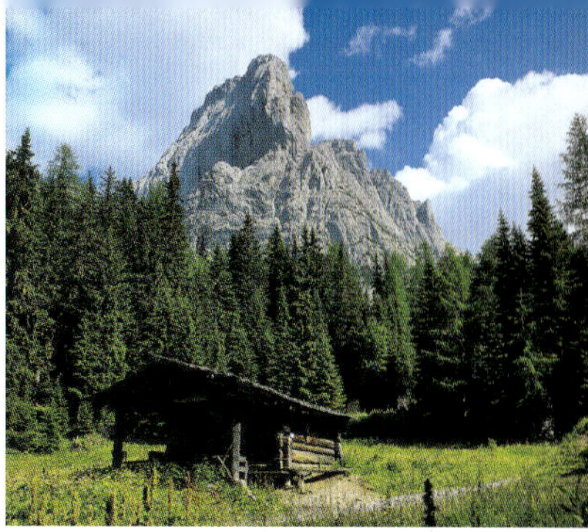

Bei der Insteinalm nimmt die Rundtour Abschied von der Laserzwand.

Zur Laserzwand beachten wir Wegtafeln in der letzten Fahrwegkurve, 70 m östlich der Karlsbader Hütte. Dort in der großen Halde oder am Scheitel einer Moräne zum Beginn des Kehrensteiges (Oberlechner Steig). Im Anstieg zur Laserzwand ist auf felsigen Absätzen mit kurzen abschüssigen Stellen Trittsicherheit geboten. Wir gelangen in den Gipfelbereich hoch überragt vom Roten Turm. Das Schöttnerspitzl (Kreuz, Gedenktafel) ist als höchster Punkt der **Laserzwand** ❺, 2614 m, unschwierig ersteigbar (siehe Bild S. 2).

Der Rückweg zur **Karlsbader Hütte** ❹ erfolgt auf der Anstiegsroute. Der Abstieg zur Dolomitenhütte kann am Fahrweg oder direkter am Egerländerweg (Sommerweg) erfolgen. Dieser schert beim **Marcherstein** ❻, 20 Min. unterhalb der Hütte vom Fahrweg links aus. Der ziemlich geradlinig und teils steinig hinabführende Sommerweg quert zweimal den Fahrweg. Wo der Laserzbach unvermutet sich aus dem Geröll befreit, sein kaltes Wasser einen Trog speist, haben wir die Kapelle der Soldatenkameradschaft Amlach-Tristach-Lavant und anschließend das gealterte **Insteinhüttl** ❼, 1681 m, zu Füßen der formschönen Laserzwand erreicht. Auf allmählich verflachendem Weg passieren wir die im Wald versteckte Alpenrautehütte (Wassertrog), ehe wir entlang der Hohen Trage zur **Dolomitenhütte** ❶ zurückkehren und die Tour mit guten Eindrücken ausklingt.

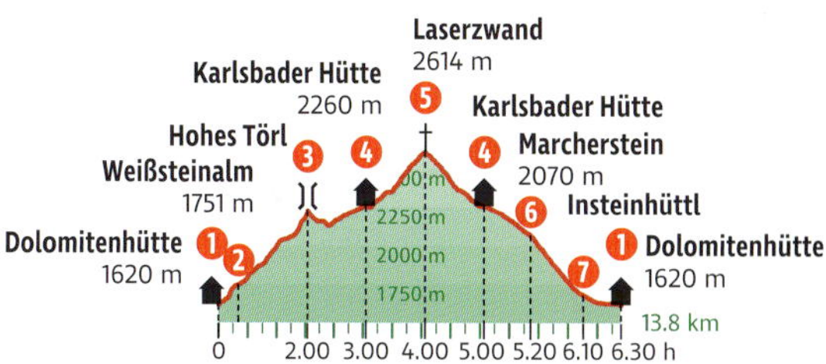

Die Karlsbader Hütte mit Seekofel und Eggerturm (rechts) im Abendlicht.

↗ 1280 m | ↘ 1100 m | 14.7 km

8 Auf dem Dreitörlweg zum Hochstadelhaus, 1780 m

7.15 h

Erlebniswanderung durch einsame Kare der Lienzer Dolomiten

Wir lernen den östlichen Teil der Lienzer Dolomiten kennen. Die Route führt am Felsfuß schöner Gipfel entlang und erklimmt drei wichtige Übergänge.

Talorte: Lienz und Tristach, 2 km südlich der Bezirkshauptstadt.
Ausgangspunkt: Dolomitenhütte, 1620 m, Parkplatz. Erreichbar von Lienz über Tristach und Kreithof, 1047 m, und weiter auf mautpflichtiger Straße, 12 km von Lienz. Bus ab Bahnhof Lienz nur im Juli und August, jeden Montag 8.30 Uhr. Hüttenshuttle mit Vorbestellung unter Hütten-Tel. +43 664 2253782.
Endpunkt: Hochstadelhaus auf der Unholdenalm. Für die Rückfahrt muss ein Taxi bestellt oder die Abholung mit Pkw privat organisiert werden (12 km Fahrweg nach Pirkach).
Anforderungen: Ausdauer und Schönwetter erforderlich. Im Frühsommer bedingen meist steile, möglicherweise auch harte Schneefelder geeignetes Schuhwerk und vorausschauende Vorsicht, markiert, bez. 213.
Einkehr: Dolomitenhütte am Ausgangspunkt (geöffnet 1. Mai – 20. Okt. und 8. Dez. – Ostern, Panoramaterrasse, Übernachtung möglich; Tel. +43 664 2253782, dolomitenhuette.at), Karlsbader Hütte, 2260 m (DAV, geöffnet von Mitte Juni bis Anfang Okt., 90 Schlafplätze; Tel. +43 664 9759998, karlsbaderhuette.at) und Hochstadelhaus (ÖTK, erbaut im Jahr 1888, geöffnet von Mitte Juni bis Anfang Okt., 12 Betten, 40 Lager; Tel. +43 4710 2778, www.hochstadel.at). Die Kalserhütte wird nicht mehr bewirtschaftet.

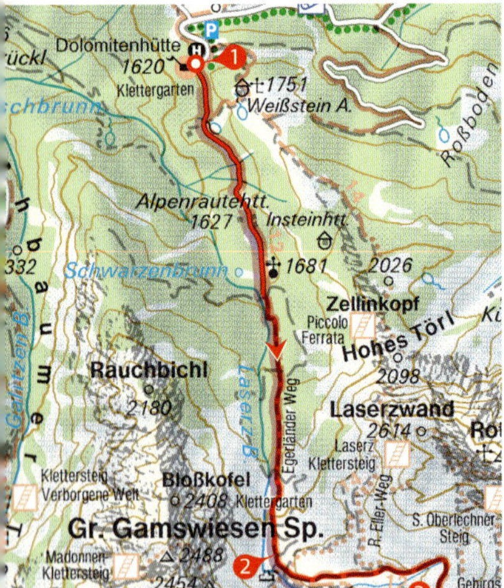
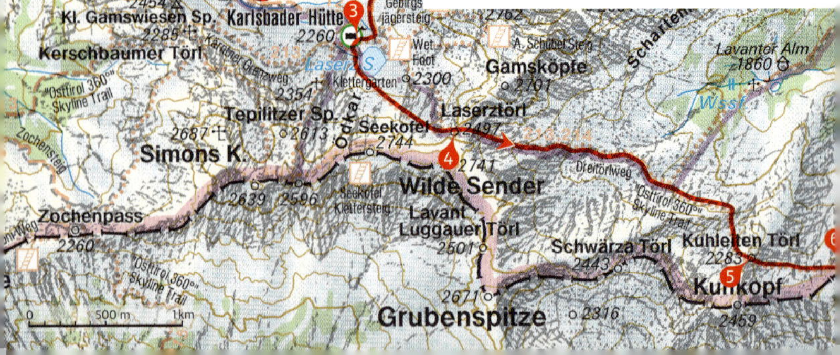

Wir beginnen bei der **Dolomitenhütte** ❶ am Eingang ins Laserz. Entlang der Hohen Trage kommen wir an der im Wald versteckten Alpenrautehütte vorbei (Brunnen). Zu Füßen der formschönen Laserzwand duckt sich das Insteinhüttl und unmittelbar dahinter steht die Insteinkapelle, 1681 m, 25 Min. (Gedenktafeln). Wo der sich aus Schutt befreiende Laserzbach auch einen Wassertrog speist, verlassen wir den Fahrweg und steigen am **Egerländerweg** (Sommerweg) zum **Marcherstein** ❷ (Gedenktafel) an. Zur dort bereits sichtbaren **Karlsbader Hütte** ❸, 2260 m, gelangen wir am Steig oder abschließend am Fahrweg, gesamt 2 Std. Zum südöstlich der Hütte gelegenen Laserztörl führt der Haldensteig rechts am Laserzsee vorbei. Dann relativ steil zu Füßen des Seekofels und der Wilden Sender zum **Laserztörl** ❹, 2497 m, 45 Min. Der mächtig erscheinende Hochstadel ist bereits sichtbar, doch noch stundenweit entfernt. Vom Laserztörl steigen wir zwischen Blöcken und nicht selten auf Altschnee hinab auf den Sandanger, 2179 m, den ein eiskaltes Bächlein aus dem höhergelegenen Neualplboden durchrieselt. Wir überschreiten eine quergelagerte Moräne und Schuttfächer, ehe wir mit etwas Höhenverlust am Wandsockel mehrreihiger Grattürme entlangschreiten. Dann steigen wir in das stille, felsumschlossene Sandkar an und weiter in das enge **Kuhleitentörl** ❺, 2283 m, 1.30 Std. In Marschrichtung fallen die schief gestellten, unver-

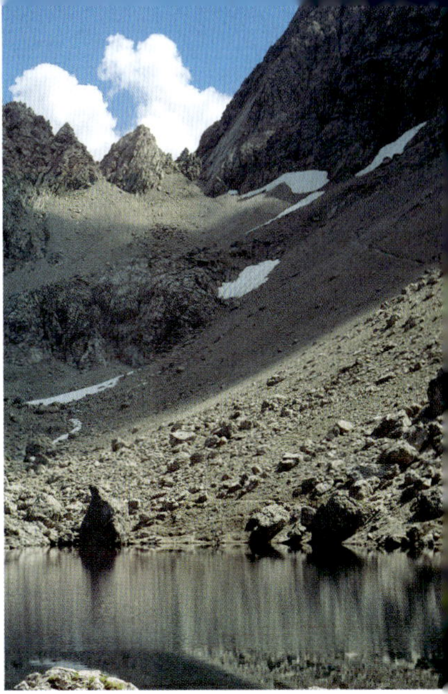

Am Laserzsee: Blick hinauf zum Laserztörl.

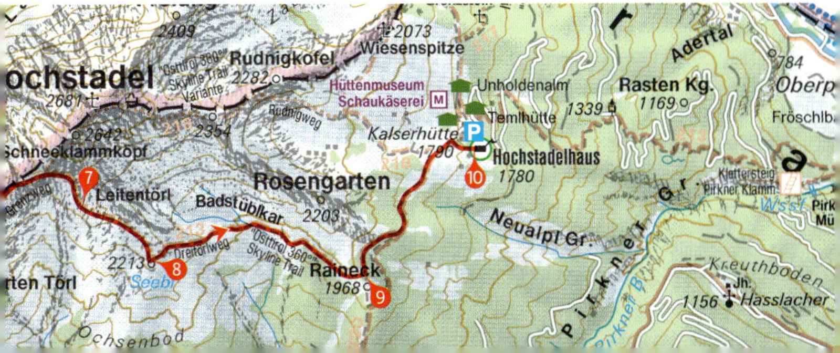

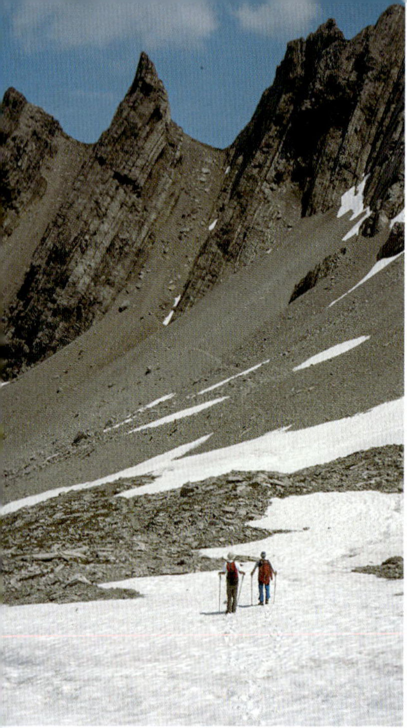

Der Dreitörlweg führt über das Baumgarten-törl (rechts).

wechselbaren Felstürme des Baumgartentörls auf – unser nächstes Etappenziel. Über acht Steigkehren geht es hinab in das schüsselförmige Baumgartenkar und anschließend hinauf zum **Baumgartentörl** 6, 2330 m, 30 Min. Von hier bietet der blockige und leicht gestufte Kennleitenkamm die Verbindung zur stark gegliederten Südseite des Hochstadels, Pt. 2381 m, 30 Min. (Tafeln), wo die Markierung, bez. 218, zum Gipfel des Hochstadel ansteigt (dorthin 1.15 Std.) und der Dreitörlweg, bez. 213, östlich mit geringem Höhenunterschied zum unscheinbaren **Leitentörl** 7 führt, 12 Min. Dort steigen wir auf einem moosgesäumten Steig hinab zum häufig ausgetrocknetem **Seebl** 8, 2213 m. Im Fels-Rasengelände und vorbei an Blöcken und Latschen gelangen wir im Bereich von Bergsturztrümmern zum Bach aus dem west-ost-verlaufenden Badstübelkar (Steinmann). Im Weiteren ist der Steig von zwei kleinen und einem großen Hanggraben etwas beeinträchtigt, ehe wir bei mäßiger Steigung das von Latschen umringte **Raneck** (auch Raineck) 9, 1968 m, erreichen, 1 Std. Auf nun nordwärts fortsetzendem Hangsteig gelangen wir mit der aus dem Pirknergraben einbindenden Route bei anschließend leichtem Gefälle zur Unholdenalm und zum **Hochstadelhaus** 10, 1780 m, 45 Min.

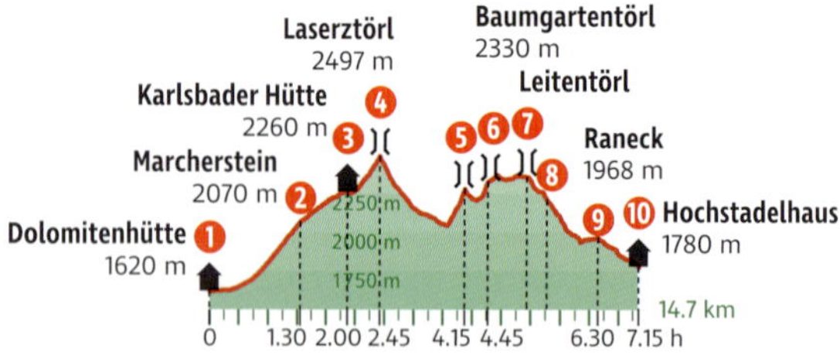

↗ 1000 m | ↘ 1000 m | 8.5 km

6.00 h

Vom Hochstadelhaus auf den Hochstadel, 2681 m

9

Bedeutender Gipfel im Ostflügel der Lienzer Dolomiten

Mit der Auffahrtsmöglichkeit zum Hochstadelhaus auf der Unholdenalm ist der Hochstadel zu einer beliebten Tagestour geworden und die Überschreitung des Gipfels bei günstigen Bedingungen ein großartiges Erlebnis.

Talort: Oberdrauburg, 623 m, Oberpirkach, 636 m, 24 km östlich von Lienz.
Ausgangspunkt: Hochstadelhaus, 1780 m. Zufahrt von Oberdrauburg nach Oberpirkach, ca. 4 km. Dort 1 km am Drauweg nordwestlich weiter, ehe der für Pkw benützbare Fahrweg zur Unholdenalm mit dem Hochstadelhaus abzweigt, 12 km (Wegtafeln).
Anforderungen: Zum Hochstadel am Rudnigweg leicht, an wenigen Stellen Trittsicherheit nötig. Gipfelüberschreitung nur in der schneefreien Jahreszeit, markiert, bez. 218. Abstieg vom Gipfel zur Schneeklammkopfscharte stahlseilgesichert (100 m Höhenverlust). Bei Hartschnee Vorsicht oder Umkehr ratsam!
Einkehr: Unterwegs keine; Hochstadelhaus am Ausgangspunkt (ÖTK, erbaut 1888, geöffnet von Mitte Juni bis Anfang Okt., 12 Betten, 40 Lager; Tel. +43 4710 2778, www.hochstadel.at). Die Kalserhütte wird nicht mehr bewirtschaftet.
Tipp: Der alte Hüttensteig zum Hochstadelhaus beginnt in Unterpirkach (Brücke am Pirkacher Bach) und wurde als interessanter Themenweg gestaltet. Ein Dutzend Schautafeln geben mit Bild und Text Einblick in die Geschichte von Wegbau und Almgeschehen. Der Hüttensteig kreuzt mehrmals den Fahrweg und endet beim Hochstadelhaus und einigen privaten Hütten (2.30–3 Std. Gehzeit).

Hochstadelhaus auf der Unholdenalm.

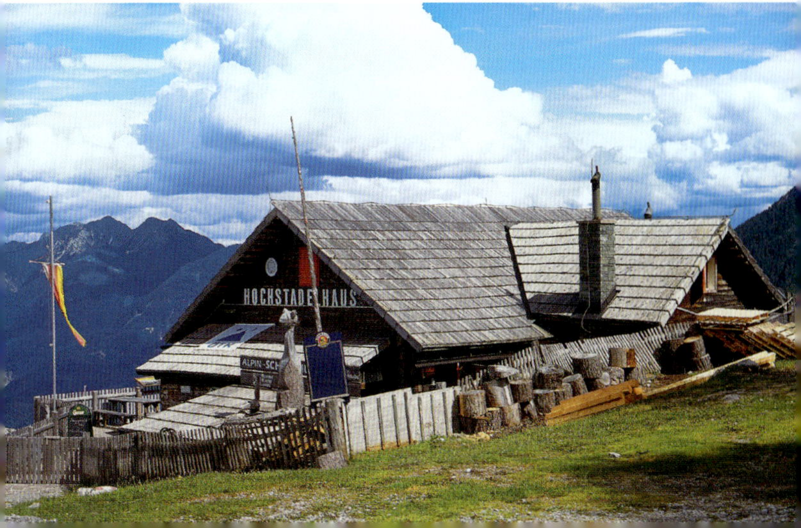

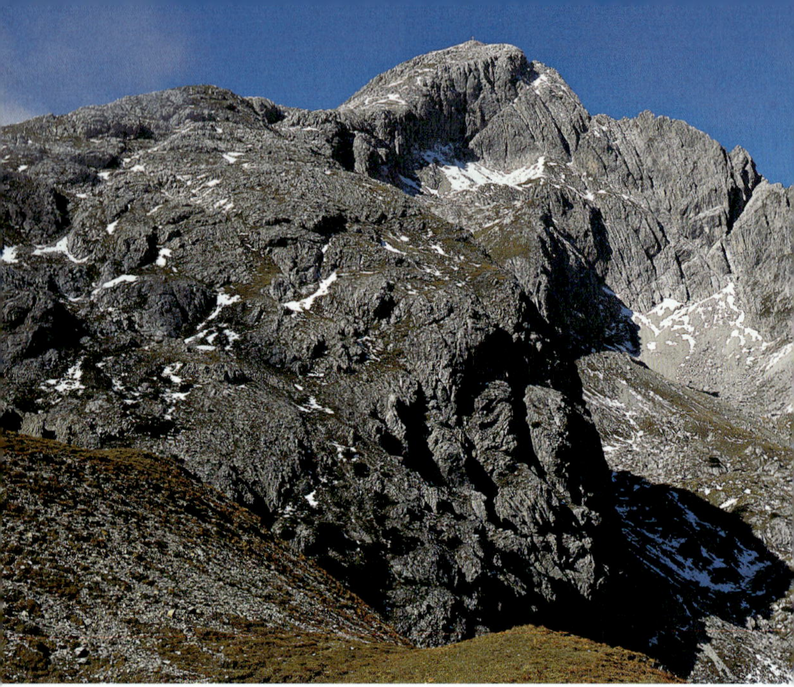

Der »Rudnigweg« führt auf der Kärtner Seite auf den Hochstadel.

Ausgehend vom **Hochstadelhaus** ❶ führt der Rudnigweg (markiert, bez. 218) nördlich zum Quellschutzgebiet (Garnitzenbrünnl). Wo Latschen lichten Lärchenwald ablösen, weist eine Tafel zum Wiesenspitz, während wir das mit Latschen und Blöcken geprägte Garnitzenkar erreichen. Dieses geräumige, felsumstellte große Kar wird auf einem Hangsteig nordseitig angestiegen, ehe nach einer spitzen Kehre und über teils felsige Passagen das **Rudnigschartl** ❷, 2244 m, 1.30 Std., am Ostkamm betreten wird und einen Blick in das tief gelegene Zabarotkar erlaubt. Weiter am teils felsdurchsetzten Kamm (Trittsicherheit erforderlich), ehe eine kleine Kammwiese überschritten wird. Anschießend teilt sich der Steig kurzzeitig in einem oft noch bis Juni schneebedeckten Hangkar

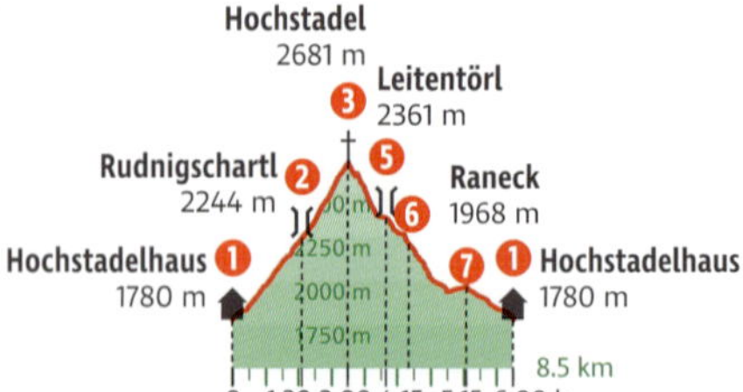

in Richtung Roßkerlscharte, 2354 m, 45 Min. (hier fließt eine Schuttreise südlich ins Badstübelkar hinab). Im Block-Rasengelände schlängelt sich der Steig in die Gipfelflanke empor, wo wir, wenn wir der Markierung folgen, die Gedenktafel für Karl Baum (Alpinliterat) nicht übersehen. Schon nahe ist dann das Heimkehrerkreuz (Buch) am **Hochstadel** ❸, 2681 m, 45 Min.

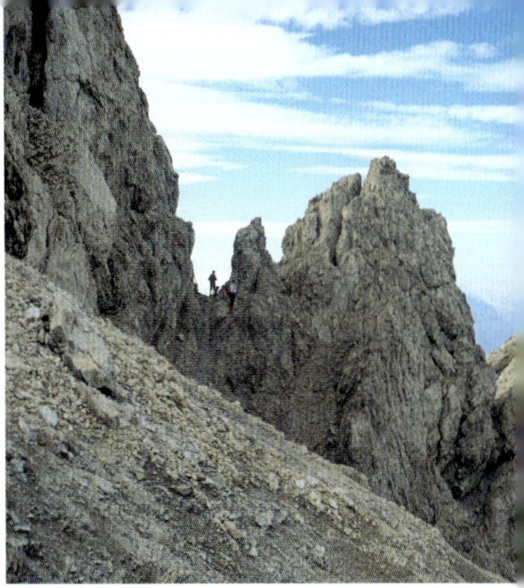

Überstieg Schneeklammkopflucke.

Der Abstieg am Südwestkamm des Hochstadels ist bis in die **Schneeklammkopfscharte** teilweise stahlseilgesichert. In weiterer Folge werden die dem Schneeklammkopf zu Füßen liegenden Schutthalden zur engen **Schneeklammkopflucke** ❹, 30 Min., gequert, wobei bei Hartschnee entweder Vorsicht oder Umkehr angebracht ist. Ab der Lucke unterstützen Seile den Abstieg. Im Weiteren führt uns die Markierung auf quer- und schräglaufendem Schuttpfad bis zur Tafel am Dreitörlweg, Pt. 2381 m, 30 Min. Weiter in östlicher Richtung auf dem mit 213 bezeichneten Weg mit geringem Höhenunterschied zum unscheinbaren **Leitentörl** ❺, 12 Min. Dort steigen wir auf einem moosgesäumten Steig hinab zum häufig ausgetrocknetem **Seebl** ❻, 2213 m. Im Fels-Rasengelände und vorbei an Blöcken und Latschen gelangen wir im Bereich von Bergsturztrümmern zum Bach aus dem Badstübelkar (Steinmann). Im Weiteren ist der Steig von zwei kleinen und einem großen Hanggraben etwas beeinträchtigt, ehe wir bei mäßiger Steigung das von Latschen umringte **Raneck** (auch Raineck) ❼, 1968 m, erreichen, 1 Std. Auf nun nordwärts fortsetzendem Hangsteig gelangen wir mit der aus dem Pirknergraben einbindenden Route bei anschließend leichtem Gefälle zur Unholdenalm und zum **Hochstadelhaus** ❶, 45 Min.

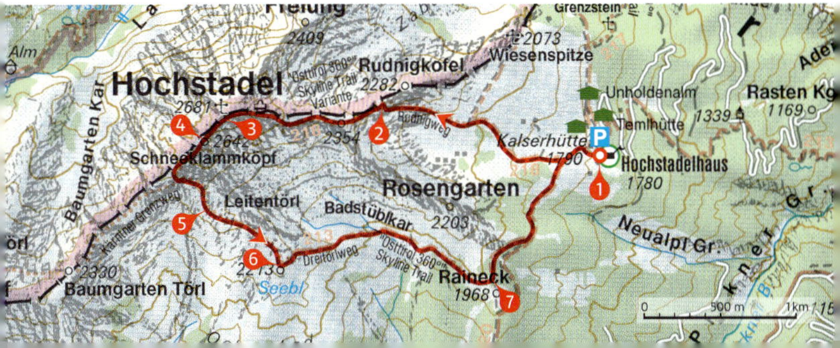

↗ 610 m | ↘ 610 m | 8.6 km

10 Rabantalm, 1209 m

4.00 h

Rundwanderweg Rabantalm und Klettergarten Rabantkofel

Der anfänglich mit einfachsten Mitteln betriebene Bergbau am Rabant ist bereits aus dem Jahre 1524 bekannt. Aus händisch vorgetriebenen Stollen und Schürfen gewann man vorwiegend Antimon. Nach mehrmaligem und oft langjährigem Stillstand erlosch der Bergbau um 1950 endgültig. Dorthin führt uns der Steig unschwierig hinauf und der Almweg retour.

Talort: Nikolsdorf, 671 m, 13 km südöstlich des Stadtzentrums von Lienz.
Ausgangspunkt: Nörsach, 735 m, 2 km südöstlich von Nikolsdorf (Postbusverbindung von Lienz).
Anforderungen: Alter Rabantweg, leicht und großteils schattig, Rabantsteig teils etwas steil, doch herrliche Waldszenen. Klettergarten Rabantkofel, klettern auf eigene Gefahr und mit entsprechender Ausrüstung.
Einkehr: Jausenstation Multerer in Nörsach (Do.–So. geöffnet). Gasthaus Glader 1 km abseits der Route (vom Berghaus auf Fortstweg zugänglich).
Tipp: Der 2011 vom örtlichen Verein »Salamander« eröffnete Klettergarten Rabantkofel im Ortsteil Nörsach bietet viele gut abgesicherte Routen auf Kalkfelsen und mit Schwierigkeiten von II–X.

Im Nikolsdorfer Ortsteil **Nörsach** ❶ weisen Wegtafeln zum Dorfkreuz südlich der Wallfahrtskirche St. Chrysanth. Bei den letzten bergseitigen Wohnhäusern erreichen wir in 10 Min. den **Klettergarten** (Parkplatz; siehe Tipp). Dort in einigen Kehren hinauf zum Wandfuß mit interessanten Kletterrouten. Wo zur Linken der Steig nach wenigen Metern endet, gelangen wir über ein seilgesichertes Eck hinauf zum höher verlaufenden Forstweg. Diesen verlassen wir bald nach einer Wegkehre und beachten den rechts abzweigenden Waldsteig, wo wir unter stattlichen Buchen bergan wandern. Die prachtvollsten dieser Bäume stehen am Rand der großen minder steilen Bergwiese, auf der wir in 20 Min. zur **Rabantalm** ❷, 1209 m, ansteigen, gesamt 1.30 Std. Ein geräumiger Stall und die erneuerte, ehemalige Bergstation einer Materialseilbahn als gediegener Aufenthalts- und Sanitärraum fügen sich an das bestehende Almgebäude.
Wollen wir einen Blick auf noch vorhandene Bergbauhäuser werfen (heute in Privatbesitz), dann führt uns der Karrenweg hinauf zum **Rabantsattel** ❸, 20 Min., mit dem Bildstock der hl. Barbara. Die Bezirksgrenze zu Kärnten überschreitend, wandern wir ostseitig des Sattels weiter bis zum einstigen Knappenhaus-Ensemble **Berghaus** ❹, 1245 m, womit sich die Tour insgesamt um 40 Min. erweitert. Zurück an der **Rabantalm** ❷ kehren wir entweder auf der Aufstiegsroute zurück nach

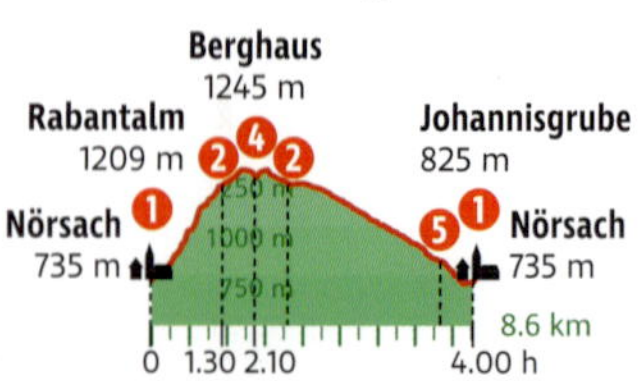

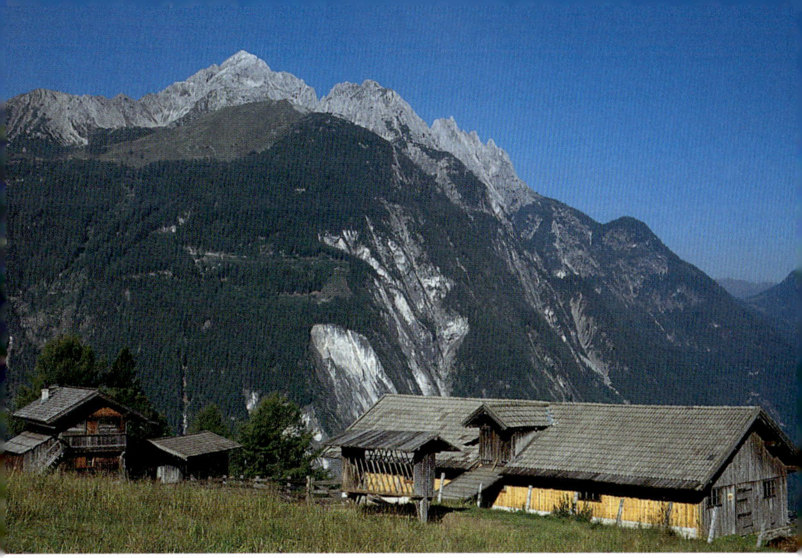

Rabantalm mit dem Hochstadel (Lienzer Dolomiten) im Hintergrund.

Nörsach oder wählen die Rundtour am Alten Rabantweg. Dieser zweigt bei der Alm ostseitig zu einem nahen Gatter ab und führt in weiten Schleifen und teils unter schönen Buchenexemplaren mäßig steil abwärts. Im unteren Bereich (Tafeln) zweigt der Weg Buchenschuss rechts ab. Er wird im Winter als Rodelbahn genützt. Im unteren Teil durchschreiten wir die sogenannte **Johannisgrube** 5, einen 50 Meter langen Tunnel. Abschließend geht es auf dem Alten Rabantweg zur **Chrysanthner Kirche** 6 und zurück zum Ausgangspunkt in **Nörsach** 1.

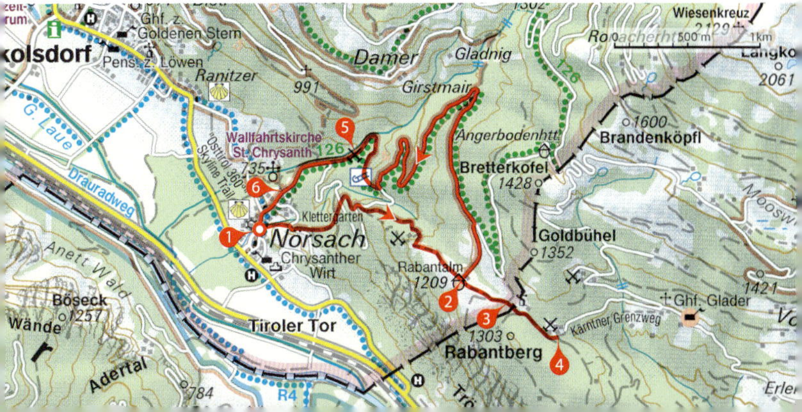

TOP

↗ 1300 m | ↘ 1300 m | 21.4 km

11 Ederplan und Zietenkopf, 2484 m

9.00 h

Abwechslungsreiche Tour in der südlichen Kreuzeckgruppe

Das Anna-Schutzhaus auf 1992 Metern Höhe, einst im Besitz des berühmten Malers Franz von Defregger, ist nach seiner Gattin Anna benannt. Der ÖTK Dölsach baute unter Führung des bekannten Extrembergsteigers Sepp Mayerl das Anna-Schutzhaus in den späten 1990er-Jahren um und ließ alte Elemente der Hütte in Neues einfließen. Das von vielen Tagesausflüglern besuchte Schutzhaus ist auch Ausgangspunkt der Zietenkopf-ÖTK-Rundwanderung, die landschaftlich sehr schön ist, doch ausreichend Kondition erfordert. Am Gipfel des Ederplan steht das 1949 geweihte Heimkehrerkreuz, wohin die Wanderung auch für Kinder geeignet ist.

Talort: Dölsach, 737 m, 5 km östlich von Lienz, sowie die Nationalpark-Gemeinde Iselsberg/Stronach, 1118 m.
Ausgangspunkt: Zwischenbergensattel (Stronacher Sattel), 1474 m, Parkplatz. Zufahrt von der Iselsberg-Bundesstraße nach Stronach, 2 km (Tafeln), und weiter auf 3,5 km langer Naturstraße (Maut) zum Sattel (1 Std. Gehzeit von Stronach).
Anforderungen: Zum Anna-Schutzhaus am Ederplan leicht, Rundwanderung über den Zietenkamm unschwierig, jedoch Ausdauer erfordernd, markiert.
Einkehr: Anna-Schutzhaus, 1992 m (ÖTK, seit 1882, geöffnet je nach Witterung Anfang Mai bis Anfang November, 9 Lager, 26 Betten; Tel. +43 677 63690679, www.annaschutzhaus.at).
Variante: Loneskopf, 2316 m, 1.30 Std. hin und zurück, 330 Hm, markiert. Zunächst auf der Hauptroute zum Lainacher Törl, dann auf dem Nordwestkamm zum Gipfel. Mit Rückweg über das Lindsberger Törl ca. 2.45 Std.

Der Wildsee an der Wende der Zietenkopf-Rundwanderung (ÖTK-Weg).

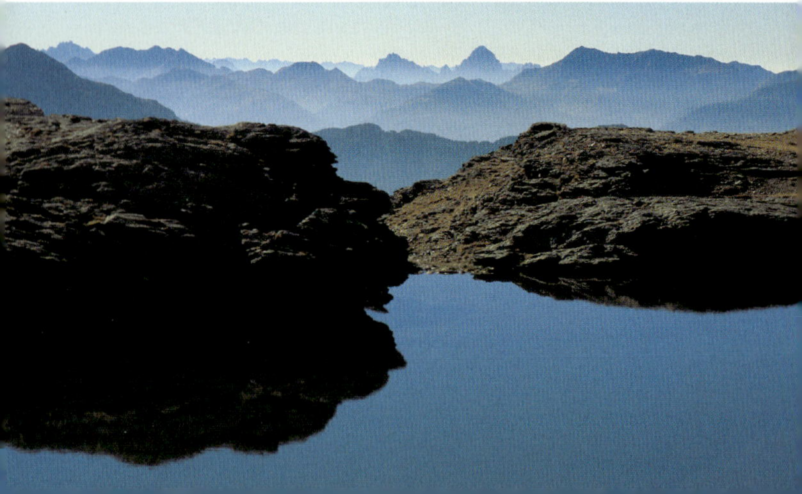

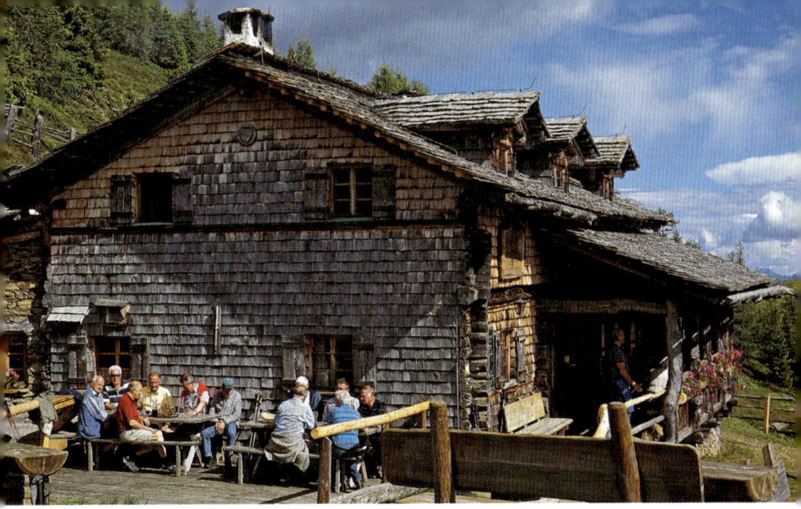

Ein beliebtes Ziel, das Anna-Schutzhaus am Ederplan.

Wir parken das Fahrzeug am **Zwischenbergensattel** ❶ mit dem 250 m nördlich gelegenen Naturdenkmal Zwischenbergenlacke – ein wertvolles Feuchtbiotop mit seltenen, österreichweit nur hier vorkommenden Blütenpflanzen. Zum Anna-Schutzhaus wählen wir im Anstieg den Ederalmweg, bez. 318, der anfänglich ziemlich steil im Wald emporführt und einen Forstweg quert. Nach dem Anstieg über eine waldgesäumte Bergwiese oberhalb der Ederalmhütte überschreiten wir erneut einen Forstweg und folgen wiederum dem Waldsteig, ehe wir nach angenehmem Verlauf beim originellen Annaquell wieder ins volle Sonnenlicht treten. Ein steinumböschtes Löschwasserbecken und vereinzelte private Almhütten liegen locker verstreut im lichten Lärchenbestand. Nach einer letzten Wegkehre sind wir in 7 Min. beim **Anna-Schutzhaus** ❷ (Fahnenmast), 1992 m, gesamt 1.15 Std. Eine weitum freie Aussicht genießen wir bereits hier und noch

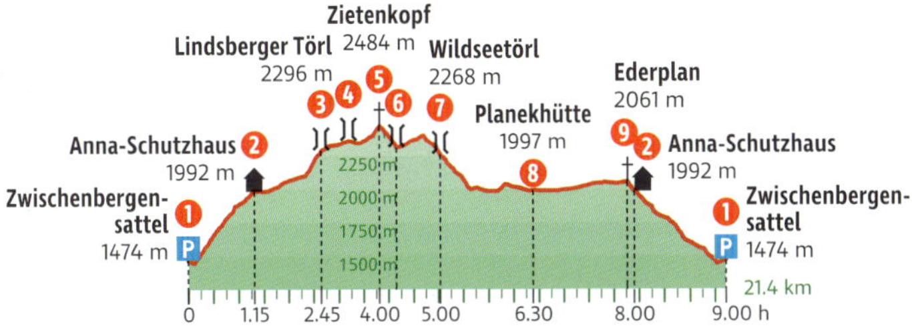

mehr beim 20 Min. höher gelegenen Heimkehrerkreuz am Ederplan, das wir aber auch am Rückweg besuchen können.

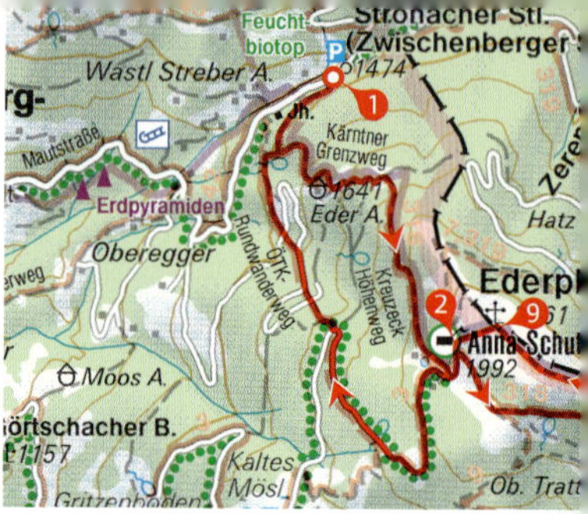

Zum Zietenkopf (Tafeln) führt der Steig 318 ab dem Schutzhaus vorerst eben durch ein dichtes Fichtenwäldchen bis zur Steigteilung beim sogenannten **Lainacher Törl**, 30 Min., wo sich am Rückweg, 318a, unsere Rundtour später schließen wird. Direkt ersteigbar wäre nun der Loneskopf, 2316 m, den wir aber südseitig umgehen. Vorbei an schütter stehenden Lärchen und über mehrere Quellaustritte hinweg gelangen wir zum Wernischbrünnl (letztes Trinkwasser bis zum Wildseetörl). Noch ein stumpfer Geländerücken, dann in Kehren hinauf zum **Lindsberger Törl** ❸, 2296 m, 1 Std. Dort lenkt der Steig auf die Nordseite des Zietenkammes, vorbei am unscheinbaren Happelköfl, bis zum rasen- und moosbedeckten **Michelsberger Törl** ❹. Auch dort führt der Steig auf der Mölltaler Seite weiter, ehe wir um zwei schwach vorgebaute Hangkanten zu einer Steigteilung gelangen: Hinab, bez. 8, würde man zum teilweise sichtbaren Lussensee kommen, wir steigen aber aufwärts, bez. 318, in blockiges Hanggelände. Noch vor dem Zietenkopf, 2484 m, erfolgt ein 50 m messender Abstieg mit seilgesicherten Passagen, ehe wir dann zur höchsten Erhebung am Zietenkamm und zum Gipfelkreuz der Nikolsdorfer Landjugend am **Zietenkopf** ❺, 2484 m, unschwierig ansteigen, 2.45 Std. ab Anna-Schutzhaus. Zum **Damer Törl** ❻, 2318 m, steigen wir auf einem leicht durchsteinten Rasenhang 15 Min. ab und überschreiten die Bezirksgrenze zu Kärnten. Bei gering ansteigender Route wird der Damer Kopf, 2441 m, nordseitig passiert, worauf der Kamm gegen Nordosten abbiegt und an einem Gedenkkreuz vorbeiführt. Dann gemächlich hinab zum **Wildseetörl** ❼, 2268 m, mit Bänken, Kreuz und E-Leitung am tiefblauen Wildsee, 1 Std. vom Zietenkopf.

Am Wendepunkt unserer Zietenkammrunde führt der Steig, bez. 318a, begleitet von einem Bächlein nordwestlich hinab in ein Rasenkar. Links einer langen Klaubsteinmauer erreichen wir einen etwas tiefer gelegenen Hangtrog mit kleinem Bach und romantischen Hochwaldszenen. Wir queren weitläufige Hangbuchten und sonnige Lichtungen. Ein offener Stall fällt auf und ein Hochsitz auf einer

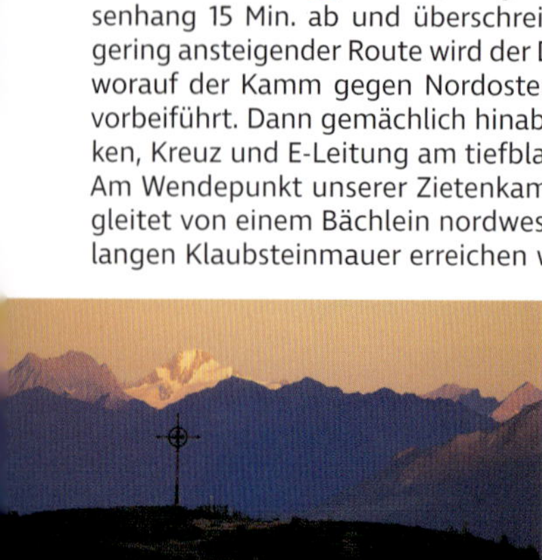

Das Heimkehrerkreuz am Ederplan; aus der Ferne grüßt die Rötspitze aus der Venedigergruppe.

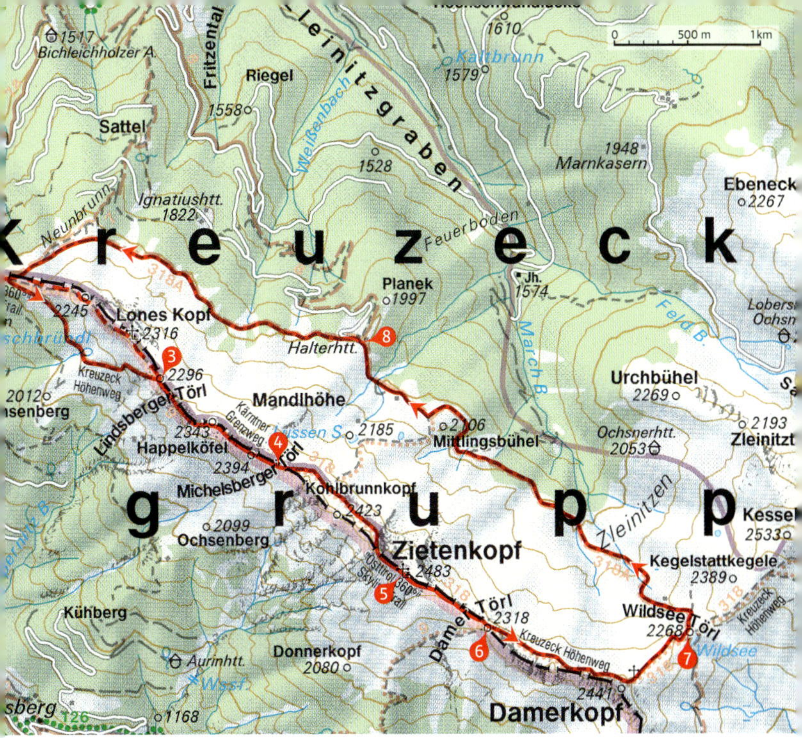

dichten Zirbe, wo wir den von der Kuhalm kommenden Forstweg betreten. Auf ihm zum Larcha Brunn und zur erneuerten, jedoch versperrten **Planekhütte** (Halterhütte) ❽, 1997 m, 1.30 Std. vom Wildsee. Mit kleinen Gegensteigungen durchqueren wir nordwärts geneigte Lärchenhänge und Mölltaler Rotwildreviere bis hin auf einen kleinen Waldsattel mit Tafel und Wassertrog. Schließlich lenkt uns der mit Alpenrosen und Beerenlaub eingefasste Steig zum **Lainacher Törl**, wo wir direkt zum Anna-Schutzhaus gehen oder auf sanften Kammhügeln zum Heimkehrerkreuz am **Ederplan** ❾, 2061 m, die Wanderung abrunden und von dort zum **Anna-Schutzhaus** ❷ kurz absteigen können, 1.30 Std. von der Planekhütte.

Abstieg zum Zwischenbergensattel entweder auf dem vom Hinweg bekannten Ederalmweg oder als Rundtour am ÖTK-Weg mit gleichem Zeitaufwand. Auf Letzterem verlassen wir das Anna-Schutzhaus in südlicher Richtung und gelangen in 20 Min. zum Parkplatz in der Ruhe- und Wanderzone. Dort auf einem Forstweg und in weiterer Folge im Wechsel von Steig und Weg hinab zum Parkplatz am **Zwischenbergensattel** ❶.

↗ 700 m | ↘ 700 m | 9.5 km

12 Schwarzkofelsee, 2436 m, und Straßkopf, 2401 m

4.45 h

Ein versteckter Karsee im Iselsberger Nationalparkgebiet

Die Wanderung verläuft im südöstlichen Bereich der Schobergruppe und hoch in der Sonnseite des ausmündenden Debanttales. Wir erfreuen uns an der Aussicht auf namhafte, das Debanttal begrenzende Dreitausender. Auch die Lienzer Dolomiten rücken ins Blickfeld. Zum Schwarzkofelsee ist die Tour unschwierig und auch für Kinder geeignet, weiter zum Straßkopf erwarten uns kurze, etwas steile Geländestufen.

Talorte: Nationalpark-Gemeinden Iselsberg/Stronach, 1118 m, und Markt Winklern, 966 m.
Ausgangspunkt: Roaner Alm, 1903 m, Parkplatz. Von Iselsberg (Kirche zum hl. Schutzengel) ca. 1 km auf der leicht ansteigenden Bundesstraße zur Abzweigung (Tafel) Gasthof »Schöne Aussicht«, 2 km. Von Winklern kommend erreicht man die Abzweigung ca. 2 km südlich des Iselsberg-Passes. Weiter auf Naturweg (Maut) zur Roaner Alm, 9 km. (Langzeitparker parken 400 m vor der Alm.) Benützen wir zur Roaner Alm den Almweg, beachten wir 100 m nach der Mautstelle den Steigbeginn (2.15 Std. Gehzeit).
Anforderungen: Die Rundwanderung ist insgesamt unschwierig, verlangt jedoch an einigen Stellen Vorsicht und Trittsicherheit, markiert, Wegtafeln.
Einkehr: Unterwegs keine; Roaner Alm am Ausgangspunkt (Almgasthaus mit Terrasse, Sommerbetrieb, 6 Lager, Winterrodelbahn, Tel. +43 664 7952638), Gasthof »Schöne Aussicht«, 1300 m, am Anfahrtsweg (geöffnet von Januar bis Oktober).

Wir folgen von der **Roaner Alm** ❶ dem hoch in der Sonnseite des Debanttales nordwestlich ausgreifenden Wiener Höhenweg. Nach zwei Gattern und etwas Gefälle (Bank, Tafeln) zweigt er vom alten Almweg rechts ab und lenkt am schütter mit Lärchen bewachsenen Sonnseithang taleinwärts. Wir überschreiten einen Bach und gelangen über sanfte Rasenhügel zur **Wegtafel »Schwarzkofelsee«** ❷, 2050 m, 45 Min. Für uns gilt hier der nördlich über mittelsteile Rasenhänge hinaufführende Steig, der später

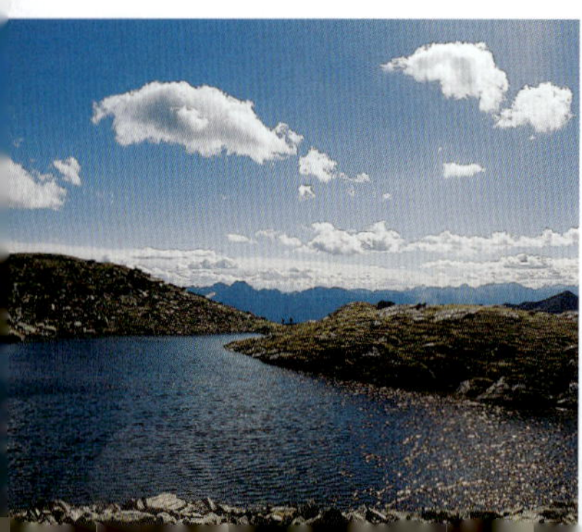

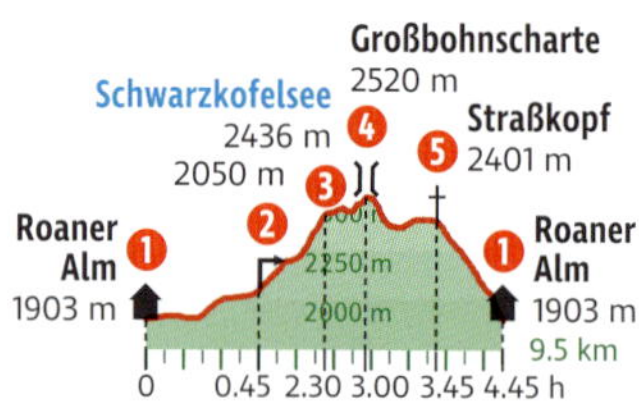

Der Schwarzkofelsee, Höhepunkt der Rundwanderung.

mit geringem Gefälle halb rechts zum dünnen Dietenbach lenkt. Am Ursprung des Baches, im sogenannten Bremstall, betreten wir das grob ineinander verkeilte Blockwerk einer Moräne und steigen im Wesentlichen an deren rechtem Rand an. Wo der Hang und die Rasenhügel wieder sanfter sind, versteckt sich blau und verträumt der **Schwarzkofelsee** ❸ in einer urigen Landschaft, gesamt 2.30 Std. Ein mit Steinplatten gedeckter Unterstand, eine eigenwillige Steinpyramide sowie die viel Aussicht versprechende Bank und, etwas abseits, ein Kreuz sind am südlichen Seeufer verteilt.

In Richtung Straßkopf queren wir eine Blockhalde und steigen dann auf steinigem Hang etwa 80 Höhenmeter an. Den nächsten Rastplatz bietet die Toni-Egger-Bank in der **Großbohnscharte** ❹, 2520 m, 30 Min., in Erinnerung an einen bedeutenden Geologen und begeisterten Bergsteiger.

Kurz hintereinander meistern wir mit erhöhter Vorsicht blockige Abstiege, ehe am sogenannten Wiesl der Bergkamm wieder betreten wird. Dann im leichten Auf und Ab und schließlich auf begrüntem Steig zum Gipfelkreuz mit Buch und Bank am **Straßkopf** ❺, 45 Min.

Der Abstieg zur Roaner Alm führt uns über gutartige Rasenhänge südlich hinab und bald an Schnee- und Weidezäunen entlang. Wo wir den schütteren Lärchensaum erreichen, beachten wir die Abzweigung (Tafeln) zur **Roaner Alm** ❶ in Richtung Westen, 1 Std. (in östlicher Richtung würde man die Winklerner Hütte erreichen).

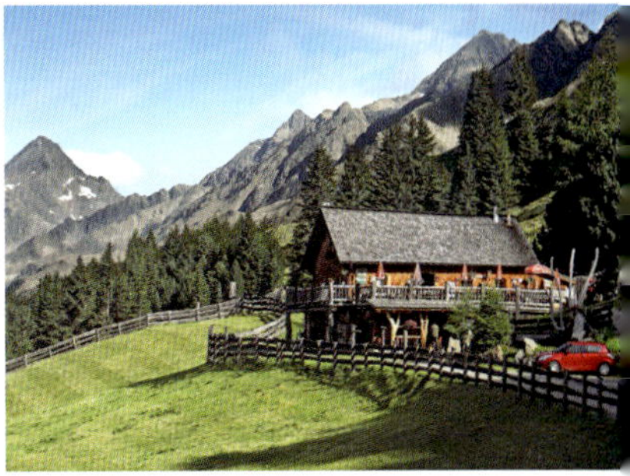

Die Roaner Alm mit Glödis links und Perschitzkopf rechts.

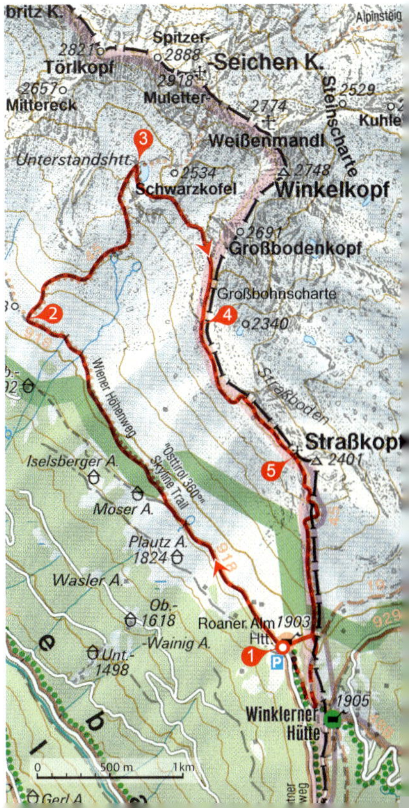

↗ 1670 m | ↘ 1670 m | 22.2 km

13 Wangenitzseehütte, 2508 m, und Petzeck, 3283 m

10.00 h

Zum höchsten Gipfel unter den 53 Dreitausendern der Schobergruppe

Der im Gipfelbereich des Petzeck gelegene Kleingletscher ist zu Toteisresten abgeschmolzen. Das Gipfelkreuz erinnert an den Niederländischen Alpenverein, dessen Bergheimat die Wangenitzseehütte im Kärntner Anteil des Nationalparks bis 2004 war. Seitdem besitzt die ÖAV-Sektion Lienz die Hütte und betreut das zugehörige Gebiet.

Talorte: Nationalpark-Gemeinden Iselsberg/Stronach, 1118 m, und Markt Winklern, 966 m.
Ausgangspunkt: Roaner Alm, 1903 m, Parkplatz. Vom Iselsberg (Schutzengelkirche) ca. 1 km auf der leicht ansteigenden Bundesstraße zur Abzweigung (Tafel) Gasthof »Schöne Aussicht«, 2 km. Von Winklern kommend erreicht man die Abzweigung ca. 2 km südlich des Iselsberg-Passes. Weiter auf Naturweg (Maut) zur Roaner Alm, 9 km. (Langzeitparker parken 400 m vor der Alm.)
Anforderungen: Zur Wangenitzseehütte leicht und landschaftlich schön, zum Petzeck mäßig schwierig, doch Trittsicherheit erforderlich, markiert. Schneefreie Jahreszeit bevorzugen.
Einkehr: Roaner Alm am Ausgangspunkt (Almgasthaus mit Terrasse, Sommerbetrieb, 6 Lager, Winterrodelbahn, Tel. +43 664 7952638), Wangenitzseehütte (ÖAV, geöffnet von Mitte Juni bis Ende Sept., 25 Betten, 28 Lager, Winterraum, Gepäcktransport bei Anfrage ab Seichenbrunn im Debanttal; Tel. +43 4826 229, www.wangenitzseehuette.com).
Variante: Alternativer Aufstieg von Seichenbrunn, 1673 m, im Debanttal (Materialseilbahn) zur Wangenitzseehütte, 3 Std. Gehzeit. Über die Debantbachbrücke, dann in Kehren empor (Tafel). Im weitflächigen Gaimberger Feld (Hirtenhütte) gelangen wir zum von der Lienzer Hütte kommenden Zinkeweg. Er führt kehrenreich hinauf zur Unteren Seescharte, 2538 m (Seilbahnstützen), und schließlich zur Wangenitzseehütte.

Wir folgen von der **Roaner Alm** ❶ dem hoch in der Sonnseite des Debanttales nordwestlich ausgreifenden Wiener Höhenweg. Nach zwei Gattern und etwas Gefälle (Bank, Tafeln) zweigt er vom alten Almweg rechts ab

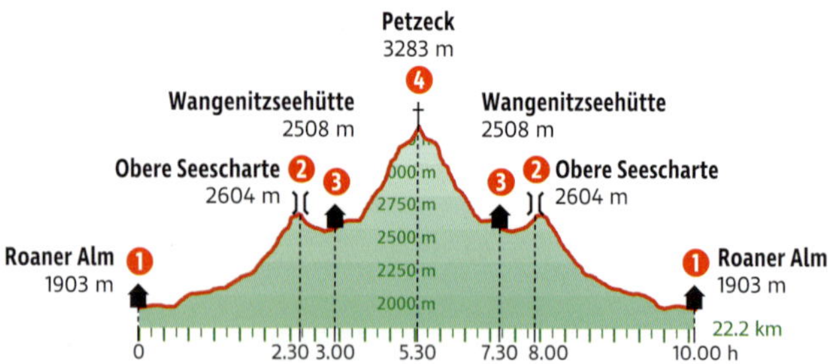

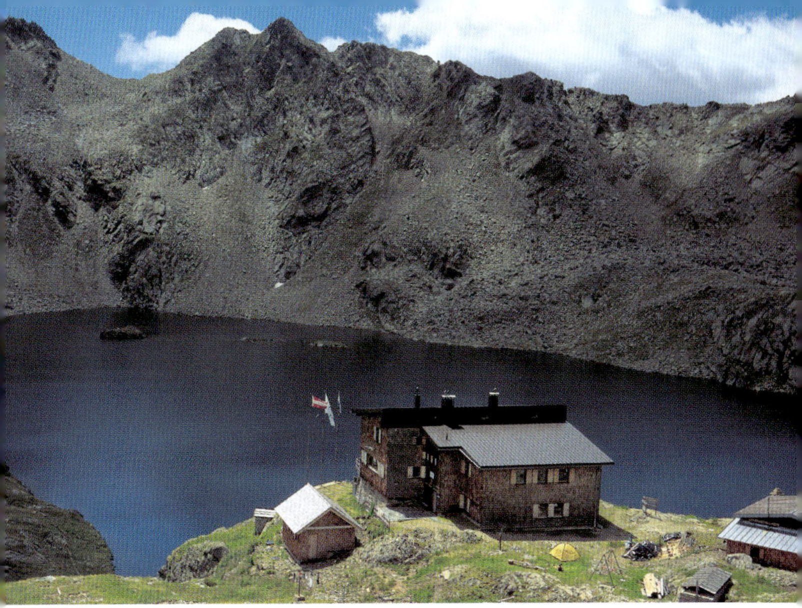

Wangenitzseehütte am gleichnamigen Bergsee mit Blick zur Oberen Seescharte.

und lenkt am schütter mit Lärchen bewachsenen Sonnseithang taleinwärts. Wir überschreiten einen Bach und gelangen über sanfte Rasenhügel zu einer Wegtafel, 2050 m, 45 Min., an der der Weg zum Schwarzkofelsee nach Norden abzweigt. Wir behalten hier aber die nordwestliche Richtung bei, überschreiten zwei kleine Bäche und gelangen in einer geräumigen Hangbucht zum schmächtigen Gaislitzbach, 2100 m. Über dem nächsthöheren Rasenriegel, 2300 m, baut sich der Gaiskofel auf, wo wir im relativ steilen Gelände 15 Steigkehren ansteigen und bei Pt. 2445 einen beachtlichen Aussichtspunkt erreichen.

Vom Seeschartenkopf hoch überragt, geht es eine grobblockige Hangkante etwa 100 Höhenmeter empor. Dann führt der Steig schmal und nur noch gering steigend oberhalb von Murbrüchen und Erdgräben zur **Oberen Seescharte** ②, 2604 m, 2.30 Std. ab Roaner Alm. Seit 2011 ziert das Freiheitskreuz mit einzigartigem Christuskorpus und interessanter Geschichte den Übergang. Unerwartet groß und tiefblau breitet sich unterhalb der Wangenitzsee mit drei kleinen Inseln aus.

Ein in Schleifen angelegter Steig führt von der Oberen Seescharte 140 Höhenmeter hinab und lenkt seilgesichert um eine Felsstelle herum. Zwischen Wangenitz- und dem eigenwillig geformten Kreuzsee erreichen wir über Rasen- und Felssockel die etwas erhöht am Nordufer des gleichnamigen

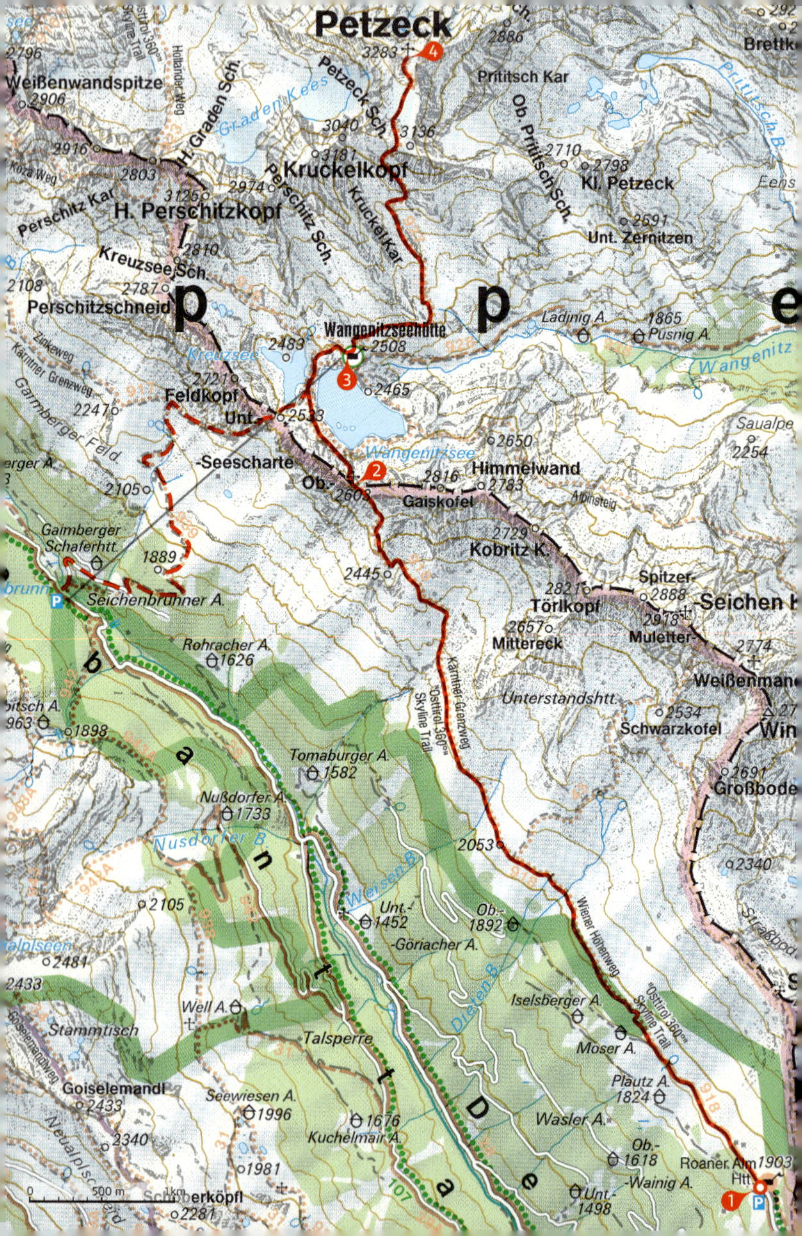

Petzeck
3283
Weißenwandspitze
2906
Petzeck Sch.
Graden Kees
H. Graden Sch.
Kruckelkopf
H. Perschitzkopf
Perschitz Kar
Perschitz Sch.
Kruckel Kar
Pritisch Kar
Ob. Pritisch Sch.
Kl. Petzeck
Unt. Zernitzen
Kreuzsee Sch.
Perschitzschneid
Wangenitzseehütte
2508
Ladinig A.
Pusnig A.
Wangenitz
Kreuzsee
Feldkopf
Unt.
2533
Wangenitzsee
Seescharte
Ob.
2603
Himmelwand
Gaiskofel
Alpinsteig
Saualpe
Garmberger Feld
Zinkeweg
Kärntner Grenzweg
Gaimberger Schaferhtt.
Seichenbrunner A.
Kobritz K.
Törlkopf
Mittereck
Spitzer-
Seichen
Muletter-
Weißenmann
Schwarzkofel
Großboden
Unterstandshtt.
Rohracher A.
Tomaburger A.
Nußdorfer A.
Nusdorfer B.
Kärntner Grenzweg
"Osttirol 360°" Skyline Trail
Wiener Höhenweg
Weisen B.
Unt.-
Ob.-
Göriacher A.
Iselsberger A.
Moser A.
Plautz A.
Wasler A.
Dieten B.
Well A.
Stammtisch
Talsperre
Goiselemandl
Seewiesen A.
Kuchelmair A.
Roaner Alm Htt.
1903
Wainig A.
Schoberköpfl
Straßbod.
0
500 m
1 km

Sees stehende **Wangenitzseehütte** ❸, 2508 m, 30 Min.
Zum Petzeck steigen wir oberhalb der Hütte am steinigen Berghang 10 Min. an. Dann wendet sich der Steig in östliche Richtung und direkt auf den Südost-Grat des Kruckelkopfes zu, 20 Min. Diese Stelle ist ausgesetzt, stahlseilgesichert, doch bei einiger Vorsicht unschwierig. Es folgt ein kurzer Abstieg ins Kruckelkar (Seil), wo ein weißer Pfeil den Anstieg nordwärts anzeigt. Auf blockbewährtem Rasenrücken geht es in Richtung Petzeckscharte, ehe die Markierung rechter Hand zu einem Schrofenhang abbiegt. Dort in Kehren hinauf und weiter auf einer Felsrippe, die oben beim großen Steinmann, Pt. 3136 m, endet. Auf losem, längst schon eisfreiem Geröll und zwischen Blöcken trennen uns weiterhin ansteigend noch knapp 150 Höhenmeter vom Gipfelkegel, der die ihm südlich vorgelagerte kleine Hochfläche gering überragt. Auf dem **Petzeck** ❹, 2.30 Std., erinnert das 1971 errichtete Metallkreuz an die einst mit der Wangenitzseehütte eng verbundenen holländischen Bergfreunde.
Abstieg auf der Aufstiegsroute.

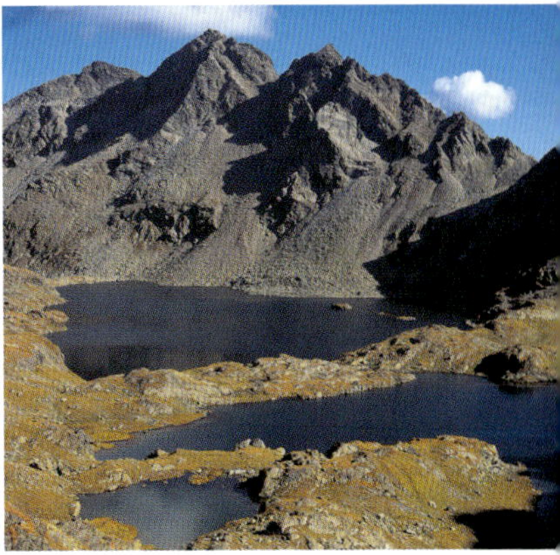

Kreuz- und Wangenitzsee nordwestlich von Himmelwand (links) und Gaiskofel.

Petzeck, Gipfelbereich gegenüber von Kruckel- und Perschitzkopf.

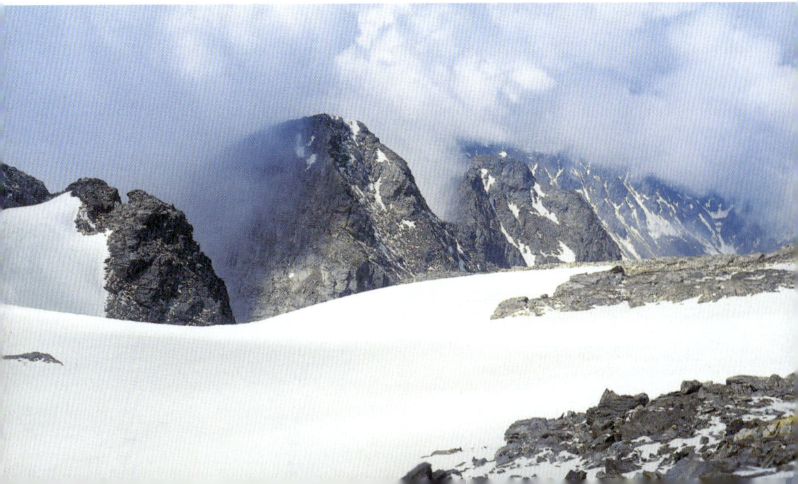

TOP

14

Lienzer Hütte und Glödis, 3206 m

↗ 1550 m | ↘ 1550 m | 16.7 km

8.30 h

Am Natur- und Kulturlehrweg in das Debanttal

Am Lehrpfad mit Nationalpark-Schautafeln und über fünf Brücken wandern wir zur Lienzer Hütte und sind dabei dem über Steine und Stufen kristallklar fließendem Debantbach stets nahe. Bei der urtümlichen Hofalm sind die Bartholomäus-Kapelle und das bäuerliche Almmuseum besuchenswert. Im Talschluss lädt der formvollendete Glödis am Klettersteig ein.

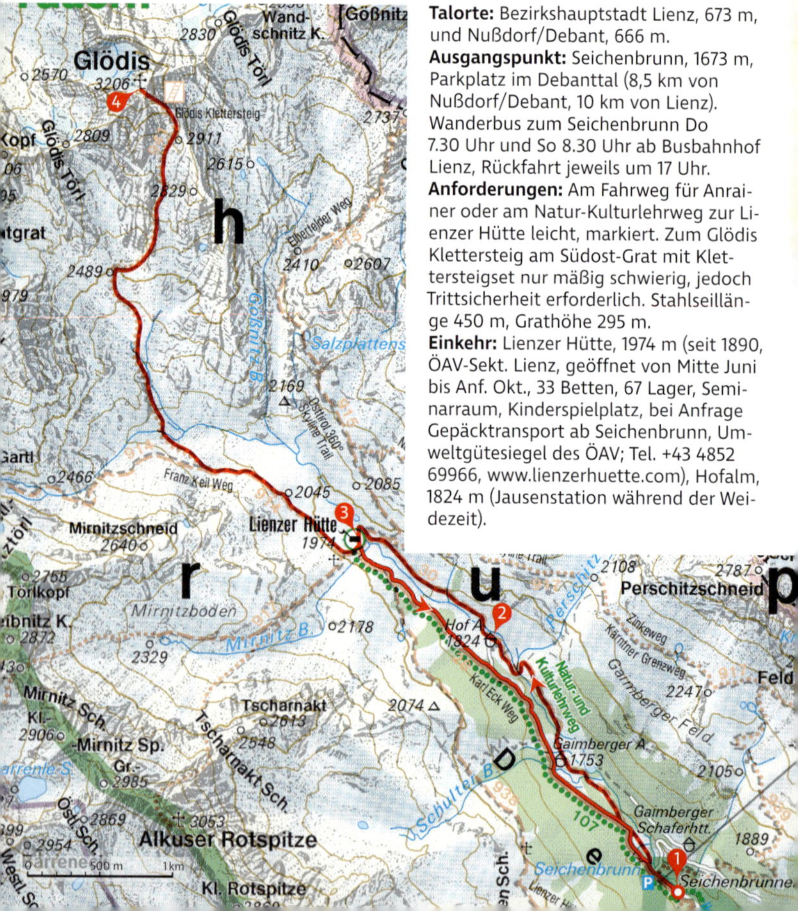

Talorte: Bezirkshauptstadt Lienz, 673 m, und Nußdorf/Debant, 666 m.
Ausgangspunkt: Seichenbrunn, 1673 m, Parkplatz im Debanttal (8,5 km von Nußdorf/Debant, 10 km von Lienz). Wanderbus zum Seichenbrunn Do 7.30 Uhr und So 8.30 Uhr ab Busbahnhof Lienz, Rückfahrt jeweils um 17 Uhr.
Anforderungen: Am Fahrweg für Anrainer oder am Natur-Kulturlehrweg zur Lienzer Hütte leicht, markiert. Zum Glödis Klettersteig am Südost-Grat mit Klettersteigset nur mäßig schwierig, jedoch Trittsicherheit erforderlich. Stahlseillänge 450 m, Grathöhe 295 m.
Einkehr: Lienzer Hütte, 1974 m (seit 1890, ÖAV-Sekt. Lienz, geöffnet von Mitte Juni bis Anf. Okt., 33 Betten, 67 Lager, Seminarraum, Kinderspielplatz, bei Anfrage Gepäcktransport ab Seichenbrunn, Umweltgütesiegel des ÖAV; Tel. +43 4852 69966, www.lienzerhuette.com), Hofalm, 1824 m (Jausenstation während der Weidezeit).

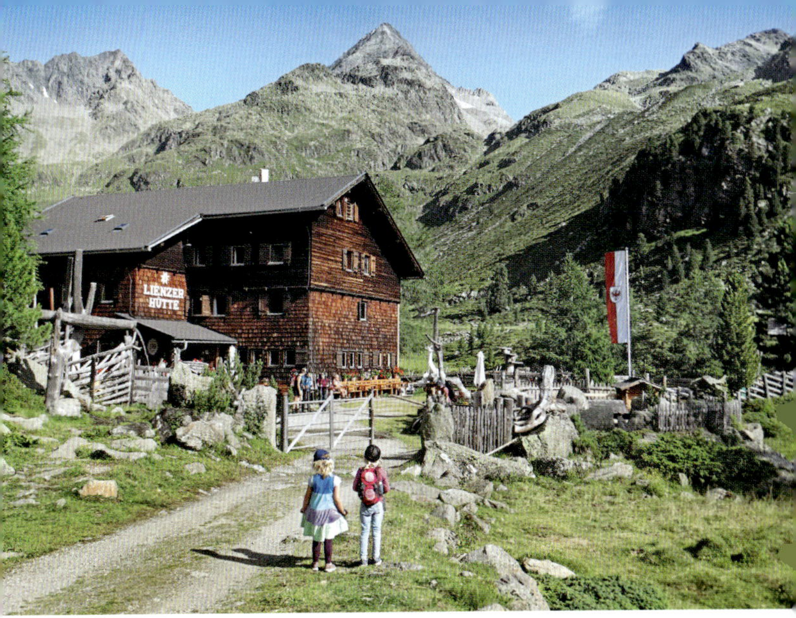

Die Lienzer Hütte mit dem Glödis, dem »Matterhorn« der Schobergruppe«.

Wir verlassen den Parkplatz in **Seichenbrunn** ❶ in der Außenzone des Nationalparks vorerst am Fahrweg, ehe einige Minuten später der wissensvermittelnde Natur- und Kulturlehrweg taleinwärts lenkt. Noch einmal dient kurz der Fahrweg, worauf wir in eine urtümliche und weitgehend unberührte Berglandschaft eintauchen. Nationalpark-Schautafeln verheißen interessante Einblicke im von Zirben und Lärchen bewachsenen Bergtal. Begleitet vom Rauschen des Debantbaches führt der Steig an verschwie-

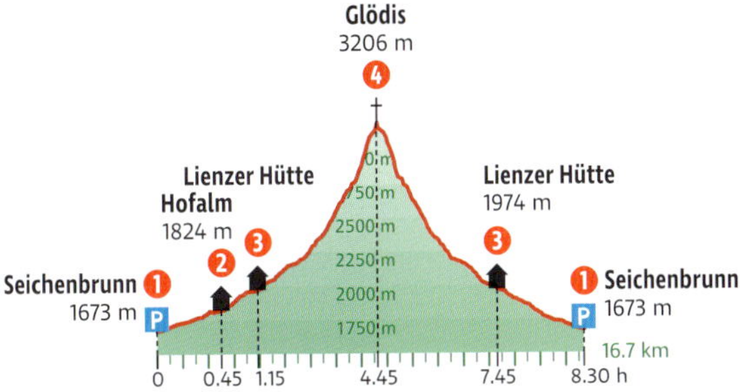

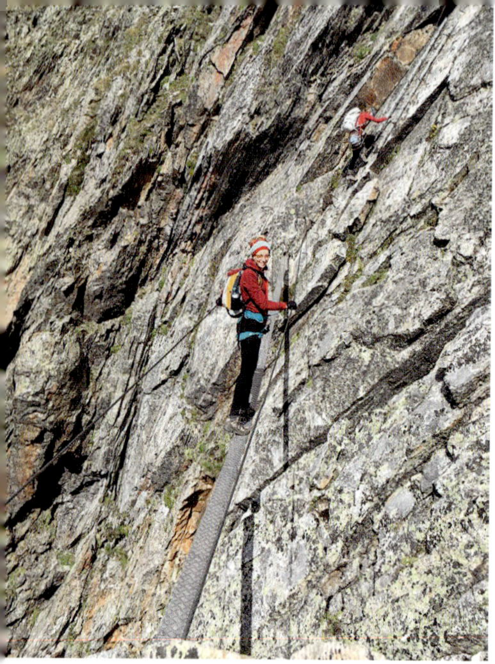

Am Klettersteig zum Glödis.

genen Quellmooren und an einem Gedenkstein vorbei, der einen Hirten für 38 Dienstjahre ehrt. Wo wir den schmächtigen Schulterbach in enger Nachbarschaft der Gaimberger Alm, 1753 m, überschreiten und bald darauf die Seite des Debantbaches wechseln, ist bereits die geschichtlich reiche **Hofalm** ❷ nahe. Sie ist auf einer auf Fels verankerten Brücke zugänglich und auch mit dem Fahrweg verbunden. Noch ein gutes Stück nehmen wir das vom Debant- und Perschitzbach ineinandervermengte Rauschen auf die nächstfolgende kleine Anhöhe mit, ehe wir ein letztes Mal den Debantbach überschreiten und in die gastfreundliche **Lienzer Hütte** ❸, 1974 m, 1.15 Std., einkehren.

Zum Glödis wählen wir bergseitig der Hütte den Franz-Keil-Weg in Erinnerung an einen bedeutenden Bergsteiger und Geoplastiker. Der Steig führt am Berghang in Richtung Talschluss und steigt kurz zu einem großen Steinmann, dann zu einer Quelle mit Trog in der Nationalpark-Kernzone an. Nach ca. 30 Min. geht es über ein kleines Blockfeld, wo rechts haltend der Debantbach überschritten wird, 2100 m. In einem seitlichen Hochtal steigen wir gegen das Kalser Törl ca. 45 Min. an und beachten den auf Fels gemalten, nach rechts zeigenden Pfeil, 2489 m. Der Markierung folgend, gewinnen wir am rechten Rand einer felsdurchbauten, oft lang mit Altschnee bedeckten Bucht an Höhe, ehe wir uns dem Glödis-Gipfelkörper südseitig nähern. Wir unterschreiten ein auffälliges Felshorn, Pt. 2829 m, und gelangen zum Fuß des Südost-Grates sowie dem Beginn des **Glödis-Klettersteiges**, 2911 m, 2.15 Std. ab Lienzer Hütte. Der ausreichend gesicherte Anstieg weist eine Seilbrücke auf, die auch umgangen werden kann, während das Hans-Rindler-Schartl überschritten wird. Mäßig schwierig endet die Route beim 2011 errichteten Gipfelkreuz (Buch) des **Glödis** ❹, 1.15 Std.

Abstieg auf derselben Route. Von der Lienzer Hütte eventuell auf dem Fahrweg zurück zum Ausgangspunkt **Seichenbrunn** ❶.

↗ 1100 m | ↘ 1100 m | 15.0 km

6.00 h

Zettersfeld und Schleinitz, 2905 m

15

Vom Zettersfeld zu malerischen Bergseen

Das weitläufige Almengebiet am Zettersfeld ist auf zwei Bergstraßen und mittels Gondel erreichbar. Sesselbahnen und Schlepplifte erschließen das auch als Winter-Skigebiet bekannte Zettersfeld bzw. Hoch-Lienz. Die Schleinitz, der südlichste Gipfel der Schobergruppe, gilt als »Hausberg« der Lienzer Sonnseite. Die Neualplseen sind auch mit Kindern ein attraktives Ziel.

Talort: Lienz, 673 m, mit den Sonnseitdörfern Gaimberg, 712 m, und Thurn.
Ausgangspunkt: Bergstation Zettersfeld-Zentrum, 1820 m, erreichbar von der Talstation Zettersfeld mit der Einseilumlaufbahn (Betriebszeiten 9–16.45 Uhr) in Gaimberg, 712 m, 2 km nördlich von Lienz, Bus ab Bahnhof Lienz. Alternative Startpunkte am Steinermandl (siehe Variante 1) oder östlich der Rottmannalm, 1894 m (siehe Variante 2).
Anforderung: Zu den Neualplseen leichte und familienfreundliche Wanderung. Zur Schleinitz ist Trittsicherheit erforderlich, markiert.
Einkehr: Gastronomische Betriebe am Zettersfeld, Panoramarestaurant am Steinermandl.
Varianten: 1) Auffahrt mit der Vierersesselbahn (Betriebszeiten 9.15–16.30 Uhr) von Zettersfeld-Zentrum zur Bergstation am Steinermand. Gehzeit bis zur Schleinitz 2.30 Std., die Höhenmeter reduzieren sich auf 750 m.
2) Auffahrt mit Pkw von Lienz nach Patriasdorf (Pfarrkirche St. Andrä) und im Helenental (Maut) zur Rotmannalm, 1894 m, Parkplatz ca. 400 m nordwestlich von Zettersfeld-Zentrum. Der Aufstieg, bez. 9a, führt ab der Rotmannalm am baumbegrenzten Pliesriegel hinauf zum Speichersee und über breites Bergwiesengelände zum Steinermandl (Gehzeit 1 Std.).
3) Östlicher Sattelkopf, 2651 m, 45 Min., 200 Hm, markiert, leicht. Von den Neualplseen am östlichen Uferriegel zum mäßig felsdurchsetzten Rasenhang (Markierung), dann Steig hinauf zum Kammsattel. Zuletzt mit Vorsicht durch Felsgelände ostwärts zum nahen Gipfelkreuz.
Bergbahnen: Betriebszeiten und Preise unter www.lienzer-bergbahnen.at.

Nordöstlich vom Goiselemandl rücken die Schleinitz und die Sattelköpfe ins Bild.

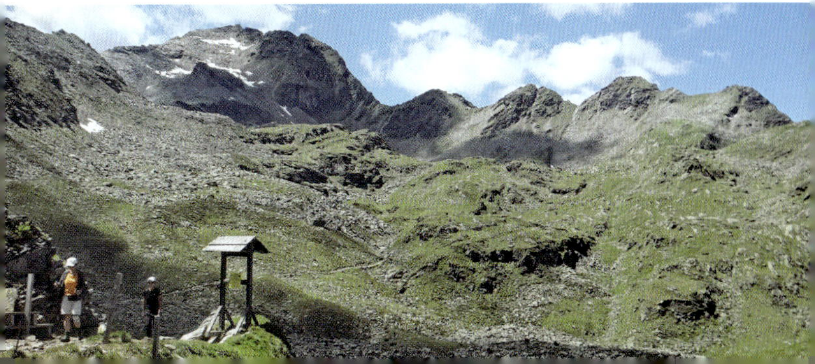

Von der Bergstation der Gondel am **Zettersfeld** ❶ gehen wir in 5 Min. zum Almrestaurant und anschließend auf der Piste zum ehemaligen ÖAV-Jugendheim und zur St.-Michaels-Kapelle, 20 Min. Weiter auf der Piste hinauf zur Wegtafel zwischen Quellschutzgebiet (Wartschenbrunn) und der Bergstation des Biedner-Sessellifts. Nach zwei höherführenden Wegschleifen erreichen wir eine Steigteilung: Der Steig 938 führt in Richtung Lienzer Hütte, während wir auf dem Steig 913 zum **Steinermandl** ❷, 2198 m, aufsteigen.
Die nächste Etappe führt vorerst in den Bereich des Schoberköpfls und zum nordwestlich gelegenen Rastplatz mit Bank und Tisch, 15 Min. Das vor uns mit einem Kreuz aufragende **Goiselemandl**, 2433 m, 15 Min., queren wir südlich ❸ (Tafeln), wobei ein kurz abwärtsführendes Steigstück ein Fixseil aufweist. Dann geht es kurz hinauf zur Neualplschneid. Ein teils etwas ausgesetzter Hangsteig (Trittsicherheit erforderlich) führt zum **Abzweig** ❹, 2455 m, zu den Neualplseen, 1 Std. vom Steinermandl.
Zur Schleinitz, 1.30 Std., markiert, gehen wir südlich der Seen über flaches, versteintes Rasengelände, dann Blockwerk zu einem Kleinsee am eigentlichen Bergfuß der Schleinitz. Dort rechter Hand an einer länglichen »Felsmauer« vorbei und im Blockwerk bergan. Es schließt daran ein Aufschwung

Über die Neualplseen hinweg reicht der Blick zu den Lienzer Dolomiten.

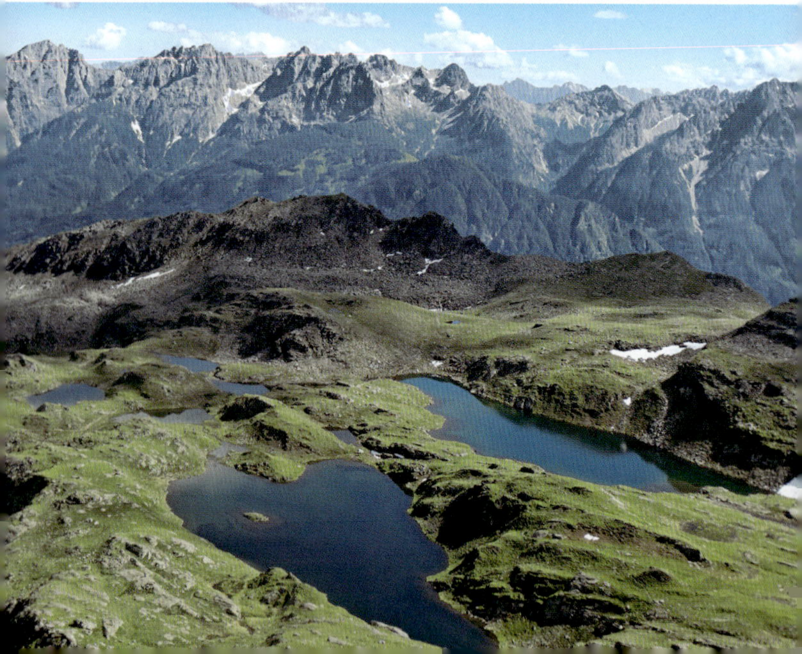

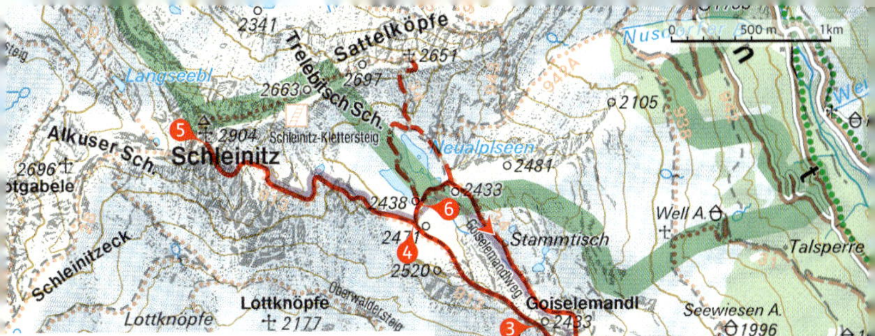

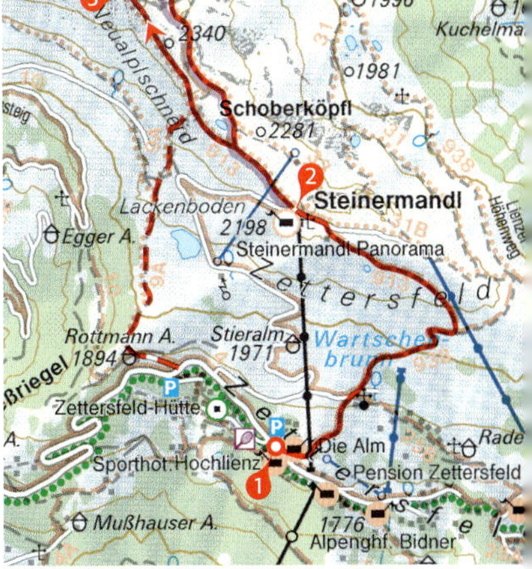

(kurzes Stahlseil) im Block-Rasengelände. An höherer Stelle passieren wir noch gesicherte Felsen, ehe wir die große Trümmerhalde betreten, die dem Gipfel ostseitig vorliegt und bis Mitte Juni schneebedeckt sein kann. Wir bleiben am linken Rand der erwähnten Halde und nähern uns dem längst sichtbaren Kreuz (Buch) der **Schleinitz** 5, dem südlichsten markanten Gipfel der Schobergruppe.

Zurück zum **Abzweig** 4, dort links zu den **Neualplseen** 6, 2438 m (siehe Variante 3). Nun gehen wir nordostseitig vom Goiselemandl (Wegtafeln östlich der Seen). Wir steigen auf Schafweiden mit dazwischen eingelagertem Gletscherschliff südöstlich ab und folgen dem eine Blockhalde durchquerenden Steig. Auf ca. drei Dutzend Stufen steigen wir nordseitig des Goiselemandl an und kommen an einem Unterstand vorbei. Dann senkt sich der Steig gemächlich Richtung Schoberköpfl, wo Tisch und Bank zur Rast und Gipfelschau einladen. Weiter auf dem vom Hinweg bekannten Weg zurück zum **Steinermandl** 2 und mit der Vierersesselbahn oder zu Fuß hinunter zur Bergstation der Gondelbahn am **Zettersfeld** 1 oder auf der Route 9a hinab zur Rottmannalm (siehe Variante 2 in umgekehrter Richtung).

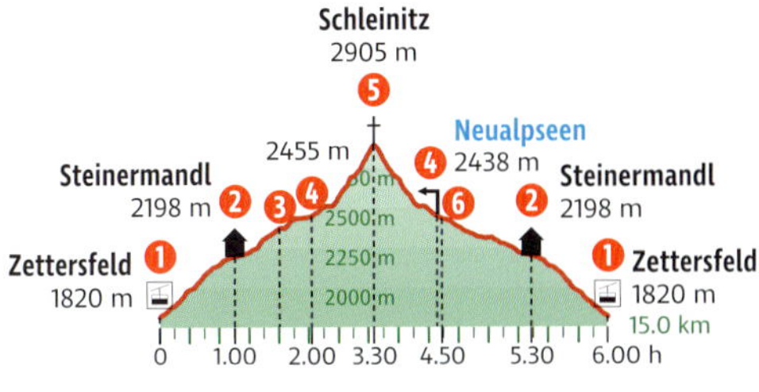

↗ 1600 m | ↘ 1600 m | 15.8 km

16 Hochschoberhütte, 2322 m, und Hochschober, 3242 m

9.15 h

Bergerlebnis am vierthöchsten Gipfel der Schobergruppe

Die erste Ersteigung des Hochschobers vollführten Franz Keil und mehrere Begleiter sowie Träger aus Gwabl und Leibnitz, am 18. Aug. 1852. Franz Keil war ein berühmter Geoplastiker und Kartograf. Die Keilspitze in den Lienzer Dolomiten trägt seinen Namen. Die 1922 erbaute, 1935 erweiterte und 1986 völlig abgebrannte Hochschoberhütte wurde 1989 wieder eröffnet und eingeweiht. Vom Parkplatz am Ende des Wegs von Oberleibnig her ist die Hütte auch für Kinder ein leicht zu erreichendes Ziel.

Talort: Gemeinde Ainet im Iseltal, 7 km nordwestlich von Lienz.
Ausgangspunkt: Leibnitzbachbrücke, 1656 m, Parkplatz. Zufahrt von Ainet auf asphaltierter Bergstraße nach Oberleibnig, 1243 m, 7 km. Vor dem Ortskern Oberleibnig (Tafel Hochschoberhütte) führt die kurvige Straße auf sehr steilem Berghang hinauf zum Gehöft Unterfercher. Beim höher gelegenen Gehöft Oberfercher, 1454 m, 2,2 km, endet der Asphalt und ein Naturweg setzt sich ins Leibnitztal (Försterbründl) bis zur Leibnitzbachbrücke fort, 3 km.
Alternativ kann man vom westlichen Ortsrand von Oberleibnig auf einer Forststraße ins Leibnitztal fahren. Parkplatz am Wegende auf ca. 2000 m Höhe. Von dort in 1.15 Std. zur Hochschoberhütte.
Anforderungen: Zur Hochschoberhütte unschwierig, markiert. Zum Hochschober bei schneefreien Bedingungen mäßig schwierig, an einigen Stellen bei Schnee im Vorsommer Trittsicherheit erforderlich. Variante nur für erfahrene Bergsteiger bei guten Verhältnissen (markiert)., 2.45 Std. (siehe Variante)
Einkehr: Hochschoberhütte, 2322 m (ÖAV-Sektion Edelweiss, geöffnet von Mitte Juni bis Mitte September je nach Wetterlage, 12 Betten, 45 Lager; Tel. +43 664 9157722 oder +43 4853 52163, www.hochschoberhuette.at).
Variante: Hochschoberüberschreitung mit anspruchsvollem Abstieg über die Ostflanke zum Gartlsee und zurück zur Hochschoberhütte (3 Std. vom Gipfel). Vom Hochschober zuerst über kompaktes Blockwerk und zwischen Felsabsätzen (kurze Seilpassagen, auf Markierung achten), dann auf wechselndem, unterschiedlich steilem Gelände bis zum Steig, der zum Schobertörl führt (2680 m, 1.45 Std., Tafel). Bald nach der Einmündung des Steigs aus dem Debanttal kurz hinauf zum Östliche Leibnitztörl. Vorbei am Gartlsee, 2571 m, zum Westlichen Leibnitztörl (Tafel, Steinmann). Über eine versicherte Steilstufe und in Kehren in ein Blockkar, später entlang einer Moräne. Nach Überschreitung des jungen Leibnitzbachs und über das Nassfeld zur Hochschoberhütte.

Am Parkplatz bei der **Leibnitzbachbrücke** ❶ beginnt beim sogenannten Leibnitzgatter der Eduard-Jordan-Weg. Er führt am orografisch rechten Ufer auf teils blockigem Steig bergan und über einen seitlich zufließenden Bach hinweg. An höherer Stelle wechseln wir die Bachseite und gelangen

Die Hochschoberhütte mit dem sie überragenden Hochschober.

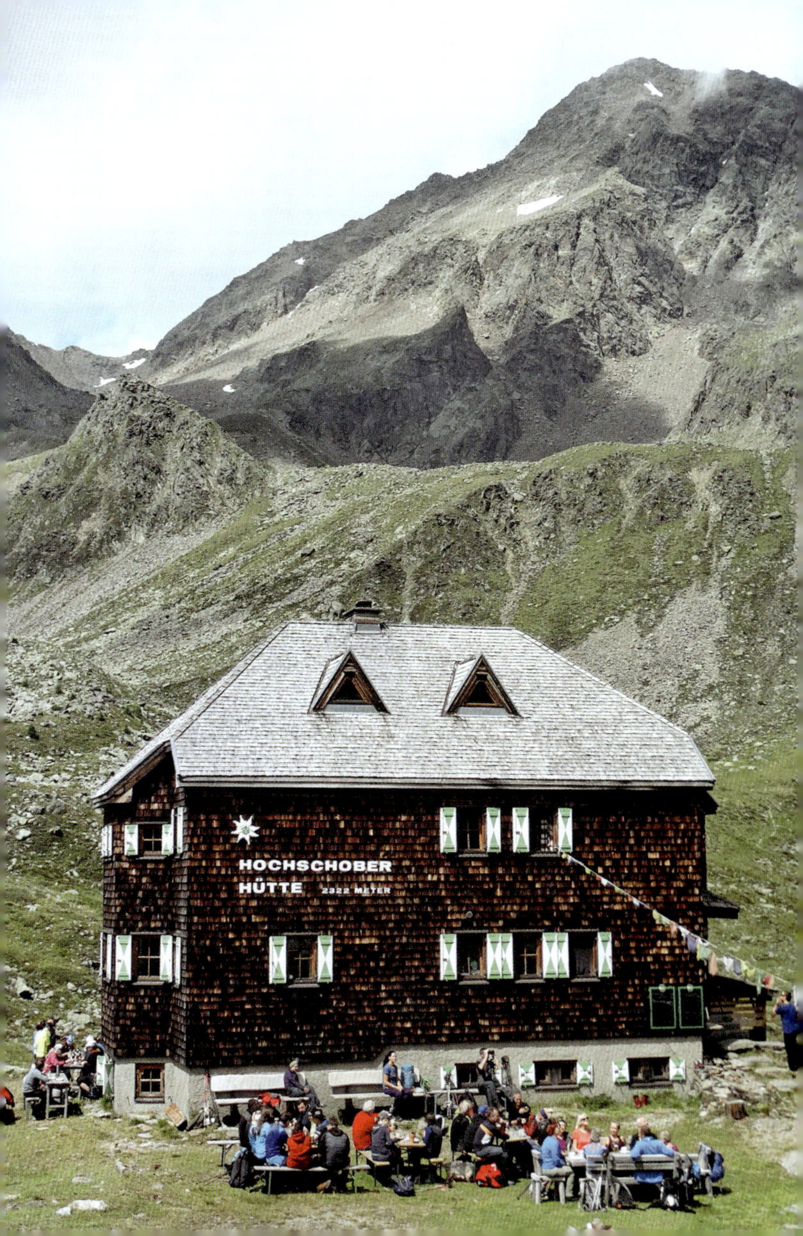
HOCHSCHOBER
HÜTTE 2322 METER

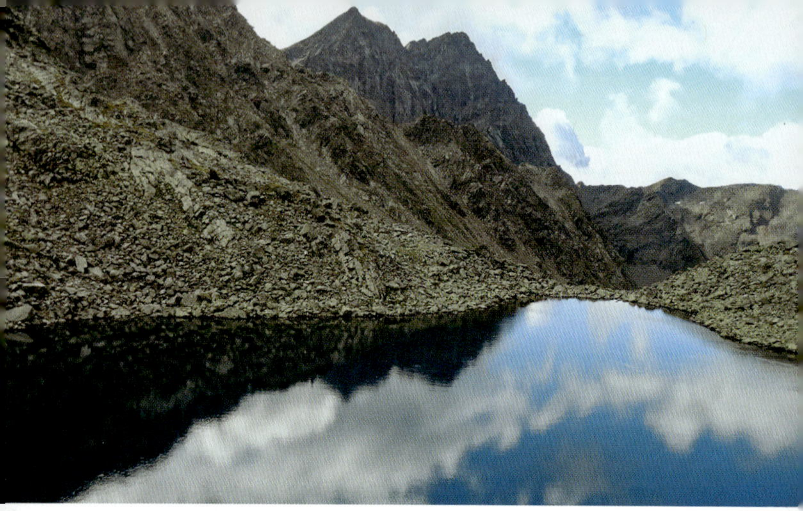

Die Hochschoberüberschreitung (Variante) führt am stillen Gartlsee vorbei.

zur einsamen **Leibnitzalm** (auch als Schneiderhütte bekannt) ❷, 1908 m, 45 Min. Infolge benützen wir für ca. 10 bis 15 Min. den Forstweg, dann geht es wieder über den Bach und hinauf zur »Wasserfallbrücke« an der auflichtenden Waldgrenze. Im Angesicht des mächtigen Hohen und Niederen Prijakt erreichen wir das Leibnitzkreuz mit Bank und Tisch am Zilinboden unmittelbar vor der großen Trogstufe. Diese überwinden wir mit einer langgestreckten Kehre hinauf zum Sophienbründl und zur bereits nahen **Hochschoberhütte** ❸, 2322 m, 2 Std. ab Leibnitzbachbrücke.
Zum Hochschober verlassen wir die Hütte über den kleinen Leibnitzbach bis hin zum Fuß der sich vom Zilinkopf streckenden, mehrfach grobblockig überlagerten Stirnmoräne. Dort am steinigen Rasenhang in Kehren hinauf

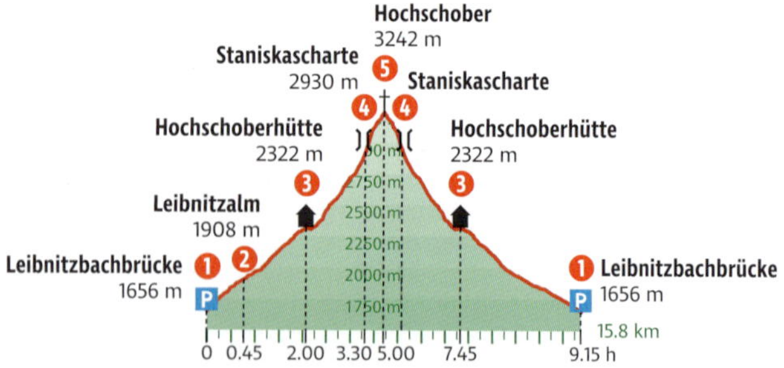

und über mehrere Rinnsale zu einem kastengroßen, bräunlich gefärbten Felsblock auf einem Hangabsatz. Zur Linken überragt das Kleine Schöberl, 2597 m, das großteils blockige Gelände. Rechter Hand ruht grün umrandet und leicht vertieft die Schoberlacke, 2515 m, 30 Min. Die nächste Hangstufe ist etwas sanfter und teils mit Rasen und Moos gepolstert sowie von einem kleinen Bach belebt. An höherer Stelle lagert ein auffälliger Dreikant-Felsen auf einer querlaufenden Moräne. Überschaubar ist bald das weite, nicht selten bis zum Sommer schneebedeckte Kar, das abschließend ziemlich steil hinauf bis zur Staniskascharte reicht. In diesem Bereich lenkt die Markierung zum rechten Karrand, wo wir im Fels, dann am Schuttsteig zur **Staniskascharte** ❹, 2930 m, 1 Std., gelangen.

Der zum Gipfel führende Westgrat setzt als breite Blockhalde an, wo wir der Markierung folgen und an höherer Stelle auf Steig- und Pfadspuren einmal die Gratseite wechseln. Wir erreichen den Vorgipfel, 3185 m, auch Niederer Schober genannt, der knapp unterhalb südlich gequert wird, 1 Std. Der zum Hauptgipfel verbindende Felskamm ist seit 1998 eisfrei. Hinauf zum Gipfelgrat befindet sich ein vertikal verlaufendes Stahlseil, ehe wir abschließend am kurzen Blockgrat das Kreuz (Buch) sowie die Sepp Schnürer gewidmete Gedenktafel am **Hochschober** ❺, 30 Min., erreichen. **Abstieg** auf der Aufstiegsroute (oder anspruchsvoller über die Variante), dabei folgen wir im Leibnitztal dem Forstweg zurück zum Parkplatz bei der **Leibnitzbachbrücke** ❶.

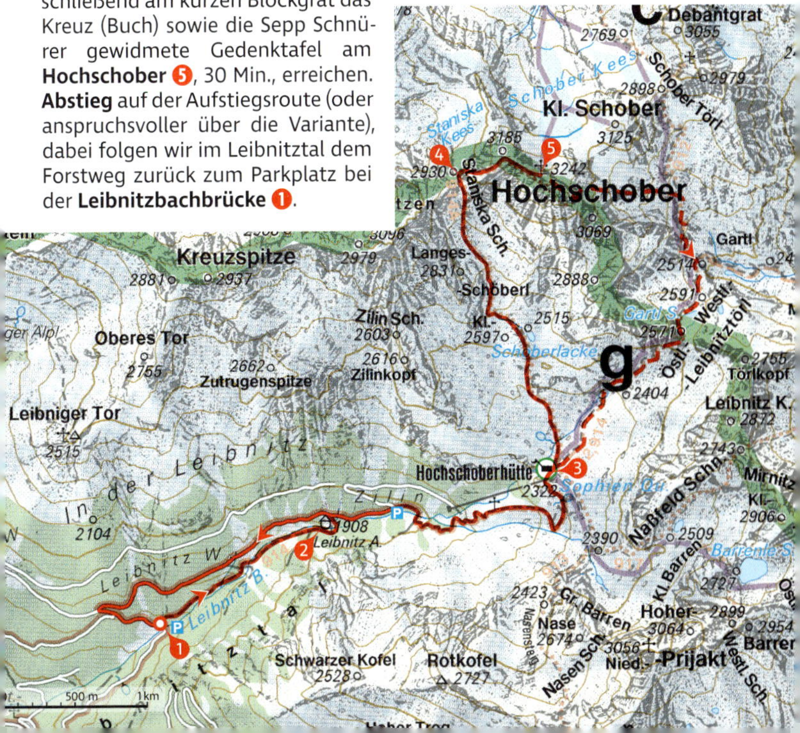

↗ 580 m | ↘ 580 m | 11.0 km

17 Von der Hochsteinhütte zum Bösen Weibele, 2521 m

4.30 h

Ein Lienzer Aussichtsberg und die Rundtour über die Ehrenwiese

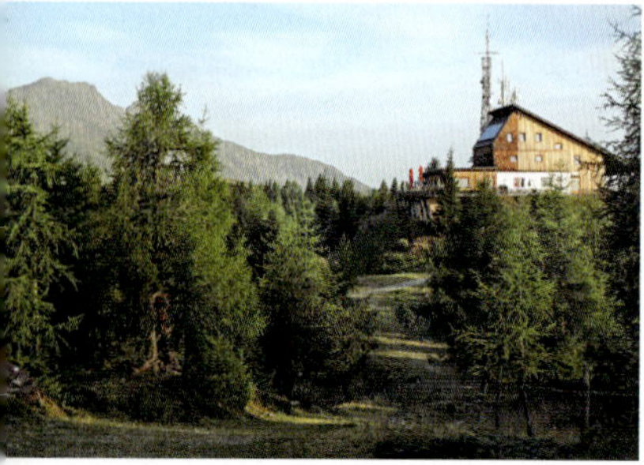

Den Westrand der Stadt Lienz und des Lienzer Talbodens begrenzt der »Vier-Jahreszeiten-Berg« Hochstein. Das Böse Weibele ergänzt als Hausberg einen Tagesausflug vortrefflich. Seit 2016 steht ein dem Frieden geltendes Glockentürmchen neben der Hochsteinhütte, der TIWAG-Sendemast mit Werkshütte ist dahinter.

Hochsteinhütte und Böses Weibele.

Talort: Leisach, 710 m, 2,5 km von Lienz.
Ausgangspunkt: Bannberger Alpe, 1974 m, Parkplatz. Auffahrt von Leisach in das Dorf Bannberg, 1262 m, 5 km. Weiter auf asphaltierter Bergstraße (Maut, Wintersperre) zum Parkplatz Bannberger Alpe, 5 km.
Anforderungen: Unschwierige aussichtsreiche Rundwanderung, markiert.
Einkehr: Hochsteinhütte, 2023 m, am Schönbichele (ÖAV, 1895 erbaut, 2010 gänzlich erneuert, geöffnet von Anfang Mai bis Ende Okt. sowie von Mitte Dez. bis Mitte März, 8 Betten, 12 Lager; Tel. +43 676 6172061, www.hochstein-hütte.at).

Vom Parkplatz **Bannberg Alpe** ❶ wandern wir in 10 Min. zur höher gelegenen **Hochsteinhütte** ❷ (Panoramatafel). Am Hochsteinkamm geht es weiter in westlicher Richtung zum sichtbaren Heimkehrerkreuz auf dem **Hochstein** ❸, 2057 m, 20 Min. Bei mäßigem Auf und Ab steigen wir oberhalb der Gamperlehütte sanft bergan (Tafel). Der Weg, später ein Steig führt über steinige Kuppen, breite Rasenhänge und windstille Mulden in den Bereich des Blößeneck (Zaun), 2198 m, mit kleinräumig blockiger Senke. Auf den darauffolgenden Kammhöhen beachten wir einen fast haushohen beschrifteten Felsblock mit der Abzweigung zur Ehrenwiese. Vorher lassen wir uns aber den leicht erreichbaren, nahe gelegenen Gipfel des **Bösen Weibele** ❹ mit Kreuz und Buch nicht entgehen, gesamt 2 Std. Das auch als Skiberg beliebte Böse Weibele ist im älteren Sprachgebrauch als Strickkofel bekannt.

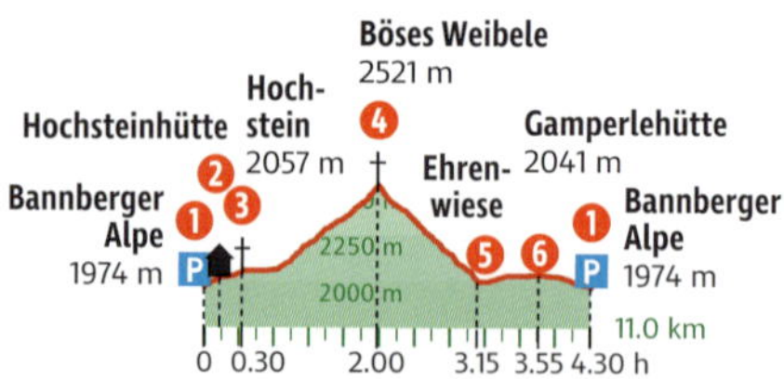

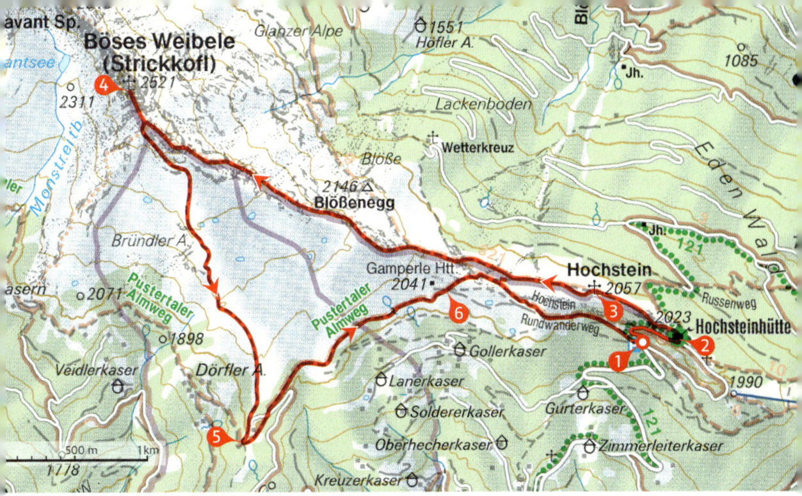

Als Abstieg empfiehlt sich ab dem erwähnten beschrifteten Felsblock, 2437 m, 10 Min. unterhalb des Gipfels ein Steig hinab zur Ehrenwiese. Diese Route führt über südöstlich geneigte Kammhügel und auf Sonnenhängen abwärts. Während wir rechts in das tiefliegende Dörfler Almtal schauen, überraschen links im grün ausgleitenden Bergwiesengelände vereinzelt blau schimmernde Tümpel. Ein zu umschreitender Rasenhang ist mittels Stahlseil gesichert, dennoch bleibt der Steigverlauf unschwierig. Ab der Baumgrenze fällt der Steig etwas steiler zur **Ehrenwiese** 5, 2000 m, 1.15 Std., mit »Gottfrieds Hüttl« (nicht bewirtschaftet) ab.

Nur ungern verlassen wir den herrlichen Rastplatz und benützen zum Hochstein vorerst einen Forstweg, ehe wir nach 3 Min. links auf lockere Lärchenhänge abbiegen und am **Pustertaler Almweg** bald ein Quellschutzgebiet erreichen. Im Angesicht der formschönen Lienzer Dolomiten überschreiten wir eine blumige Bergwiese. Im Wechsel von schütterem Lärchenbestand und mit Wacholder und Beerensträuchern bewachsenen Almböden führt die beschauliche Wanderung an der **Gamperlehütte** 6, 2041 m, vorbei. Entweder mit geringem Anstieg zum Heimkehrerkreuz und am Kammweg zur längst sichtbaren Hochsteinhütte oder etwas südlich davon, ebenso markiert, zum Parkplatz **Bannberger Alpe** 1, 1.15 Std.

Anstieg zum Gipfel des Bösen Weibele.

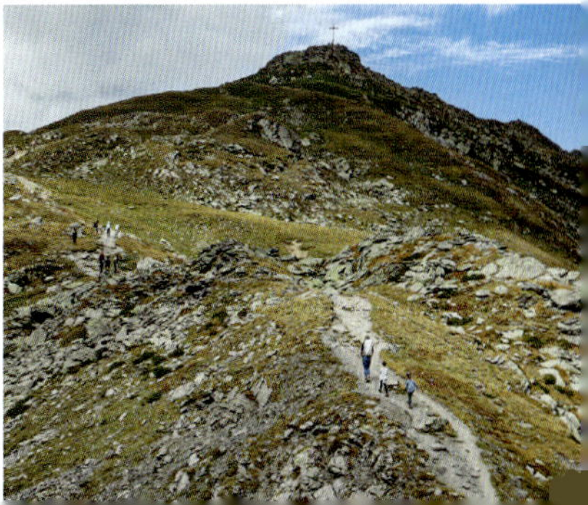

↗ 640 m | ↘ 350 m | 12.2 km

18 Am Pustertaler Almweg

4.45 h

Landschaftlich schöne und sonnige Route in den Villgratner Bergen.

Die von Alm zu Alm (Kasern) führende, stets unbeschwerliche Route folgt im Wesentlichen alten Vieh- und Hirtensteigen und beträgt ca. 15 Kilometer. Als Stützpunkte dienen die Huberkaser im Willferner Tal und die Hochsteinhütte am Endpunkt der Wanderung. Der Pustertaler Almweg kann in beiden Richtungen gleichermaßen erlebnisreich begangen werden und verläuft durchschnittlich auf 2000 Meter Seehöhe. Die vorgeschlagene Wanderung bedingt eine vorausgehende Planung der Hin- und Rückfahrt.

Talort: Thal/Aue, 814 m, an der Bundesstraße, 9 km südwestlich von Lienz.
Ausgangspunkt: Parkplatz Pedretscherkaser, 1690 m. Zufahrt mit Pkw oder Wanderbus auf der Landesstraße von Thal/Aue im Pustertal (10 km). Die Straße führt nach Oberthal, 979 m, von wo ein Forstweg am orografisch linken Ufer des Willferner Bachs zum Startpunkt führt. Die Zufahrt ist auch von Oberassling, 1321 m (Wildpark, Bärenwirt), auf der anderen Seite des Willferner Bachs möglich. Wanderbus vom Bahnhof Lienz nur Di um 8.30 Uhr zum Pedretscherkaser (zurück vom Parkplatz Bannberger Alpe am Hochstein um 17 Uhr; Fr um 8.30 zum Hochstein, retour von der Pedretscherkaser um 17 Uhr).
Endpunkt: Hochsteinhütte, 2023 m (Abholdienst privat oder mit Taxi hinab nach Bannberg; Bushaltestelle an der Pustertaler Höhenstraße; Wanderbus zum Bahnhof Lienz siehe unter Ausgangspunkt).
Anforderungen: Unschwierige, doch Kondition erfordernde Wanderung, markiert.
Einkehr: Huberkaser, 1960 m, im Willferner Tal (geöffnet Donnerstag bis Sonntag während der Sommerzeit; Tel. +43 680 1503082 oder +43 664 3948584). Hochsteinhütte (ÖAV, 1895 erbaut, 2010 erneuert, geöffnet von Anfang Mai bis Ende Okt. sowie von Mitte Dez. bis Mitte März, 8 Betten, 12 Lager; Tel. +43 676 6172061, www.hochsteinhütte.at).

Eine Bergmesse bei der Huberkaser im Willferner Tal.

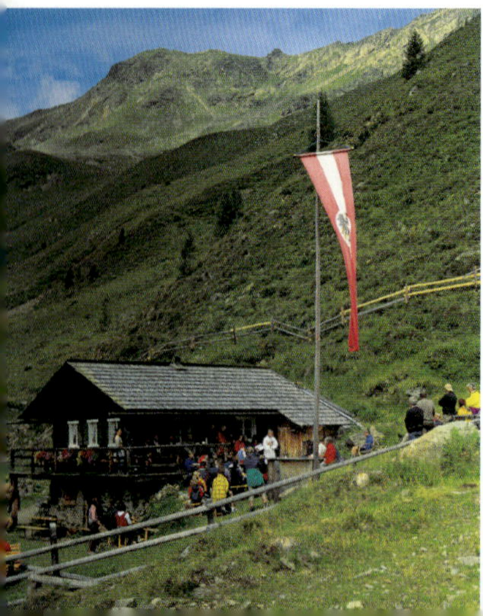

Wir beginnen die Wanderung am Parkplatz an der **Pedretscherkaser** ❶ und folgen dem Almweg, der mit zwei Schleifen und den Thaler Bach überquerend hinauf in ein ausgedehntes Hochtalbecken mit mehreren Almhütten führt. Wir kommen zur **Moaferkaser** ❷ und zur nahen, bewirtschafteten **Huberkaser** ❸, 1960 m. Nach einer möglichen Ein-

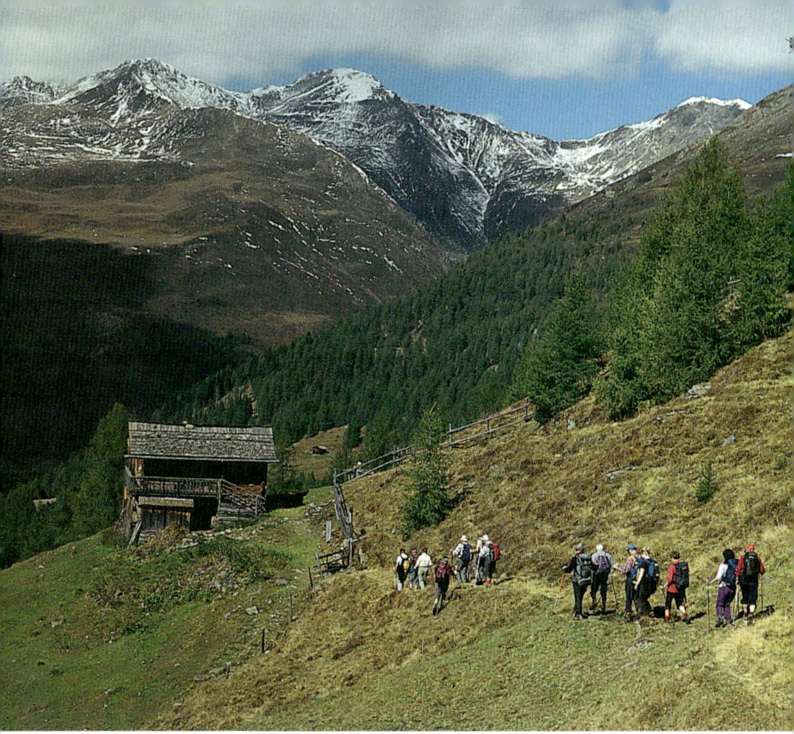

Bis zum Herbst bietet der Pustertaler Almweg ein Erlebnis besonderer Art.

kehr verlassen wir bei der **Moaferkaser** **2** (Wegtafeln) das Willferner Tal und passieren großteils sonnige Berghänge und schöne Lärchenhaine. Besondere Merkmale auf dem einstündigen Abschnitt zur Waldhuberkaser sind eine kurze seilgesicherte Stelle und eine alte Lärche, ein Methusalem unter seinesgleichen. Bei der an den blauen Fensterläden erkennbaren, unbewirtschafteten **Waldhuberkaser** **4**, 2002 m, haben wir ab der Kontrinerkaser rund die Hälfte des Pustertaler Almweges hinter uns.
Auch weiterhin ändert sich der durch Wald und entlang der Bergflanken führende Charakter des Almwegs nicht. Schon nach kurzer Zeit überschreiten wir einen kleinen Bach auf einer originellen Bogenbrücke und etwas später eine vom Wind entblößte Hangkante mit vereinzelten leerstehenden Ställen. Beim Feitlbach, einem Abfluss aus dem Lavantsee, lenkt der Steig nach Süden und führt als »Waldpromenade« zu den zwei altgedienten Mairkasern (Moarkasern), 1943 m, 1 Std. Aus der Mitte dieser beiden Almhütten führt ein grasbewachsener Steig zu einem Zaun, dann nach

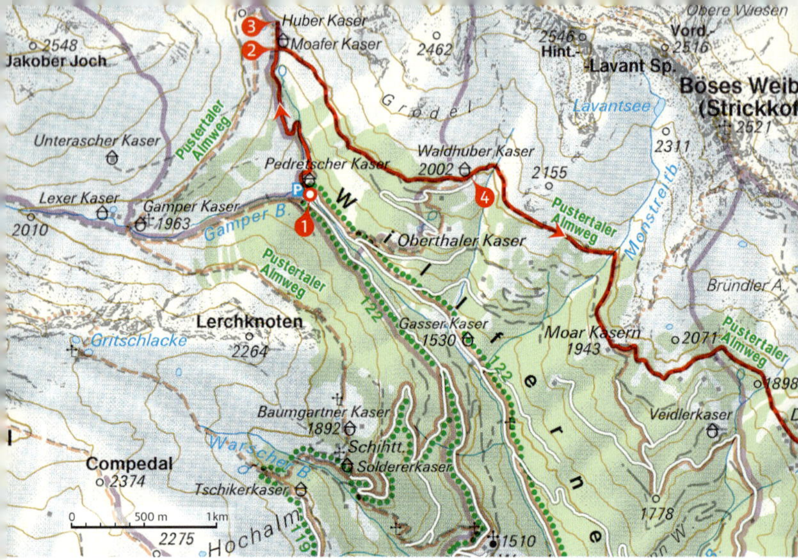

einem kleinen Lärchenrücken durch unberührten Wald mit einer eingelagerten Moorstelle. Es folgen geneigte Bergwiesen mit im Sonnenlicht weit geöffneten Silberdisteln bis hin zum **Steierwieseck**, 2005 m, mit umzäunten Almkreuz und gebotener Rast mit Blick zu den Lienzer Dolomiten. Durch eine Zaunlücke (Blitzbaum) neigt sich der Steig in eine weite, bewaldete Hangbucht. Wir kommen an einem Wassertrog vorbei, anschließend an einer kleinen Hirtenhütte mit zwischen Steinen dahineilendem Bächlein. Bald darauf achten wir bei einer etwas unübersichtlichen Steigverzweigung auf den links weiterführenden Steig. Vor uns öffnet sich eine Hanglichtung, ein sogenannter Lahner, wo wir auf acht Kehren ansteigen. Eine altersstarre Lärche bewacht die bald erreichte Scheitelstelle dieser Etappe. Weiter bei fast eben verlaufendem Steig zur **Ehrenwiese** 5, 2000 m, mit »Gottfrieds Hüttl« auf aussichtsreichem Rastplatz, 2.15 Std. ab Waldhuberkaser.

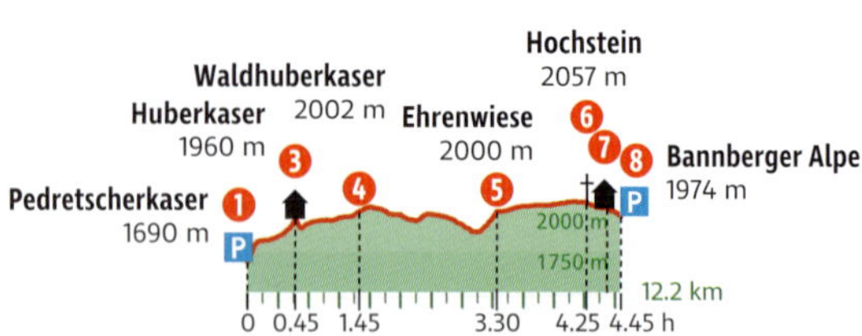

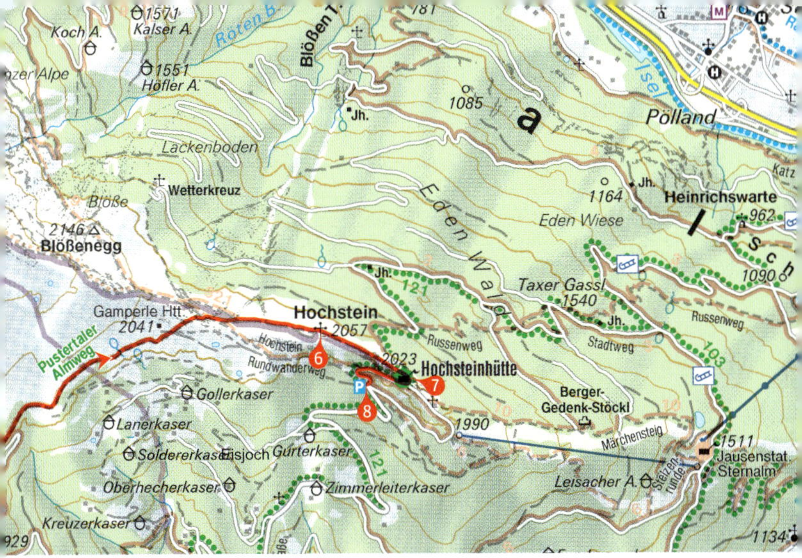

Richtung Hochstein geht es vorerst auf einem Forstweg weiter, ehe wir nach 3 Min. links auf lockere Lärchenhänge abbiegen und bald ein Quellschutzgebiet erreichen. Im Angesicht der formschönen Lienzer Dolomiten überschreiten wir eine blumige Bergwiese. Im Wechsel von schütterem Lärchenbestand und mit Wacholder und Beerensträuchern bewachsenen Almböden wandern wir an der **Gamperlehütte**, 2042 m, vorbei. Mit geringem Anstieg geht es schließlich zum Heimkehrerkreuz am **Hochstein** 6, 2057 m, und am Kammweg zur längst sichtbaren **Hochsteinhütte** 7, 2023 m. Von dort in wenigen Minuten hinunter zum Parkplatz **Bannberger Alpe** 8, 1974 m, 1.15 Std. ab Ehrenwiese.

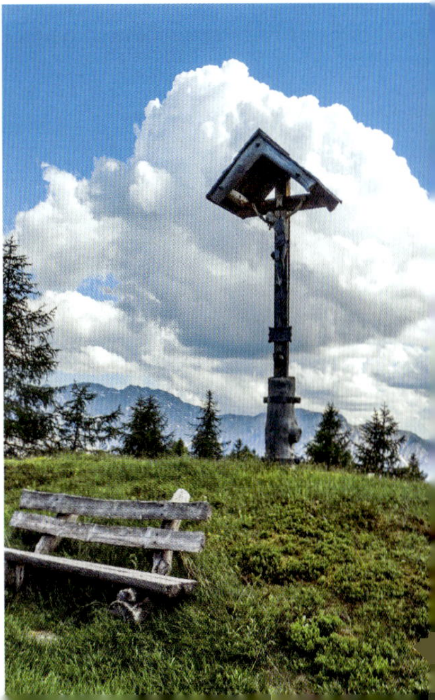

Das Steierwieseck ist ein besonderer Rastplatz am Pustertaler Almweg.

↗ 1200 m | ↘ 1200 m | 10.7 km

19 Durch das Willferner Tal auf den Rotsteinberg, 2702 m

6.45 h

Landschaftlich schöne Wanderung und ein namhaftes Gipfelziel

Der Rotsteinberg (auch Rotstein) gilt als einer der bedeutenden Gipfel in diesem Teil der Villgratner Berge. Er beherrscht das Willferner Tal und ist auf einer interessanten Route zugänglich. Sie führt vorbei an geschichtsträchtigen Almen und über einsame Hochkare.

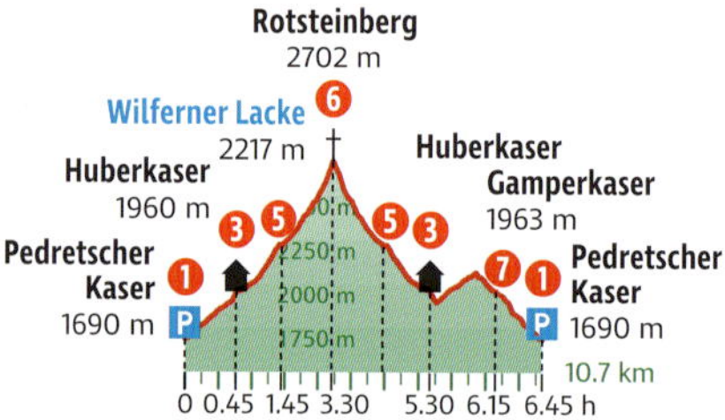

Blick von der Jakoberkaser zum Rotsteinberg.

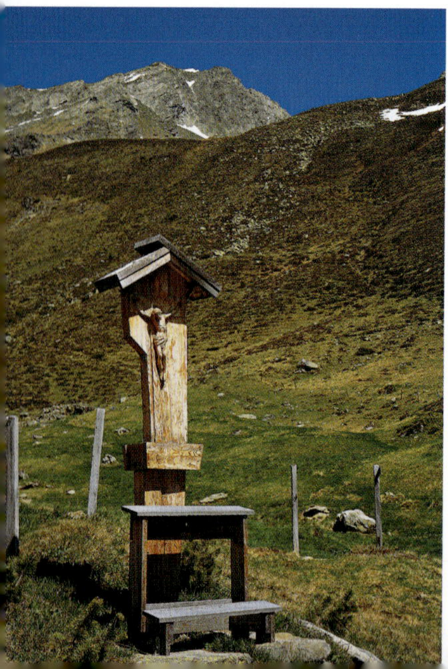

Talort: Thal/Aue, 814 m, an der Bundesstraße, 9 km südwestlich von Lienz.

Ausgangspunkt: Parkplatz Pedretscherkaser, 1690 m. Zufahrt mit Pkw oder Wanderbus auf der Landesstraße von Thal/Aue im Pustertal (10 km). Die Straße führt nach Oberthal, 979 m, von wo ein Forstweg am orografisch linken Ufer des Willferner Bachs zum Startpunkt führt. Die Zufahrt ist auch von Oberassling, 1321 m (Wildpark, Bärenwirt), auf der anderen Seite des Willferner Bachs möglich.

Anforderungen: Unschwierige, landschaftlich schöne Wanderung, markiert, bei Nebel nicht ratsam.

Einkehr: Huberkaser, 2014 m (geöffnet Donnerstag bis Sonntag während der Sommerzeit; +43 680 1503082 oder +43 664 3948584).

Wir beginnen die Wanderung am Parkplatz an der **Pedretscherkaser** ❶ und folgen dem Almweg, der mit zwei Schleifen und den Thaler Bach überquerend hinauf in ein ausgedehntes Hochtalbecken mit mehreren Almhütten führt. Wir passieren die **Moaferkaser** ❷ und erreichen die nahe, bewirtschaftete **Huberkaser** ❸, 1960 m, 45 Min. Bei der höchstgelegenen **Jakoberkaser** ❹ achten wir auf den markierten Steig, der am rechten Talhang höher führt und bald einen kleinen Bach überquert. Der erwähnte Hang endet mit einer markanten in Nord-Süd-Richtung verlaufenden Moräne, hinter der sich die **Willferner Lacke** ❺, 2217 m, eingetieft hat, 1 Std. Ein einzelnes Lärchenbäumchen bewacht den in Rasen und Gestein schlummernden Bergsee, den wir rechts umschreiten. Auf einem südlich geneigten, leicht gestuften Blockrasenhang steigen wir weiter an. Sandig angeschwemmte Böden und Mulden lagern zwischen dichtrasigen Hügeln und windgefegten Kuppen bis hin zu einem geräumigen Blockkessel zu Füßen von Rotsteinberg und Schlaitnerkofel. Dort geht es über die steinige Halde hinauf zum Kamm zwischen den beiden Gipfeln. Dann bleibt noch der gutartige Nordwestkamm zum ca. 100 Höhenmeter höher befindlichen Unterstand mit Buch, den die »Steigsanierer« 2012 errichtet haben. Ein kurzer Gipfelgrat führt zum Kreuz (Buch) auf dem **Rotsteinberg** ❻, den wir auf abschließend seilgesicherten Blöcken (6 m) problemlos erreichen, 1.45 Std.

Der Rückweg kann ab der **Moaferkaser** ❷ zur Gamperkaser durchgeführt werden. Der von Alpenrosen und Preiselbeersträuchern eingefasste und von schütteren Lärchen leicht beschattete Steig führt vorerst zur erwähnten **Gamperkaser** ❼, 1963 m, in einem bemerkenswert schönen Seitenast des Willferner Tales. Dort abwärts direkt am alten oder etwas weitläufiger auf einem neuen Almweg zum Parkplatz **Pedretscher Kaser** ❶, 1.15 Std. ab Huberkaser.

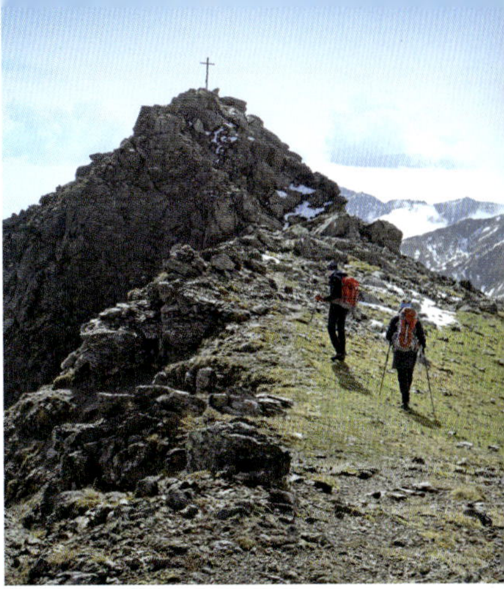

Gipfelgrat zum Rotsteinberg.

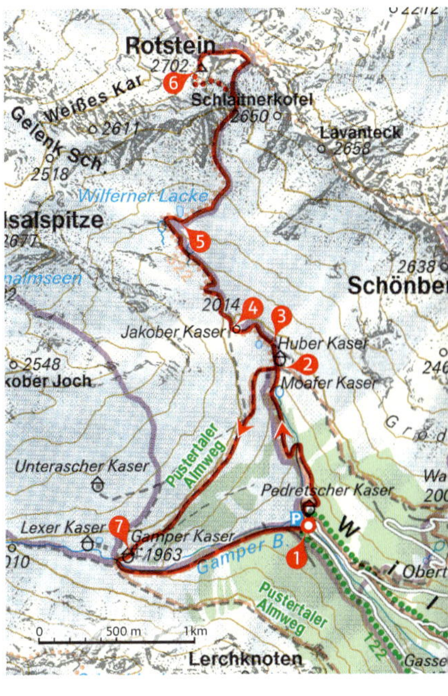

↗ 1730 m | ↘ 1730 m | 18.3 km

20 Sichelsee und Bockstein, 2805 m

9.00 h

Zwei lohnende Bergziele im Kristeiner Tal

Bemerkenswert im Kristeiner Tal ist die exponiert auf einem Felsen stehende gotische Pfarrkirche St. Justina, 1209 m. Interessant ist die im Bereich des Celar-Wasserfalles (siehe Tour 21) streng gehütete Belegstelle der Carnica (Kärntner Biene). Die nur in den Regionen südlich der Alpen beheimateten Honigbienenrasse gilt als besonders gesund und widerstandsfähig. Das Arnsteiger-Biwak am Bockstein ist ein Unterstand für 3 bis 4 Personen auf engstem Raum. Die Ziele Sichelsee und Bockstein können im Rahmen von zwei eigenständigen Touren oder einer recht langen Tagestour erreicht werden.

Talort: Mittewald, 885 m, 15 km südwestlich von Lienz, Bahn- und Busstation.
Ausgangspunkt: Parkplatz bei der Fabrücke, 1551 m, im Kristeiner Tal (Moosreit), 7 km von Mittewald. Ab dem im Kristeiner Tal höchstgelegenen Gehöft Hofmann, 4 km, verlassen wir die Pustertaler Höhenstraße und gelangen auf einem Naturweg zum Parkplatz, 3 km, bez. 7 (zu Fuß 45 Min.). Weitere Fahrt ins Talinnere auf eigene Gefahr.
Anforderungen: Zum Sichelsee auf von einstigen Gletschern geformten Block-Rasengelände unschwierig und wechselvoll, markiert, bez. 6. Zum Bockstein etwas anspruchsvollere, teilweise steile Tour, markiert, bez. 5.
Einkehr: Keine.

a) Zum Sichelsee (als selbstständige Tour ab Parkplatz Fabrücke 3 Std., Rückweg 2 Std., 950 Hm): Am Parkplatz bei der **Fabrücke** ❶ bleiben wir am Naturweg taleinwärts. Nach ca. 1 km steigt der Weg in einer Schleife leicht an und führt an der erwähnten Bienen-Belegstelle sowie am Celar-Wasserfall (siehe Tour 21) und wenig später am Zugang zur Gölbnerblickhütte vorbei. Almhütten und Mahdwiesen prägen die Landschaft, hoch überbaut vom Bockstein. Bis zu dessen Bergfuß, genauer zur Jörgmairkaser im Talschluss »zieht« sich der Weg etwas, 1 Std. Dort steigen wir orografisch

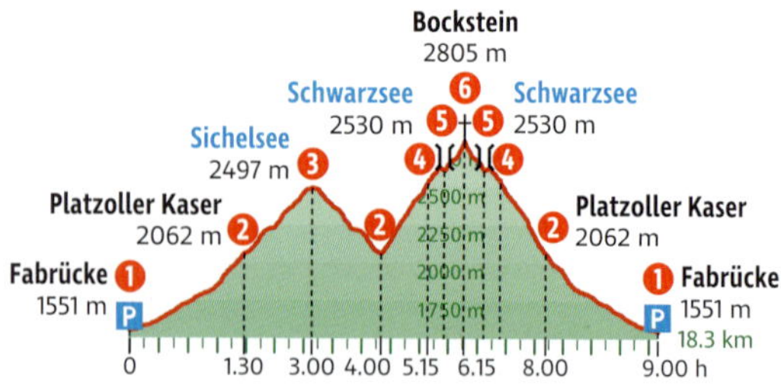

Der Sichelsee ruht im höchstgelegenen Bergtrog des Kristeiner Tales.

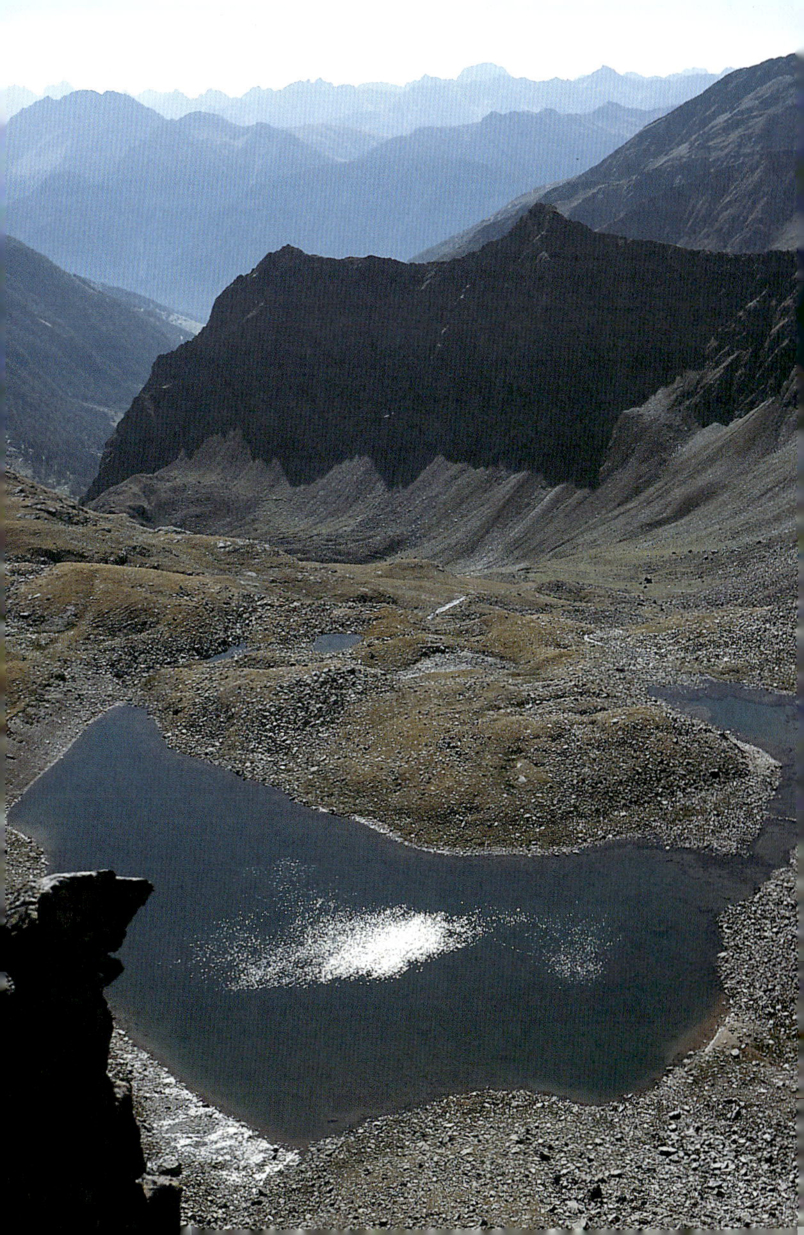

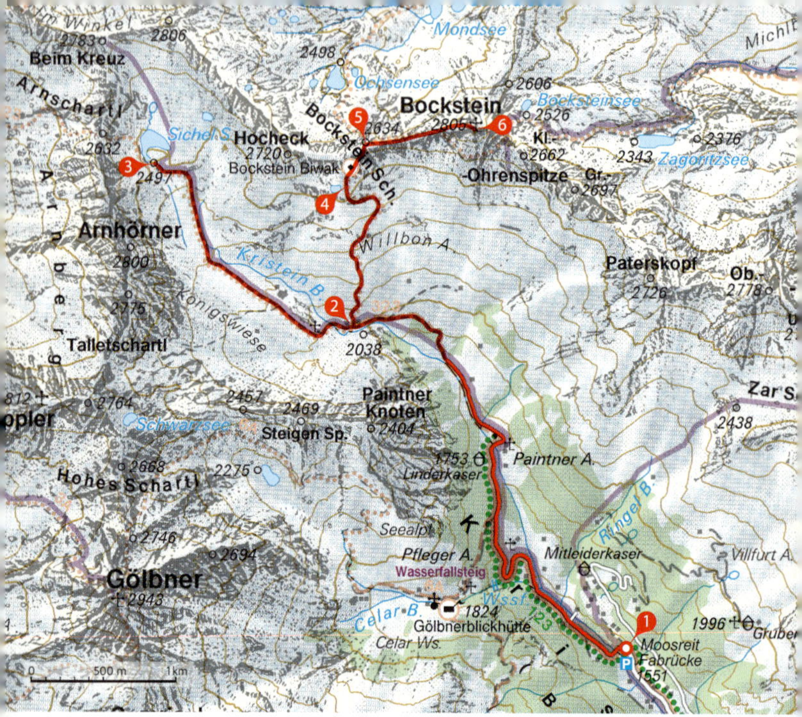

links vom schluchtbildenden Kristeiner Bach im Gebietsteil Aleit spürbar an, überschreiten zwei Rinnsale und erreichen auf der Talstufe die **Platzoller Kaser** ❷ (Stall), 2062 m, 30 Min. Hier liegt die Steigteilung im Vorfeld der Königswiesen. In Richtung Sichelsee überschreiten wir einen kleinen Bach (Gatter) und passieren an höherer Stelle ein »Felsenkreuz«, ehe wir auf den gewellten, rasenbedeckten Königswiesen den sanftesten Teil der Bergwanderung genießen. Es reihen sich daran die aus der Würmeiszeit stammenden Moränen zu Füßen der alles beherrschenden Arnhörner, die uns auch über den Schlusshang bis zum steinumfriedeten **Sichelsee** ❸ »nachschauen«, 2497 m, 1.30 Std. ab Platzoller Kaser.

b) Zum Bockstein (2.15 Std. ab Platzoller Kaser, als selbstständige Tour ab Parkplatz Fabrücke 3.45 Std., Rückweg 2.45 Std., 1260 Hm): Wie bei a) zur Steigteilung bei der **Platzoller Kaser** ❷, 1.30 Std. Auf Steig und Pfad steigen wir relativ steil in nördlicher Richtung auf einem Fels-Rasenhang an. Auf die Markierung achtend, passieren wir einen steingeschichteten Pferch. Dann an einer zaungesäumten Hangkante immer noch steil bergan. Nachdem der Steig weitbogig ausholt (Pfeile), gelangen wir zum einsamen **Schwarzsee** ❹, 2530 m, 1.15 Std., den eine Stirnmoräne halb umschließt. Ungern verlassen wir diesen schönen Rastplatz, erwarten aber eine weitere Überraschung, womit das kleine schindelverkleidete, eng an die Felswand geschmiegte Arnsteiger-Biwak gemeint ist. In weiterer Folge queren wir den Berghang nordöstlich, übersteigen einige Felsblöcke (roter Pfeil) zur westlichen **Bocksteinscharte** ❺, 2612 m, 15 Min. vom Schwarzsee, und stehen dem östlich aufragenden Bockstein gegenüber. Im geringen Auf und Ab nähern wir uns am Felskamm dem formschönen Gipfel des **Bockstein** ❻, der abschließend über die nordseitige Steinhalde gut erreichbar ist, 45 Min. Beim Kreuz und neben wuchtigen Steinmännern schauen wir in drei große Bergtäler und zählen insgesamt fünf Bergseen. Abstieg auf derselben Route zur **Platzoller Kaser** ❷ und zurück zum Parkplatz bei der **Fabrücke** ❶.

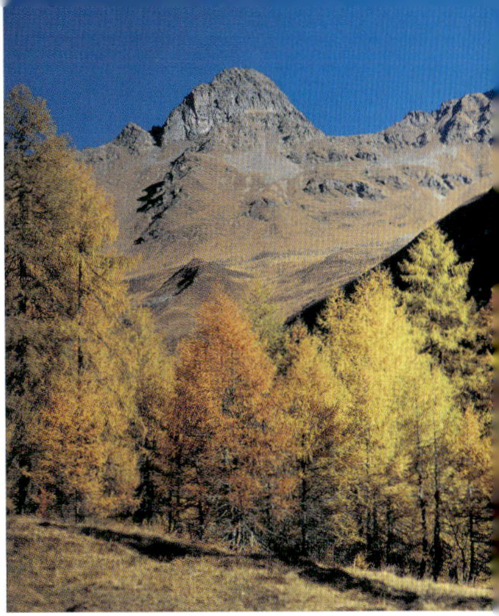

Der Bockstein hoch im Lärchengold des Kristeiner Tales.

Die Arnhörner pflegen ein Morgenbad im Schwarzsee.

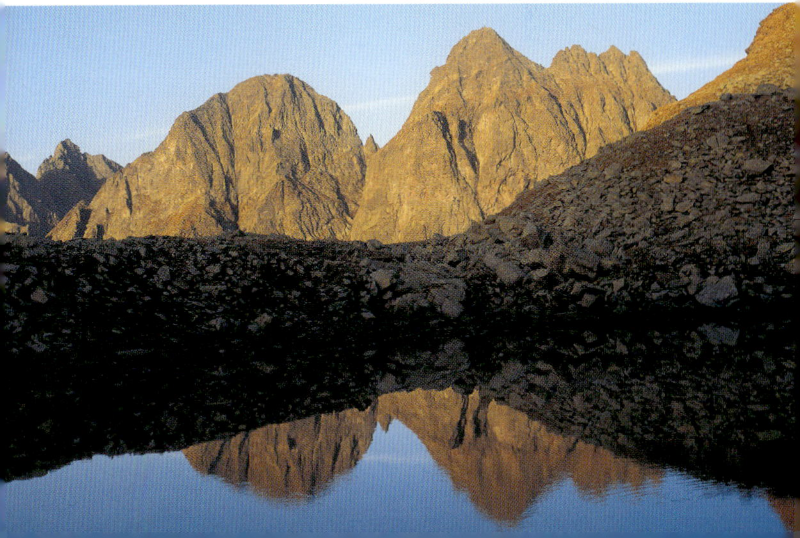

↗ 1400 m | ↘ 1400 m | 13.2 km

21 Celar-Wasserfallsteig und Gölbner, 2943 m

8.00 h

Bis zur Gölbnerblickhütte auch für Kinder ein lohnendes Ziel

Der bis 2016 vom Wald abgeschirmte Celar-Wasserfall ist auf Treppen und gesicherten Steigpassagen zugänglich gemacht worden und bietet sich nun auch für eine Wanderung mit Kindern an. Auf zwei Aussichtsplattformen sind wir dem Schauspiel des steil stürzenden Baches sehr nahe. Dagegen erwartet uns der viel höher gelegene Seealplsee verträumt und reglos zu Füßen des Gölbners, dem fünfthöchsten Gipfel der Villgrater Berge.

Talort: Mittewald, 885 m, 15 km südwestlich von Lienz, Bahn- und Busstation.
Ausgangspunkt: Parkplatz bei der Fabrücke, 1551 m, im Kristeiner Tal (Moosreit), 7 km von Mittewald. Ab dem im Kristeiner Tal höchstgelegenen Gehöft Hofmann, 4 km, verlassen wir die Pustertaler Höhenstraße und gelangen auf einem Naturweg zum Parkplatz, 3 km, bez. 7 (zu Fuß 45 Min.).
Anforderungen: Wasserfallsteig lohnend, zum Gölbner Ausdauer und sicheres Wetter erforderlich, markiert, bez. 7.
Einkehr: Gölbnerblickhütte, 1824 m, mit Kapelle zum hl. Antonius auf der Celar-Wiese (geöffnet im Sommer, Nächtigungen möglich, Montag Ruhetag, Tel. +43 4846 6594).
Variante: Der Rückweg von der Gölbnerblickhütte kann am alten oder besser am neuen Forstweg ins Kristeiner Tal erfolgen (Schranke), 20 Min. Dort in 8 Min. talabwärts zum Einstieg des Celar-Wasserfallsteiges.

Gölbner mit Großglockner am Alpenhauptkamm.

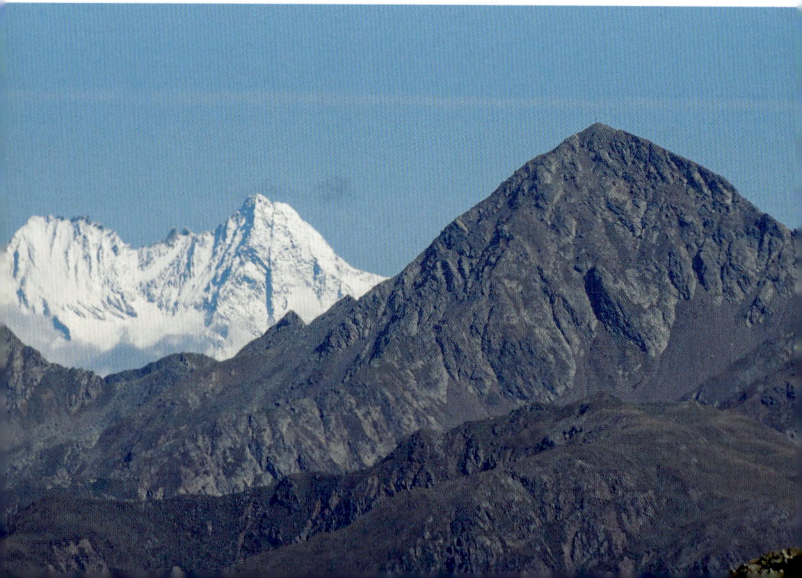

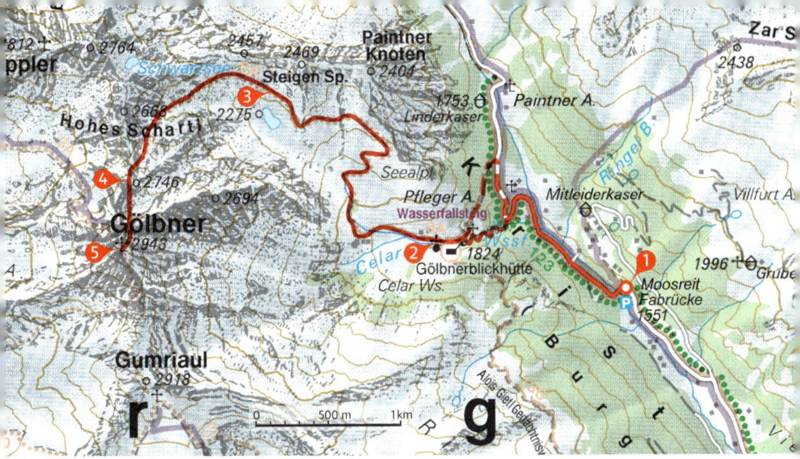

Vom Parkplatz bei der **Fabrücke** ❶ am Kristeiner-Tal-Almweg zum **Celar-Wasserfall**, 30 Min. Auf wendigem Steig, auf Stufen und Treppen geht es orografisch links des Celar-Wasserfalles empor. Bereits bei der ersten Aussichtskanzel entblößt der Sturzbach sein Element mit weiß sprühendem Schleier. Im oberen Bereich steigen wir bei einer mächtigen Lärche zur zweiten Schaustelle etwas ab. Dann führt der markierte Steig auf Bergwiesen zur nahen **Gölbnerblickhütte** ❷, 45 Min., mit der Kapelle auf sattgrünem Wiesengrund. Dort gehen wir dem Bach zur Seite zu den höchstgelegenen Almhütten, 1914 m, 15 Min., wo wir rechts schwenkend neben dem von Norden kommenden kleinen Bach ca. 25 Min. ansteigen. Ein weißer Pfeil am Felsblock weist nach rechts auf die hoch aufragenden Rasenhänge des Paintner Knotens (verfallene Pferche, Quelle). Dann gering steigend, nordwestlich bei einem steinumbauten windabwehrenden Rastplatz vorbei in das Seealplkar etwas oberhalb vom **Seealplsee** ❸, 2275 m, 1 Std. Gletscherschliffe, Moränen und ein kleiner Tümpel prägen diesen Bereich, ehe wir einen

Am Celar-Wasserfallsteig zur Gölbnerblickhütte.

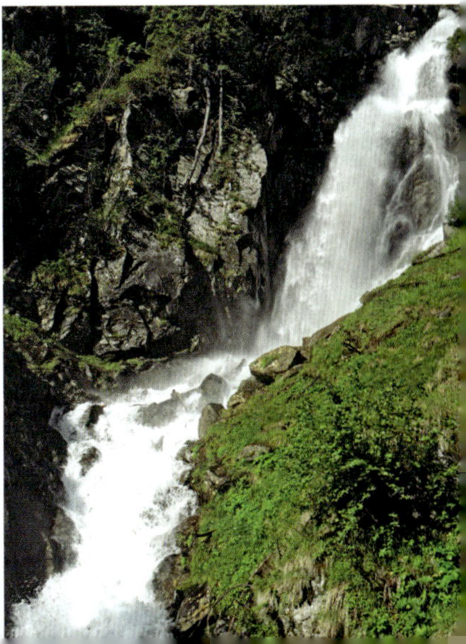

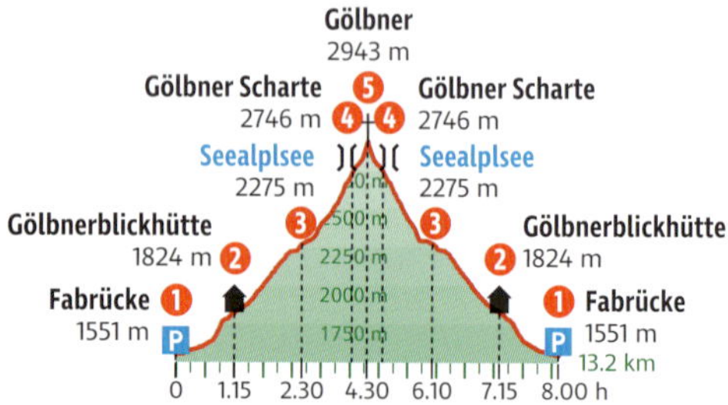

südwärts geneigten Rasen-Schutthang queren und ins Quellgebiet eines flachen Troges ansteigen. Dann wieder steiler eine große Blockhalde hinauf, an die ein versteinter Rasenhang anschließt. Nicht ganz ohne Mühe folgen wir der Markierung südwestlich zur nördlichen **Gölbner Scharte** ❹, 1.30 Std. Die nahe gelegene Südliche Wetterspitze, Pt. 2746 m, bleibt unberührt. Am blockbedeckten, unschwierigen Nordgrat ist dann der Gipfel des **Gölbner** ❺ mit großem und kleinem Kreuz ein mit prachtvoller Aussicht dankbares Ziel, 30 Min.

Abstieg auf derselben Route.

Die Gölbnerblickhütte im Celar.

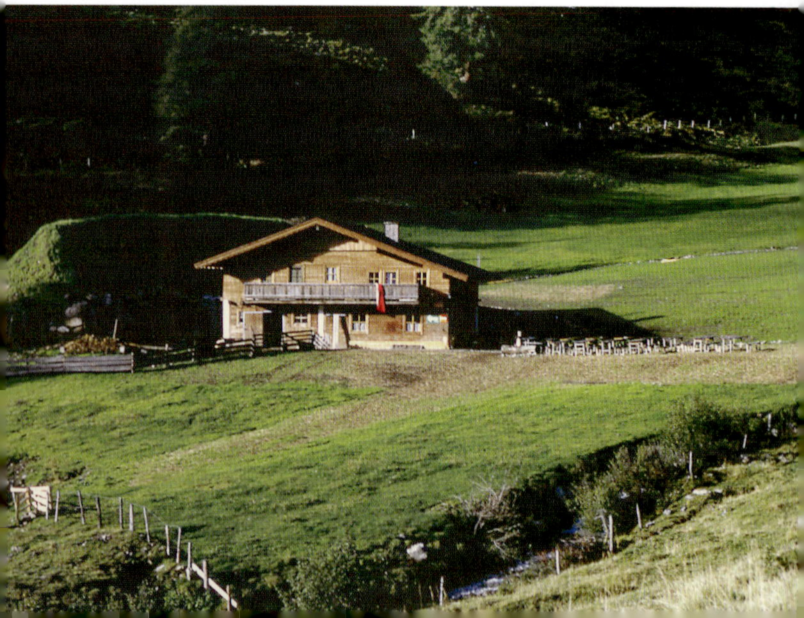

8.30 h

Anraser See und Gumriaul, 2918 m

Ein perfektes Bergerlebnis mit dem Finsterkofel als Fleißaufgabe

Anras, 1261 m, im mittleren Pustertal ist rätischer Herkunft. Zu den bedeutendsten historischen Bauwerken zählen das seit über 200 Jahren bewohnte Pfleghaus mit Sonderausstellungen, Gemeindebücherei u. a. Sehenswert ist die freskengeschmückte Pfarrkirche zum hl. Stephanus. Die südlich vom Gumriaul breit ausladenden Hochalmen hüten den Anraser See und westlich davon den Ascher-Grünen-Lettensee und kleine Tümpel.

Talort: Anras, 1261 m, an der Pustertaler Höhenstraße, Busverbindung. Zufahrt von Abfaltersbach an der Bundesstraße, 21 km südwestlich von Lienz.
Ausgangspunkt: Kobreil, 1510 m. Zufahrt von der Pfarrkirche (Widum) in Anras auf der rechts, nordöstlich bergan führenden asphaltierten Bergstraße. Bei der Straßengabel links (rechts geht es weiter nach Raut) zum höchstgelegenen Berghof auf Kobreil, 3 km ab Anras. Bei Fahrmöglichkeit weiter auf einem Forstweg (Schranke, bez. 13) bis zur Waldgrenze (Schafpferch), 1921 m, provisorischer Parkplatz (Zeiteinsparung gesamt 2.15 Std. für Auf- und Abstieg, der Höhenunterschied reduziert sich auf 1080 m).
Anforderungen: Insgesamt unschwierige Wanderung in einer Bergwiesenlandschaft, markiert und beschildert, bez. 13.
Einkehr: Unterwegs keine; Gaststätten in Anras.
Variante: Zum Finsterkofel, 2642 m, bez. 13a, 1.30 Std. ab der erwähnten Steigteilung ❸, 2260 m. Neben einem Zaun geht es über hügeliges Gelände in nördlicher Richtung empor. Einen anschließenden flachen Kamm links, dann rechts hinauf, ehe wir einen markanten Hangkegel ansteigen und vor dessen höchstem Punkt linker Hand auf leicht geneigte Hangterrassen wechseln. Vor dem Gipfelaufbau schwenkt die Markierung halb links, und sucht den günstigsten Weg im Blockgewirr hinauf zum Grat. Dort in zwei Minuten zum Kreuz der Freiwilligen Feuerwehr Anras. Rückweg auf derselben Route.

Vom höchstgelegenen Berghof auf **Kobreil** ❶ entweder zu Fuß oder, wenn die Schranke offen ist, mit dem Auto auf dem Forstweg, bez. 13, in den Bereich der Waldgrenze mit Schafpferch und Parkmöglichkeit ❷, 1921 m, 1.15 Std. Gehzeit.
Der zu Beginn steinige Gampenweg führt uns bald im mäßig steilen Bergwiesengelände links eines massiven, geradlinig bis weit oben sich streckenden Zaunes bergan.

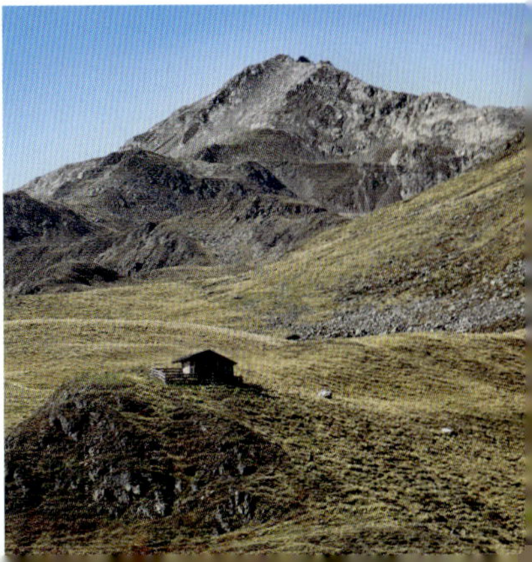

Anraser Hirtenhütte mit Gumriaul.

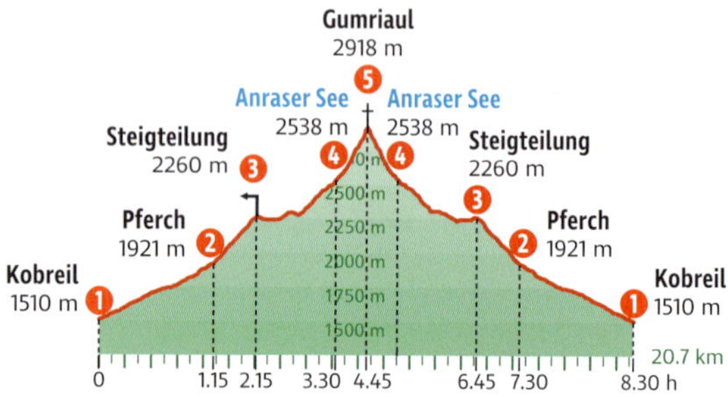

Wir passieren ein letztes Lärchengrüppchen und überschreiten schwach gerundete Kammhügel bis zur **Steigteilung** 3, 2260 m, 1 Std. Dort geradlinig empor erreicht man den Finsterkofel (siehe Variante), links führt unsere Route weiter Richtung Gumriaul. Bei etwas Gefälle queren wir einen blockigen Hang und erreichen eine Geländekante mit einem Wassertrog und Steinmann mit Tafel. Zur schon sichtbaren **Anraser Hirtenhütte** fällt

Anraser See mit Finsterkofel.

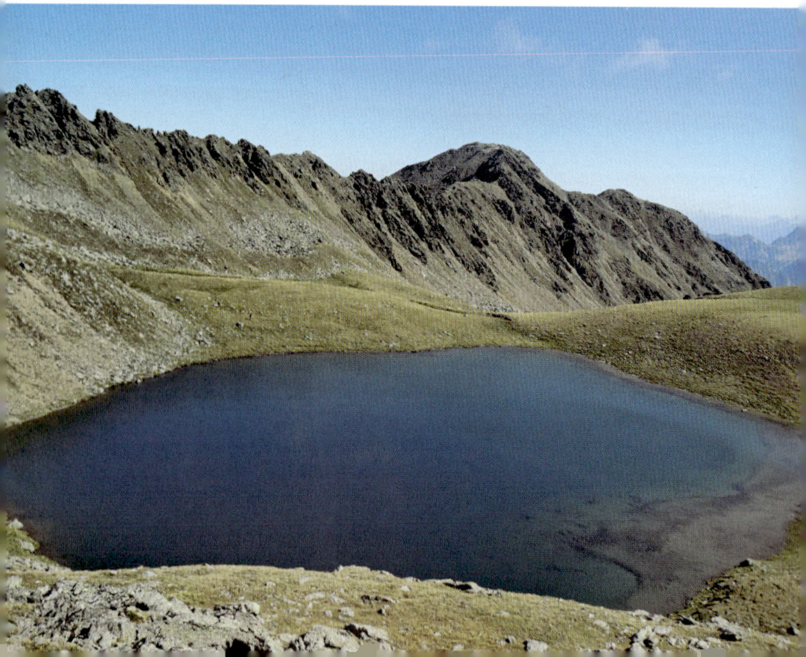

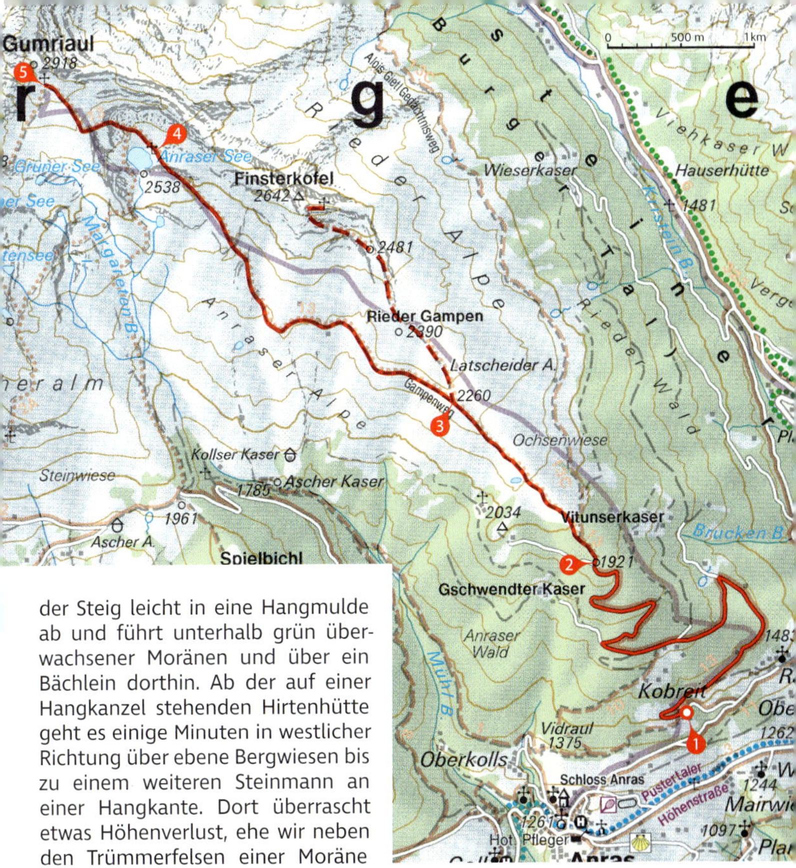

der Steig leicht in eine Hangmulde ab und führt unterhalb grün überwachsener Moränen und über ein Bächlein dorthin. Ab der auf einer Hangkanzel stehenden Hirtenhütte geht es einige Minuten in westlicher Richtung über ebene Bergwiesen bis zu einem weiteren Steinmann an einer Hangkante. Dort überrascht etwas Höhenverlust, ehe wir neben den Trümmerfelsen einer Moräne die Wanderung im wieder leicht ansteigenden Bergwiesengelände fortsetzen. Schließlich noch über flache Hügel zum überraschend großen, unter blankem Himmel tiefblauen **Anraser See** 4, 2538 m, 1.15 Std., mit kleinem Gedenkkreuz am östlichen Ufer.

Zum Gumriaul umschreiten wir den See nördlich und steigen auf Rasen und zwischen Blöcken hinauf in einen begrünten kleinen Sattel. Vor uns baut sich im Licht der Mittagssonne die Gipfelflanke auf, die wir am schuttüberstreuten Kehrensteig (weiße Pfeile) bis zum Gipfelkreuz mit Buch etwas bedachtsam ansteigen. Für den **Gumriaul** 5, 1.15 Std., findet sich die alte Bezeichnung Fandspitze. Der Überstieg zum nördlich gelegenen höchsten Punkt ist nicht ganz leicht.

Abstieg wie Aufstieg.

↗ 360 m | ↘ 360 m | 6.4 km

23 Tessenberger Seen, 2126 m, und Steinrast, 2253 m

3.15 h

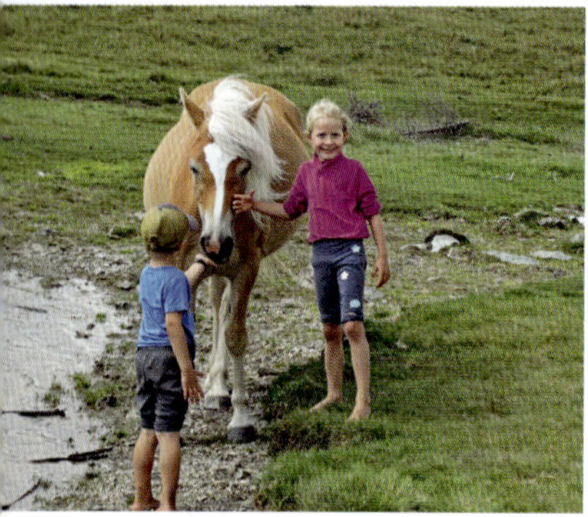

Sommer bei den Tessenberger Seen.

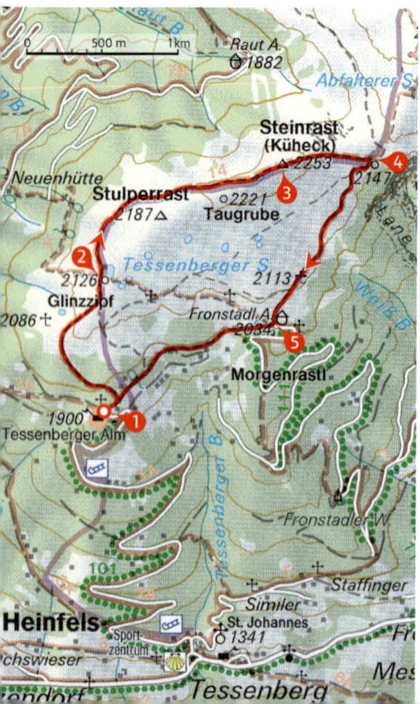

Eine beliebte, auch für Kinder geeignete Rundwanderung

Zur Tessenberger Alm im lockeren Bergwald ist die Auffahrt mit dem Auto möglich. Eine kurzweilige, mäßig steile Wanderung führt zu den in flaches Rasengelände gebetteten Tessenberger Seen – ein auch für Kinder attraktiver Platz. 10 Min. östlich der Seen bietet sich vom Tessenberger Kreuz ein schöner Blick zur Gipfelparade am Karnischen Kamm, Große Kinigat, Porze und Monte Peralba zählen zu den bekanntesten.

Talort: Panzendorf, 1082 m, 2 km östlich von Sillian, Bahn- und Busverbindung.
Ausgangspunkt: Tessenberger Alm, 1900 m, Parkplatz. Auffahrt ab Burg Heinfels über Tessenberg, 1341 m, 7 km (zu Fuß 1.30 Std.). Wegsperre bei Heu- und Holzfuhren.
Anforderungen: Aussichtsreiche, einfache Wanderung mit Seen und Bergwiesen, markiert, Holzpflöcke.
Einkehr: Keine. Die Jausenstation Tessenberger Alm ist geschlossen.

Ab der **Tessenberger Alm** ❶ schreiten wir über östlich ausgebreitete Bergwiesen und beachten bei der nahen Almhütte den links emporführenden Karrenweg im ausgelichteten Lärchenwald (Gatter). Auf höher gelegenen, von Wacholder bewachsenen, baumfreien, leicht kupierten Almböden grüßt linker Hand das Hinterheinfelser Kreuz, 2086 m. Wir erreichen in der sanft welligen Hügellandschaft (Gebiets-

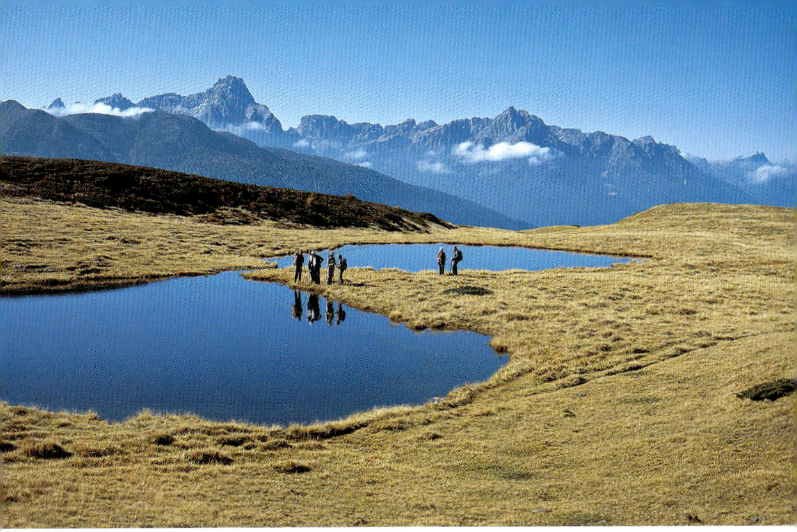

Blick über die Tessenberger Seen auf die markante Dreischusterspitze, 3145 m.

bezeichnung Glinzzipf) die drei flachen, in Rasen gebetteten **Tessenberger Seen** ❷, 45 Min, 2126 m, denen gegenüber die Dreischusterspitze in erhabener Größe den Sextener Dolomiten entragt. Wir dehnen die Wanderung weitbogig nach Norden aus, wo wir ungehindert in das tiefgelegene Winkeltal schauen. Dann entlang eines Zaunes und auf schwach durchsteintem, leicht ansteigendem Fels-Rasen-Kamm zur **Steinrast** (Küheck) ❸, 2253 m, 45 Min., mit Steinmann und Vermessungszeichen.

Mit dem mittelsteilen Abstieg zur **Rautscharte** ❹, 2147 m, 15 Min., entscheiden wir uns für eine Rundtour. Im dünn von Lärchen durchmischten Almgebiet geht es südöstlich und leicht fallend zum 2012 erneuerten Fronstadelkreuz, 2123 m, 30 Min. Eine Bank lädt dort zum Verweilen ein, ehe wir zwischen Alpenrosen und Junglärchen zur **Fronstadelalmhütte** ❺ mit erfrischendem Brunnenwasser absteigen, 15 Min.

Zurück zur Tessenberger Alm schreiten wir im lockeren Wald und auf Bergweiden mit umzäunten Quellaustritten westlich aus. Weitgehend eben lenkt der Steig entlang halb beschatteter Lärchenwiesen, ehe wir einen Forstweg queren und an einzelnen Stadeln und Almhütten vorbeikommen. Noch über eine Wiese, dann klingt die beschauliche Rundwanderung bei der **Tessenberger Alm** ❶ aus, 45 Min.

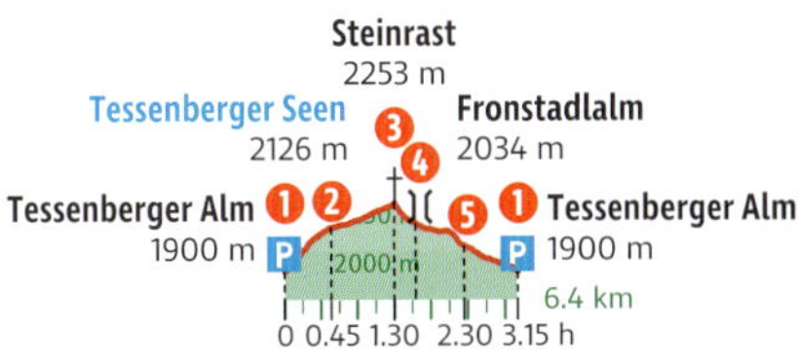

TOP

24 Von der Volkzeiner Hütte auf die Hochgrabe, 2951 m

↗ 1100 m | ↘ 1100 m | 12.2 km

6.30 h

Zum Goldtrögele in der Wilden Platte

Die Hochgrabe ist Außervillgratens höchster und der Villgratner Berge dritthöchster Gipfel. Eigentümlich berührt uns die Wilde Platte, wo länger als im übrigen Gebietsteil sich ein Gletscher hielt und charakteristische Spuren allgegenwärtig sind.

Talort: Außervillgraten, 1286 m, 4 km von Burg Heinfels in Panzendorf.
Ausgangspunkt: Volkzeiner Hütte, 1886 m. Zufahrt von Außervillgraten auf asphaltierter Straße zur Reiterstub'n, 5 km, dann 7,5 km auf Naturweg zur Volkzeiner Hütte.
Anforderungen: Unschwierige und landschaftlich großartige Wanderung, markiert, bez. 327.
Einkehr: Volkzeiner Hütte, 1886 m (privat, geöffnet Anfang Juni bis Mitte Okt., 20 Schlafplätze in Dreibettzimmern; Tel. +43 4843 20031, www.volkzeiner-hütte.at). Am Anfahrtsweg im Winkeltal: Gasthaus Reiterstub'n, 1513 m (Kinderspielplatz, Erlebnispark, im Winter beleuchtete, 1,8 km lange Rodelbahn und Eisskulpturen am Winkeltalbach; Tel. +43 4843 5188, www.reiterstube.at).
Variante: Hainkar-Rundwanderweg, 1.45 Std.

Wir beginnen beim **Parkplatz** ❶ am Bachufer, etwa 80 m unterhalb der **Volkzeiner Hütte**. Ein Karrenweg führt 5 Min. flussaufwärts (Bank), ehe wir zwischen Erlen und Lärchen den mit dichten Alpenrosen bekleideten Berghang ansteigen. Im Bereich der gegenüberliegenden Hainkaralm, 45 Min., weitet sich der Taltrog. Am linken Berghang steigen wir auf eine, von einem dünnen Bach durchrieselte Rasenterrasse (Tafel) und nähern uns auf teilweise steilem Steig dem mächtigen talschließenden Felswall mit dem stäubenden Schrentebach-Wasserfall. Ein Quergang über Erde, Rasen und einige Felstreppen lenkt nach rechts, nordwestlich zum **Schrentebachboden** ❷, 2368 m, den wir knapp vor dem Wasserfall betreten, 1 Std. Wie verwandelt zeigt sich hier die unberührte Hochgebirgsregion. Ein weitflächiger samtweicher Rasenboden mit kleinen, flaumig weißen vom Schrentebach eingeschlossenen Wollgrasinseln. Im Gegensatz dazu bietet die Wilde Platte ein här-

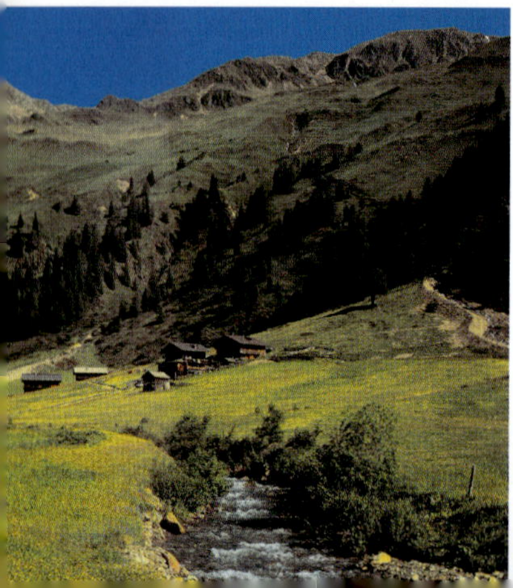

Mit der Sommerblüte im Winkeltal zur Volkzeiner Hütte.

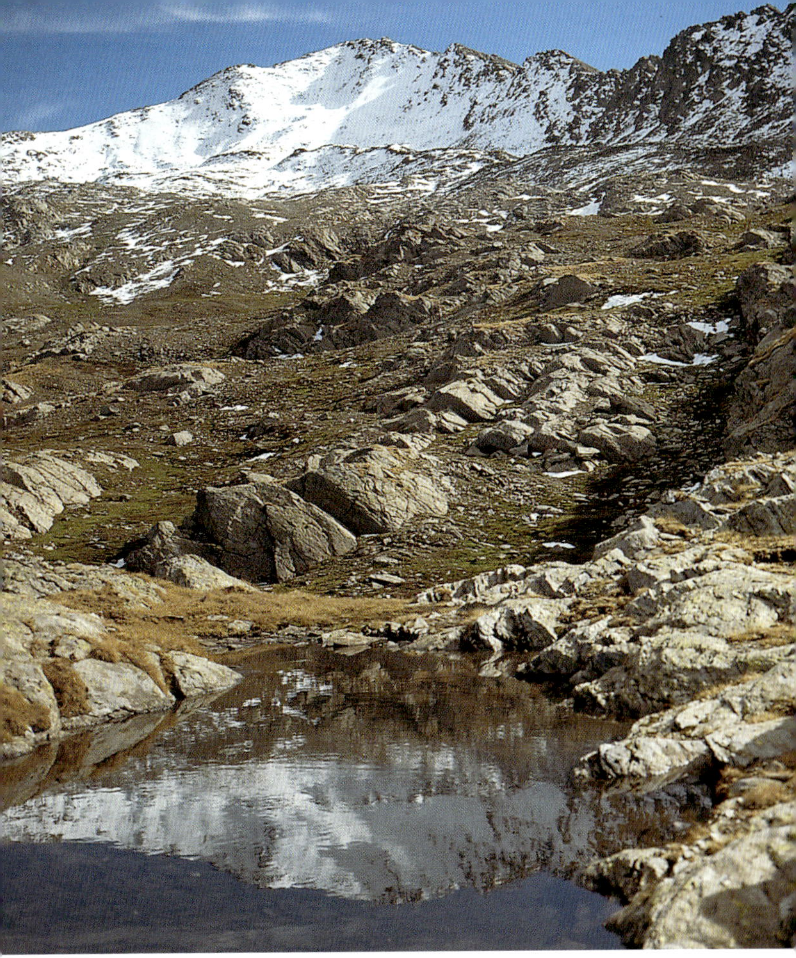

Die Hochgrabe mit der Wilden Platte und gipfelnahen Moränen.

teres Bild. Sie panzert den nördlichen Gipfelbereich als felsiges Brustschild, wie der örtlichen Chronik zu entnehmen ist. In Richtung Hochgrabe steigen wir vom Schrentebachboden südlich über Rasen und sanfte Rücken an. Wir durchschreiten ein felsgesäumtes kleines Hangtälchen. Felsige Rippen und Riegel, Gletscherschliffe und dunkelfarbige Moosbeete wechseln sich ab. Im leichten Auf und Ab folgen wir der Markierung auf eine Felsstufe

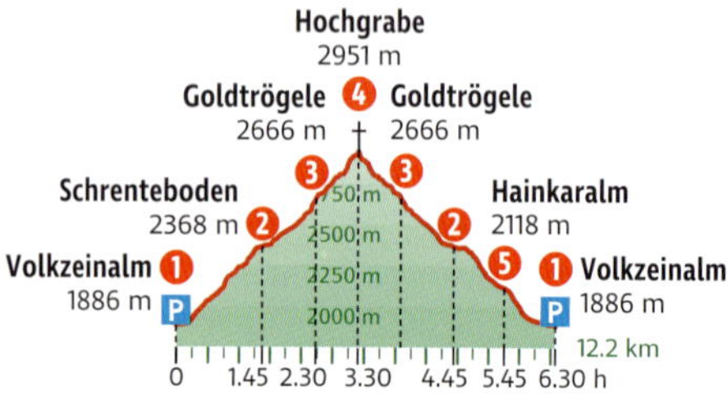

zum sagenumwobenen **Goldtrögele** 3, 2666 m, 45 Min. (Tafel, großer Steinmann; der wassergefüllte Schacht, eine Buchenkeilarbeit, liegt 30 m östlich der erwähnten Tafel). Zur Hochgrabe schreiten wir über zerklüftetes Gestein und vorbei an flachen alten Moränen. Steinmänner lenken über versandete Böden zum linken Rand der Gipfelflanke, wo wir am Ostgrat das Kreuz mit Buch auf der **Hochgrabe** 4 erreichen, 1 Std.

Der Abstieg erfolgt auf derselben Route bis zum **Schrentebachboden** 2, 1.15 Std. Dort über den Bach und am steilen und steinigen, vom Degenhorn kommenden Steig, bez. 19, talwärts. Wir erreichen eine Felskanzel und queren im Zickzack eine Rasenflanke, die weiter unten ein Murbruch arg verwüstet hat. In diesem Bereich wurde der Steig zur **Hainkaralm** 5 mit überdachtem Almkreuz etwas verbreitert. Die Schlussstrecke zur **Volkzeiner Hütte** erfolgt am breiten Almweg mit der Möglichkeit, auf altem Steig etwas abzukürzen. Nahe der Bachschlucht erinnert ein Gedenkkreuz an den verunglückten Bergsteiger Leopold Jeller. Auf den letzten Metern zum **Parkplatz** 1 empfängt uns der Talwind mit dem Duft von Heu und Wiesenkräutern.

Geheimnisvoll wirken der Schrentebachboden und die Wilde Platte mit der Hochgrabe.

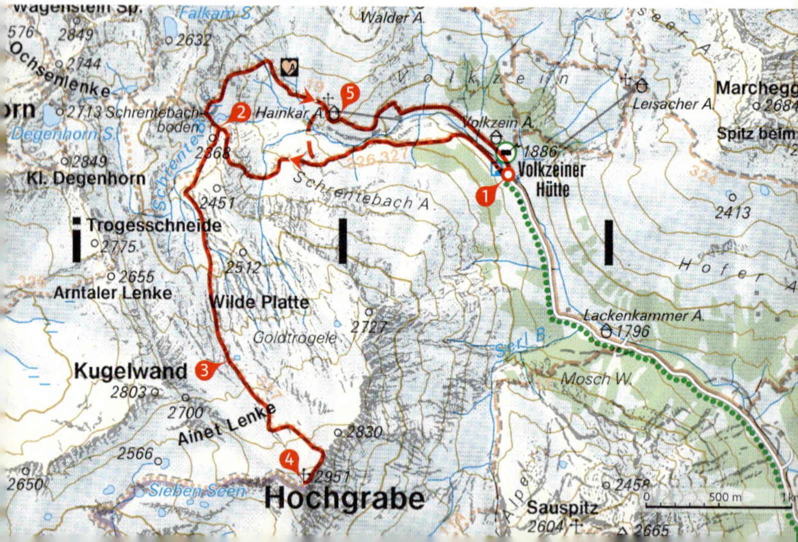

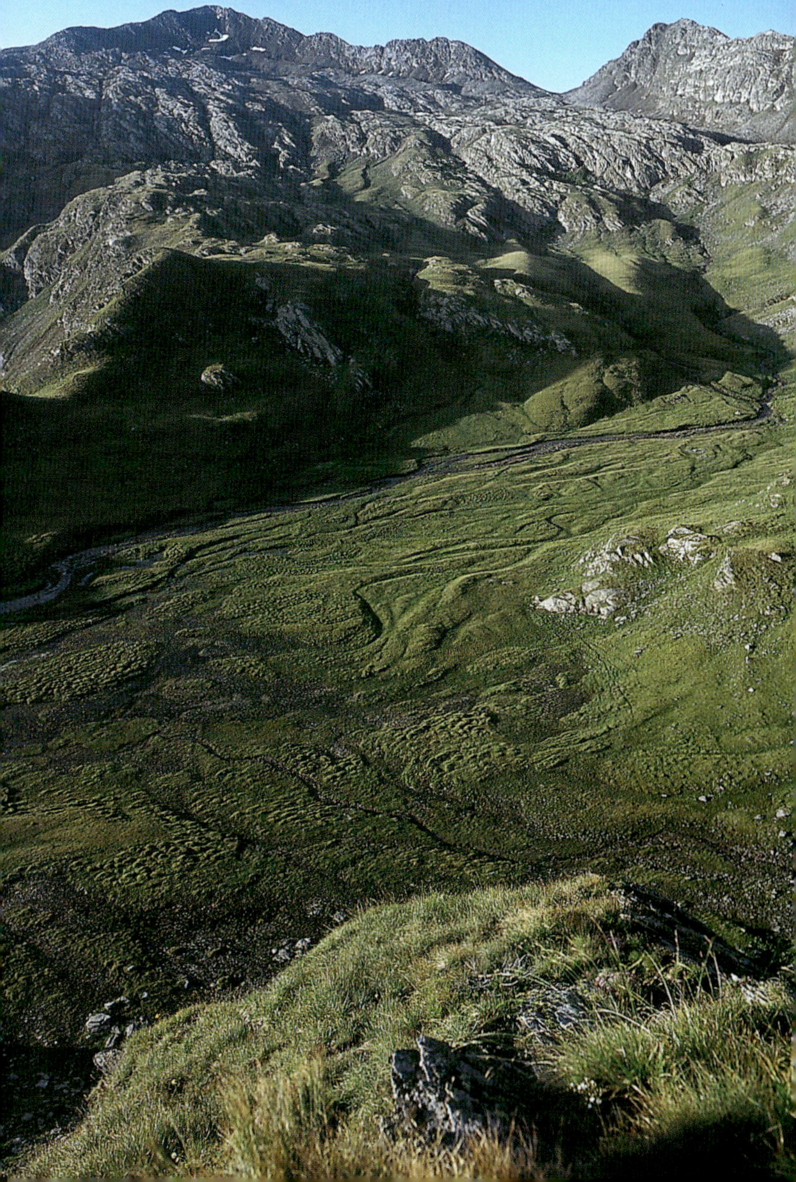

↗ 830 m | ↘ 830 m | 7.0 km

25 Rotes Kinkele, 2763 m, und Remesseen

5.00 h

Almidylle, Bergwiesen und verträumte Bergseen

Das Villgratental wirbt mit der Schönheit seiner Almdörfer. Im Kamelisen-Almdorf stehen seit alters her acht Almhütten, die auch an Gäste vermietet werden. Eine kunstvoll in Holz erbaute Kapelle und ein Bildstock sind einem Gelübte zufolge von Villgratner Bauern errichtet worden. Das Rote Kinkele (Gingele) gilt als bevorzugtes Bergziel, die Remesseen als besonderer Rastplatz, wenn wir die Wanderung zur Rundtour ausweiten.

Talort: Innervillgraten, 1402 m (Post-Linienbus Sillian/Innervillgraten).
Ausgangspunkt: Kamelisenalm, 1974 m, Parkplatz. Zufahrt ab der Maurerbrücke (Trafo, Tafel), 1,5 km westlich der Ortsmitte von Innervillgraten nach Bachlet, 1730 m. Die Weiterfahrt mit dem Pkw am Hochberg bis zur Kamelisenalm ist erlaubt.
Anforderungen: Zum Roten Kinkele mäßig schwierig, Abstieg zu den Remesseen teils sehr steil, Trittsicherheit erforderlich.
Einkehr: Keine.
Tipp: Informationen zur Vermietung der Almhütten unter Tel. +43 4843 5402.

Die Remesseen zu Füßen des Roten Kinkele.

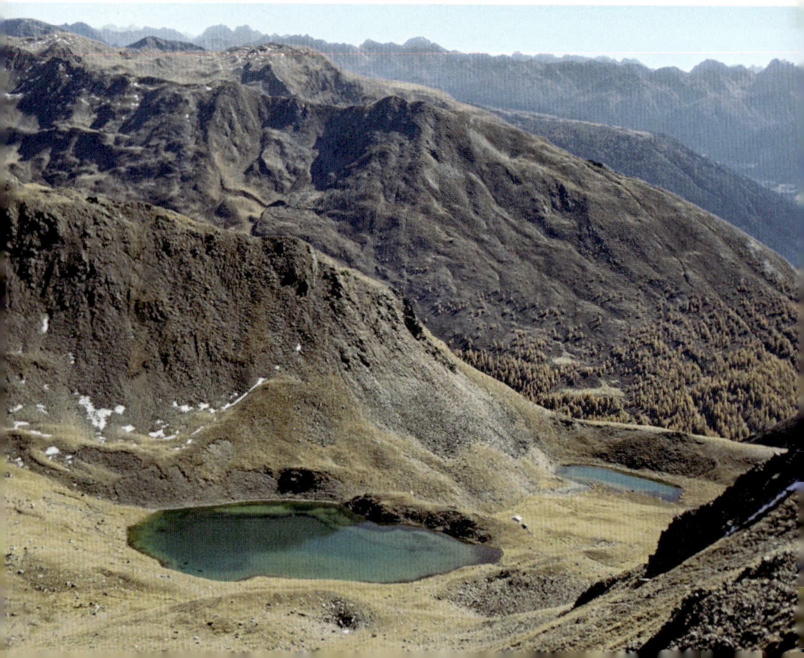

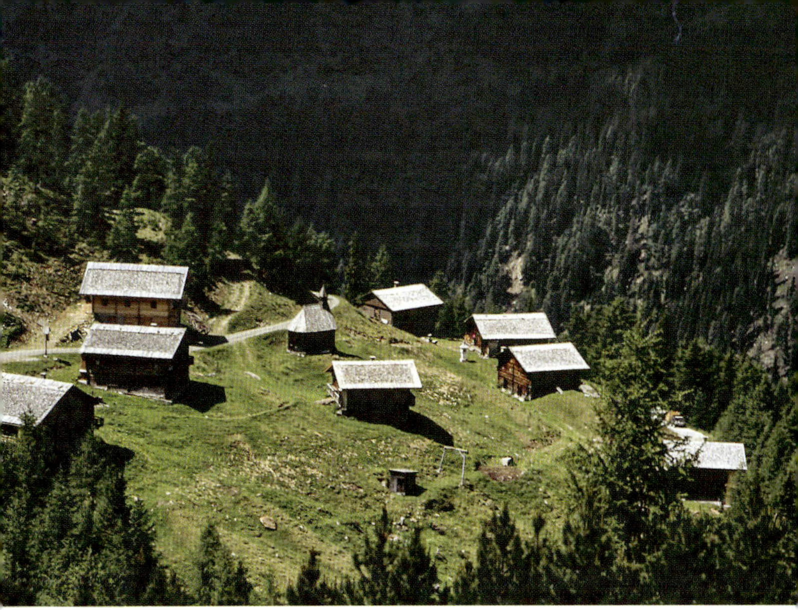

Die Kamelisenalm mit der Maria-Fatima-Kapelle.

Ausgehend von der **Kamelisenalm** ❶ folgen wir dem ostwärts ansteigenden Weg bis zur kleinen Brücke am Bachtrichter, 10 Min. Dort lenkt ein Trittpfad, bez. 1c, orografisch rechts vom Bach auf einer Hangkante steil empor und quert nach einer Heuliftstütze einen Wiesenweg. Von einzelnen Lärchen bewacht steht auf stumpfer Hangkanzel die höchstgelegene Heuschupfe. Einem Bächlein zur Seite gelangen wir in einen flachen Bergtrog und an höherer Stelle queren wir einen durchnässten Hangkessel im Vorfeld der Kaschaswand, 1.30 Std. Ihr zu Füßen liegt ein großes Rasenkar mit viel Platz für parallel laufende Moränen. Rechts davon geht es über feinblättrige Böden, ehe wir über einige Kehren den Nordgrat des Roten Kinkele erreichen und bald ein enges Rasenschärtchen beachten (weißer Pfeil). Zum Gipfel sind es noch 15 Min. »Gott mit uns« kündet das Kreuz (Buch) am **Roten Kinkele** ❷, gesamt 2.30 Std.

Nach ausgiebiger Gipfelschau steigen wir am Nordgrat wieder zum erwähnten engen Rasenschärtchen zurück. Dort geht es nordseitig auf einer Rasenflanke in engen, sehr

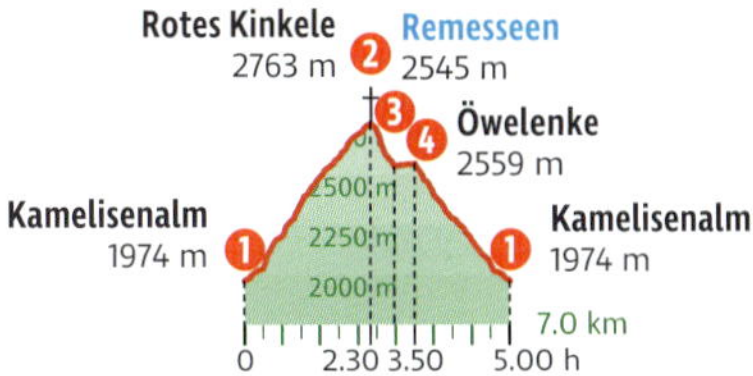

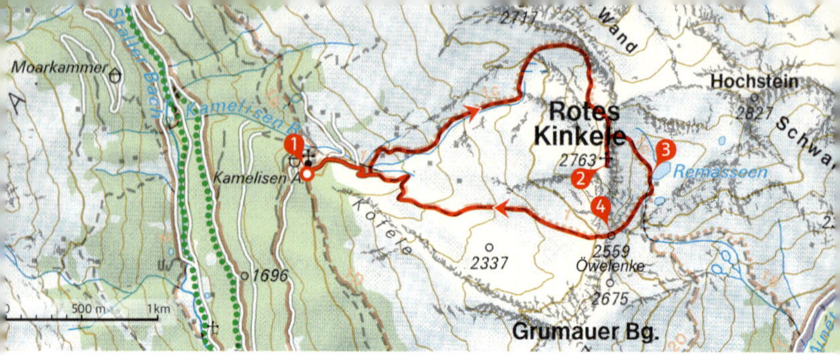

steilen Kehren hinab zu den smaragdgrün schimmernden **Remesseen** ❸ mit einsamer Hirtenhütte, 45 Min. Wegtafeln, bez. 1, weisen zur **Öwelenke** ❹**,** 2559 m, die wir in 20 Min. auf Rasenbänken leicht erreichen. Ein feinkörniger Schutt-Rasenhang lenkt westseitig hinab auf hügelige Weideböden, die zur Linken hart von Blockmoränen begrenzt werden. Im Weiteren windet sich der Steig am mittelsteilen Westhang abwärts und taucht beim großen Steinmann (kleiner Bach) in den vorerst lichten Lärchenwald ein. Wo dieser dichter beschattet, erreichen wir den Almweg, 1 Std., und den erwähnten Bachtrichter, an dem sich die Runde schließt. In wenigen Minuten führt uns der bekannte Weg zurück zur **Kamelisenalm** ❶.

Gipfelgrat zum Roten Kinkele.

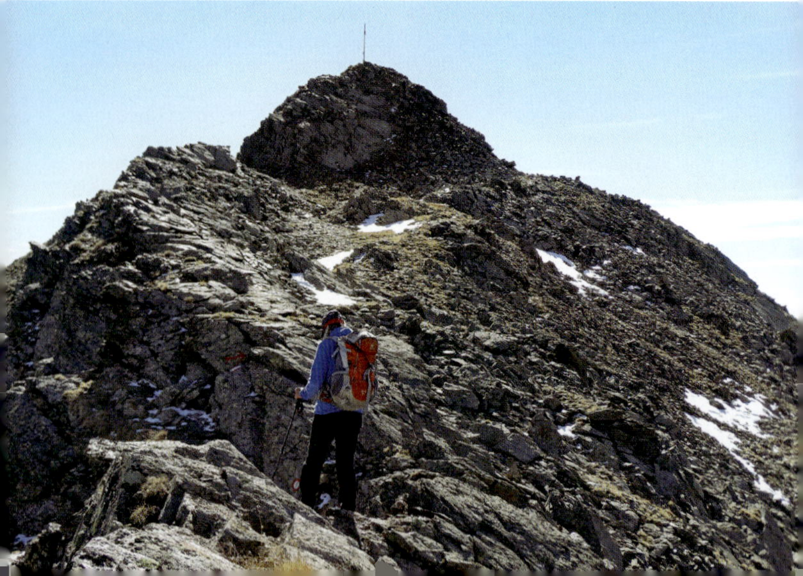

7.00 h

Schwarzsee und Riepenspitze, 2774 m

Ein sagenumwobener See und das Schwarzseebiwak

Ein schönes Etappenziel beim Aufstieg zur Riepenspitze bietet der Schwarzsee, der unter den sieben namensgleichen Seen in Osttirol einer der schönsten ist. Am Anfahrtsweg zur Unterstalleralm beachten wir vor der Talstufe das Kulturdenkmal Wegelate Säge (Venezianer Säge), das Naturdenkmal Sinkersee liegt am Beginn der Hochtalstufe (Tafel; 2,2 km vor der Alm).

Talort: Innervillgraten, 1402 m (Post-Linienbus Sillian/Innervillgraten).
Ausgangspunkt: Unterstalleralm 1673 m, Parkplatz, mit Kapelle zum hl. Chrysanth und Almkreuz. Anfahrt von Innervillgraten taleinwärts zur Straßengabel, unweit der Maxer Kapelle, 1442 m, 2 km. Hier rechts in nördlicher Richtung entlang dem Staller Bach zur Unterstalleralm, insgesamt 6.5 km von Innervillgraten (Maut 5 Euro, Parkplatzgebühr gilt auch für den Parkplatz 10 Min. vor der Oberstalleralm).
Anforderungen: Zum Schwarzsee über Aussichtsplattform unschwierig, markiert, bez. 15. Zur Riepenspitze im Gipfelbereich steil, Trittsicherheit ratsam. Der Abstieg vom Schwarzsee auf Route 15a ist insgesamt angenehmer und weniger steil.
Einkehr: Almgasthaus Unterstalleralm (geöffnet 19. Mai bis 16. Okt., keine Übernachtung, Tel. +43 676 4224532); umliegende Almhütten werden vermietet.

Von der **Unterstalleralm** ❶ gehen wir hinab zur Brücke am Arnbach und steigen gegenüber 15 Min. zur Aussichtsplattform am **Klapfbach-Wasserfall** an (Bank, Fahne). Dort folgen wir dem Steig (Tafel), der am Berghang Richtung Schwarzsee hinaufführt, ehe wir den Riepenkammerweg queren. Dann geht es in vielen Kehren unter Lärchen, durch Erlengestrüpp und wogende Latschenfelder empor. Auf einem kleinen Hangabsatz gelangen wir zum **Restlangarten** ❷, 2241 m, 1.45–2 Std., ein Stall mit Pultdach wird von einer einzelnen Lärche bewacht. Von hier folgt ein Anstieg zwischen Blöcken hinauf zum **Schwarzsee** ❸, 2455 m, gesamt 2.45 Std., Bildtafeln.

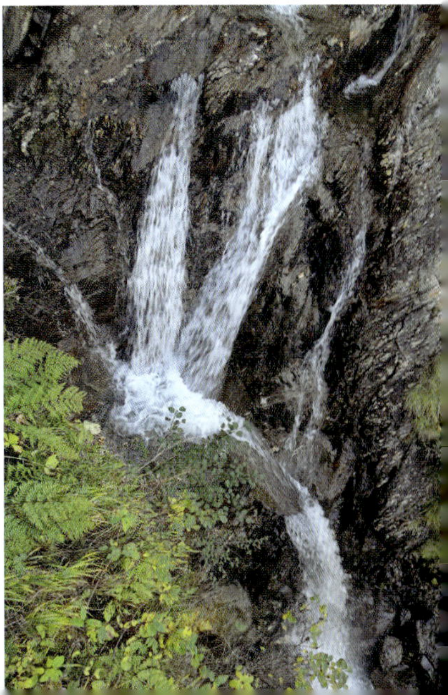

Der Klapfbach-Wasserfall ist auch für Kinder ein schönes Ziel.

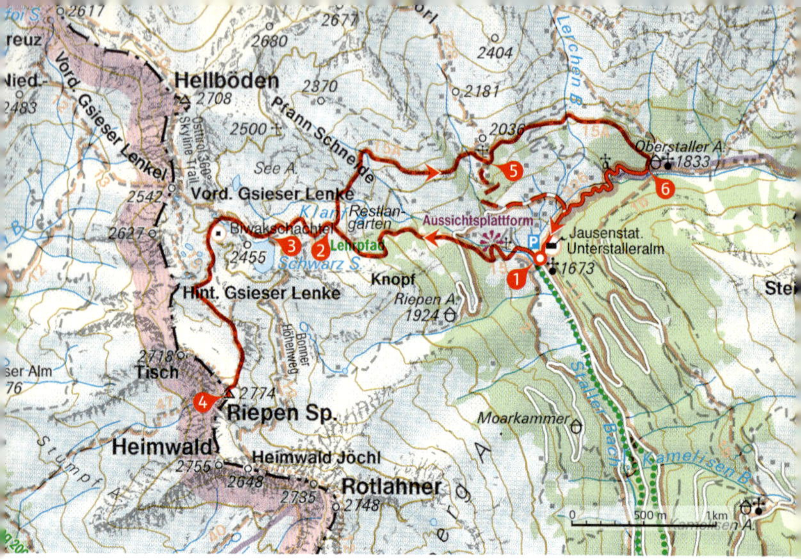

Zur Riepenspitze überschreiten wir vorerst den Seeabfluss und gelangen über den felsgebauten nördlichen Uferriegel zu dessen kaum wahrnehmbaren Seezulauf, 15 Min. Das erwähnte Biwak »zöberst Villgraten« steht 20 Min. höher, in Richtung Vordere Gsieser Lenke.

Die Riepenspitze überragt den Schwarzsee südlich. Eine wechselvolle Landschaft fügt sich aus felsgerahmten Tümpeln, Gletscherschliffen und moosgepolsterten Mulden. Die Markierung strebt dem NO-Grat zu, der abschließend steil und mäßig schwierig den Anstieg zum neuen Gipfelkreuz der Landjugend-Innervillgraten und Bauernjugend Gsies auf der **Riepenspitze** 4, 2774 m, 1.15 Std., erlaubt.

Retour auf der gleichen Route zum **Schwarzsee** 3, 1 Std. Zurück ins Tal beachten wir beim **Restlangarten** 2 den mit 15a bez. Steig. Dort drei Kehren über eine Hangkante hinab zum Abfluss des Schwarzsees im sogenannten Elplan Loch. Anschließend kommen wir an der erneuerten Elplan Hütte vorbei und überschreiten bald den in Erlenstauden eingetieften Klapf-

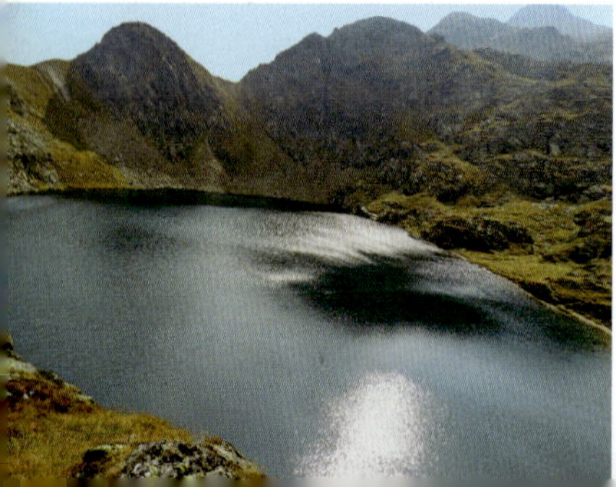

Links: Gleich einem Kratersee liegt der Schwarzsee geheimnisumwittert.
Rechts: Die Unterstalleralm im Arntal.

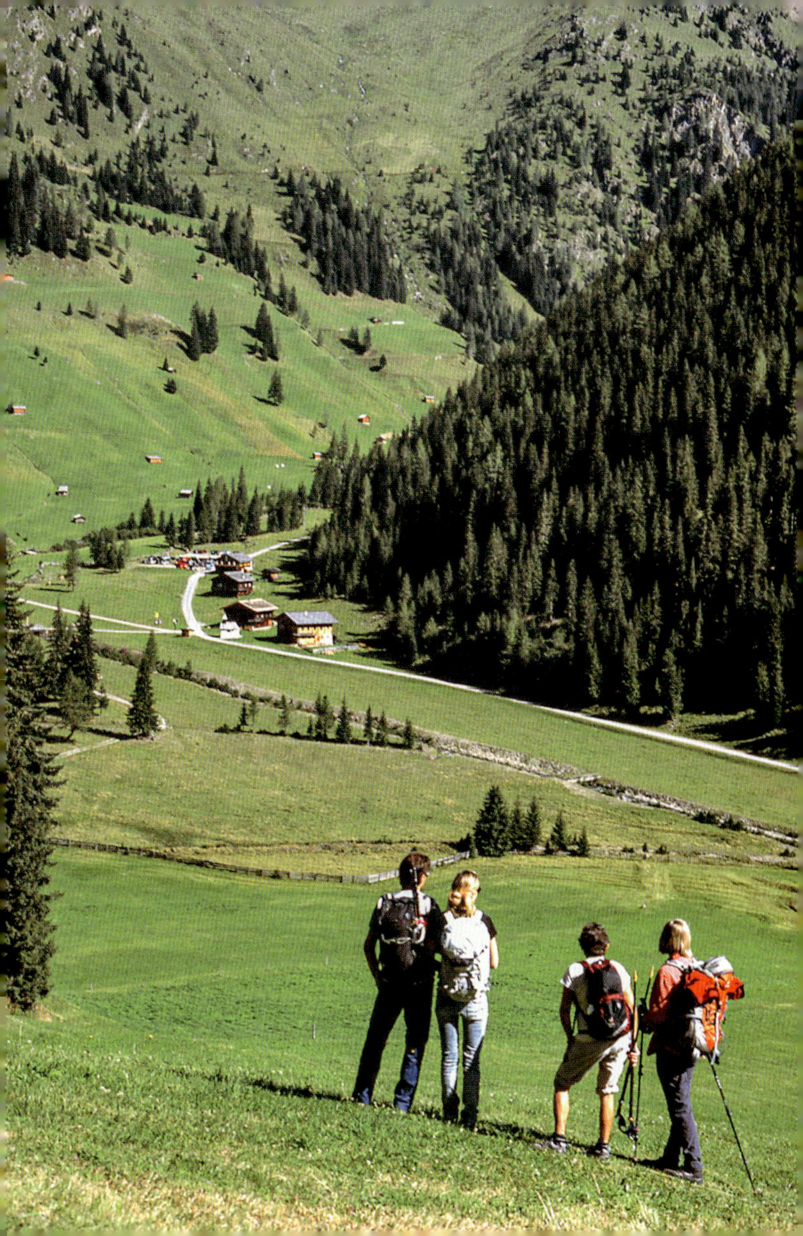

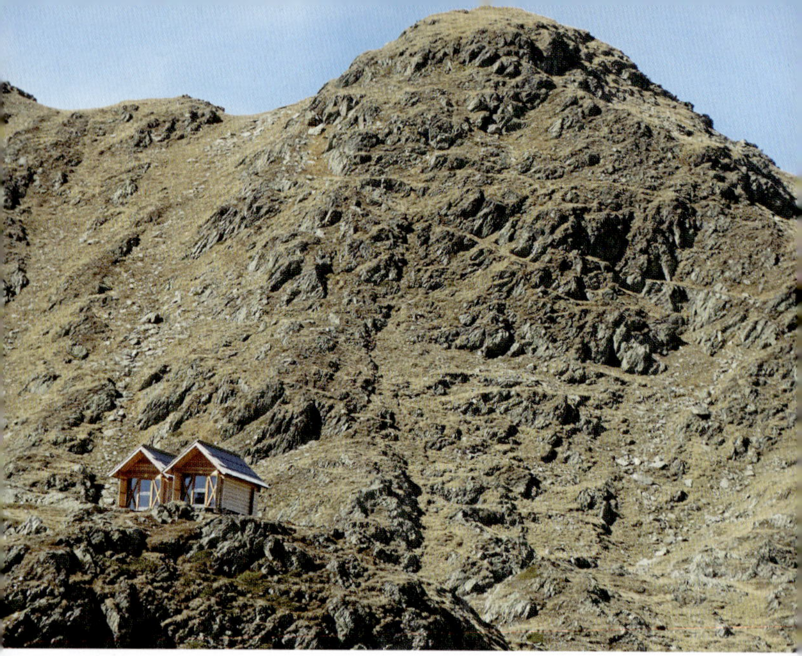

Das Biwak »zöberst Villgraten« zwischen Schwarzsee und Vorderer Gsieser Lenke.

bach. Kleine Lärchenbestände bevölkern die Klapfleiten, wo wir über einen kleinen Bach und in der Folge an einer Almhütte vorbeikommen. Ein Wiesenkreuz markiert den Steigknotenpunkt ❺, 45 Min., wo es bergan zum Villgrater Törl geht. In diesem Bereich zweigt der Weg ab, der entlang dem Berghang und durch Wald zur **Oberstalleralm** ❻ mit stattlichen Almhütten und Schutzengelkapelle führt, 30 Min. Von dort auf asphaltierter Bergstraße oder teils auf abkürzendem Steig hinab zur **Unterstalleralm** ❶, 30 Min. Ab dem erwähnten Steigknotenpunkt ist auch der abwärtsführende Steig im Perntaler Wald zielführend. Wir gelangen zum Riepenkammerweg und auf ihm in einer weiten Schleife über den Arnbach zum Ausgangspunkt. Gesamt ab Riepenspitze 3 Std.

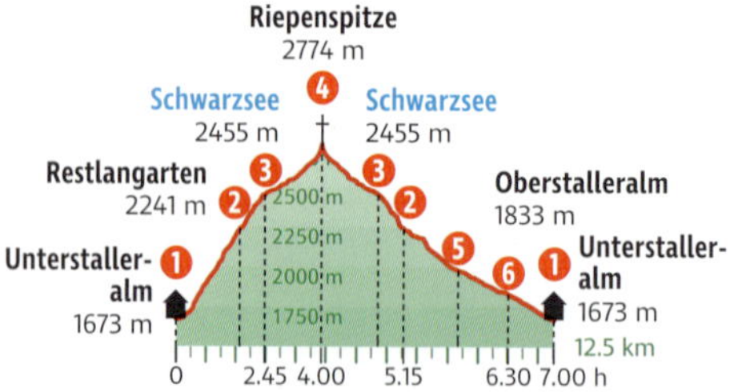

↗ 1300 m | ↘ 1300 m | 10.2 km

7.00 h

Von der Unterstalleralm auf die Weiße Spitze, 2963 m

Zur höchsten Erhebung der Villgratner Berge

Das Villgratental ist weitum bekannt für seine schönen Almdörfer. Dazu zählt auch das sehenswerte Almdorf Oberstaller mit 16 sonnbraunen, stattlichen Holzhäusern und der Schutzengelkapelle in deren Mitte. Sie soll vor Bergsturz von der Roten Spitze (Reate) schützen. Die Almhäuser werden vermietet und Anrainerverkehr ist bis dorthin erlaubt. Für die allgemeine Zufahrt gilt der gebührenpflichtige Parkplatz 10 Minuten vor der Alm. Abseits vom Almleben bietet die Tour auf die Weiße Spitze eine alpin beachtenswertes Erlebnis.

Talort: Innervillgraten, 1402 m (Post-Linienbus Sillian/Innervillgraten).
Ausgangspunkt: Unterstalleralm, 1673 m, Parkplatz, mit Kapelle zum hl. Chrysanth und Almkreuz. Anfahrt von Innervillgraten taleinwärts zur Straßengabel, unweit der Maxer Kapelle, 1442 m, 2 km. Hier rechts in nördlicher Richtung entlang dem Staller Bach zur Unterstalleralm, insgesamt 6.5 km von Innervillgraten (Maut 5 Euro). Weiterfahrt zum Parkplatz 10 Min. vor der Oberstalleralm möglich.
Anforderungen: Zur Weißen Spitze teils steil, im Gipfelbereich Trittsicherheit erforderlich, markiert.
Einkehr: Almgasthaus Unterstalleralm (geöffnet 19. Mai bis 16. Okt., keine Übernachtung; Tel. +43 676 4224532); umliegende Almhütten werden vermietet.

Von der **Unterstalleralm** ❶ auf der asphaltierten Bergstraße und dem abkürzenden Steig zur **Oberstalleralm** ❷, 30 Min. Von dort führt uns der Weg in das Arntal. Nach etwa 10 Min. überschreiten wir ein steiniges Bachbett (Brücke) und beachten wenig später die Wegtafel zur Weißen Spitze. Anfänglich geht es über einen Wiesenhang empor (Gatter bei einzelner Fich-

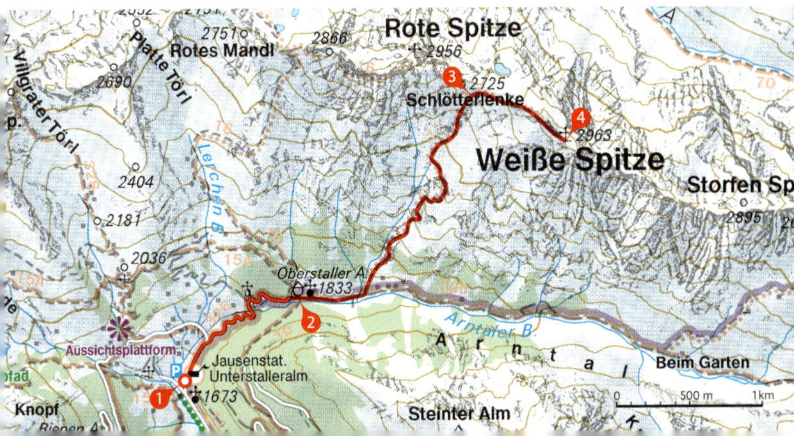

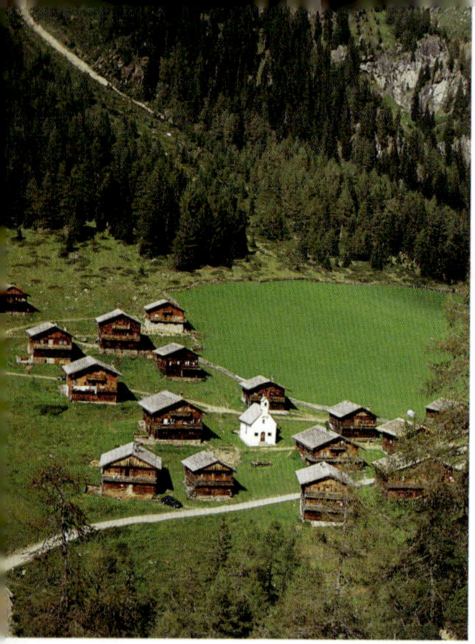

Das Almdorf Oberstaller.

te) und in einer Kehre zum Ende des Wirtschaftsweges. Auf Steigkehren erreichen wir bald jene Höhe, von der wir das Oberstaller Almdorf aus der Vogelperspektive betrachten. Wo der Hang etwas gröber und teils schuttbedeckt ist, lenkt der Steig zur Mariengrotte, die von einer Almsennerin in Privatinitiative errichtet wurde. Wo die letzten Lärchen auf felsigem Grund nur noch schütter stehen, erreichen wir auf einer Rasenkanzel den schon vom Tal aus sichtbaren Stadel mit südseitigem Balkon, 1.15 Std. Das höher gelegene, kesselartige Blockkar nennen die Einheimischen »Schlötter«. Darüber sehen wir bereits die **Schlötterlenke** ❸, 2725 m, unser nächstes Ziel. Dorthin ist das Gelände mittelsteil, doch unschwierig und von Alpenastern verschönert, 1.15 Std. In der hier passähnlichen Lenke ruht von Fels umsäumt der Weißspitzsee (auch Seichensee), in dem sich die pyramidenförmig aufragende Rote Spitze spiegelt (sie wird im Defereggental Weiße Spitze genannt). Der See liegt etwas nördlich der Lenke und verleiht der grauen Felslandschaft einen malerischen Anstrich.

Zur Weißen Spitze erwartet uns am Nordwestrücken ein steiniger Anstieg, dann ein Blockgrat, auf dem wir zwischendurch nach rechts sonnseitig ausweichen. In gipfelnahem Bereich bleiben wir am Grat und überschreiten mit Vorsicht Blöcke und eine Felskerbe. Zum höchsten Punkt der **Weißen Spitze** ❹, 2963 m, mit eigenwilligem Kreuz und Buch sind ebenfalls achtsame Schritte angebracht, 1 Std. Ein großartiges Alpenpanorama ist der Lohn.

Den **Abstieg** zurück zu den Staller Almen wählen wir auf der Aufstiegsroute.

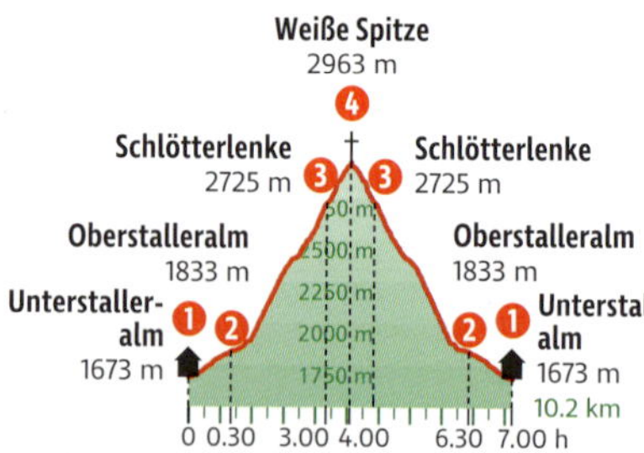

Weißspitzsee (Seichensee) und Weiße Spitze (rechts).

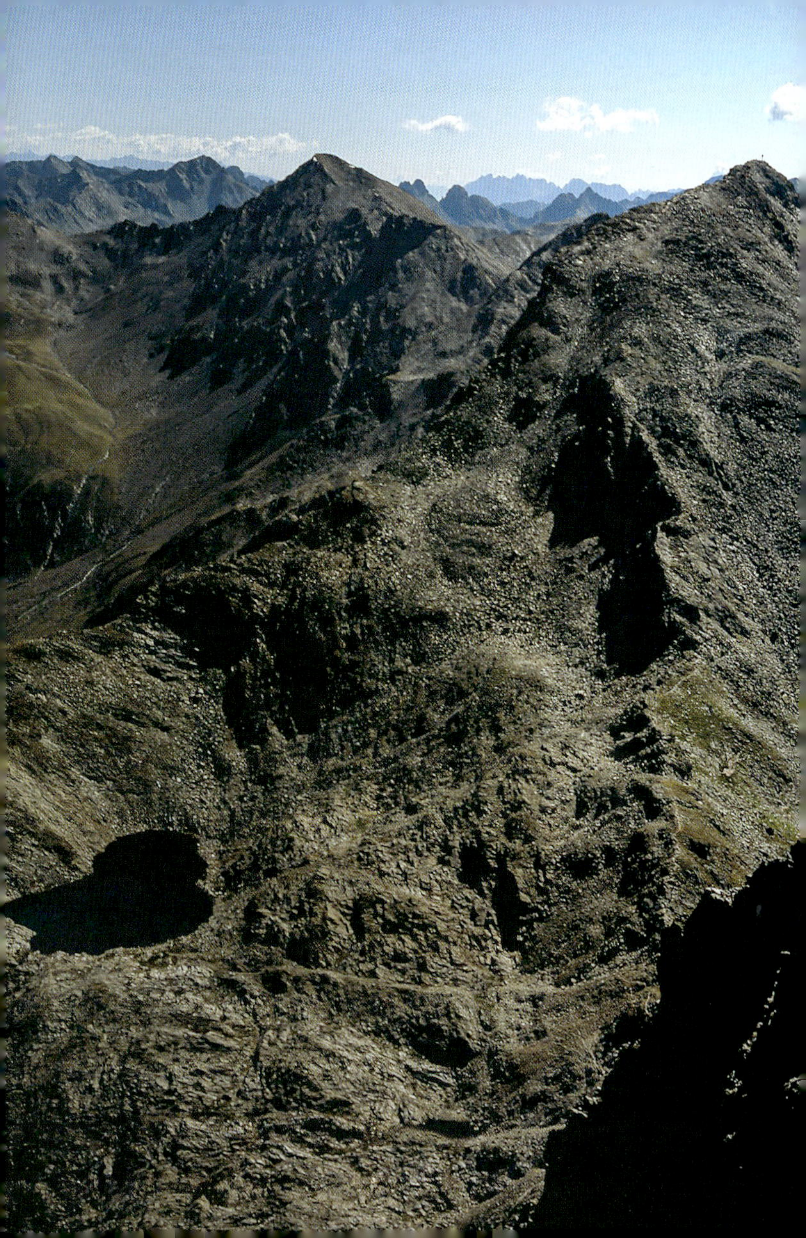

↗ 1250 m | ↘ 1250 m | 14.7 km

28 Kreuzspitze, 2624 m, und Rotlahner, 2748 m

8.30 h

Gipfelziele zwischen Staller Arntal und Gsieser Tal

Die Bergwanderung lädt zu einer grenzüberschreitenden, landschaftlich sehr schönen Rundtour ein. Im Anstieg entdecken wir ehemalige Schmugglersteige, am Rückweg ein Teilstück des Panoramawegs Herz-Ass-Villgratental.

Talort: Innervillgraten, 1402 m (Post-Linienbus Sillian/Innervillgraten).
Ausgangspunkt: Kalkstein, 1630 m, Parkplatz, ca. 5 km westlich von Innervillgraten (mit Wallfahrtskirche Maria Schnee und Pestfriedhof; Bushaltestelle).
Anforderungen: Ausdauer erfordernde Wanderung. Einige Steigpassagen sind mit Achtsamkeit zu begehen, markiert, bez. 13.
Einkehr: Unterwegs keine. Alpenpension Bad Kalkstein (Tel. +43 4843 5346) und Gasthaus Badl Alm (Tel. +43 4843 20026, www.badl-alm.at) in Kalkstein.

Vom Parkplatz beim Gasthaus Badl Alm in **Kalkstein** ❶ (Bildtafeln) führt der Almweg im leicht ansteigenden Lärchenwald zu einer Weggabel, 10 Min. (Bildtafel). Geradeaus zur Alfenalm, für uns gilt rechts der Weg in das Roßtal. Die Unterlipper Alm, 1904 m, steht talseitig, die Außerlipper Alm bergseitig vom Almweg, bez. 13. Wir passieren den zum Kalksteinjöchl abzweigenden Steig (unser Rückweg) ❷ und bleiben am Almweg bis zum Talschluss (Bank), 1.15 Std. Ein Steig führt am breiten Hang mit Alpenrosen

Der Kreuzspitze gegenüber ragen Heimwald und der Rotlahner (rechts) auf.

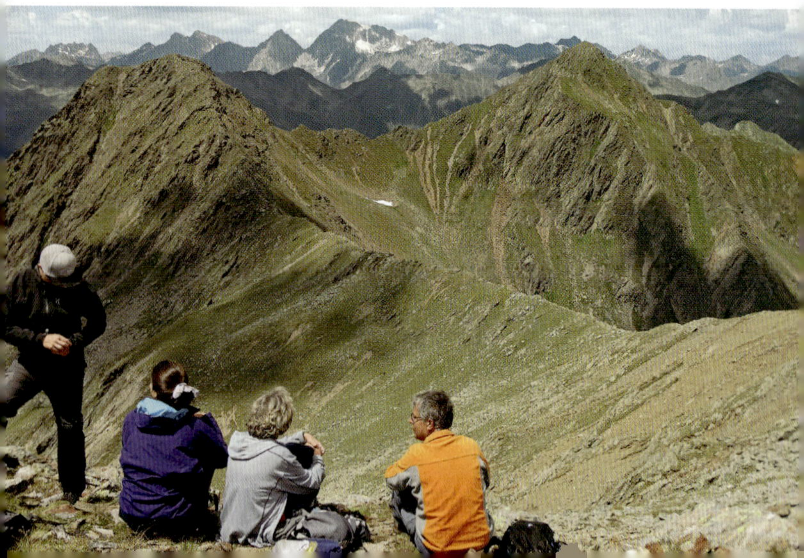

und festem Gestein hinauf und lenkt über Bächlein auf schmale Hangterrassen und kupiertes Gelände über. Mit einer letzten Steigkehre erreichen wir die **Kreuzspitze** ❸, 1.45 Std., mit Kreuz (Buch) und zwei Steinmännern. Tief unter uns liegt das Villgratental und am Berg gegenüber die Kamelisenalm. Nördlich der Kreuzspitze erhebt sich der Rotlahner. In dieser Richtung schreiten wir kurz am felsigen Kamm entlang und steigen bald am Osthang des Kalksteiner Riegels ca. 150 m in ein Hangkar ab, Pt 2482, bez. 12a. Es folgen 270 Höhenmeter Anstieg am teils felsdurchsetzten Südhang zum Gipfel des **Rotlahner** ❹ mit Steinmann und Tafel, 1.15 Std. Der Abstieg am Grenzkamm ist unerwartet sanft und führt leicht felsdurchbaut zum **Heimwaldjöchl** ❺, 2648 m, 45 Min. Hier wendet unsere Route am Bonner Höhenweg (Herz-Ass) in südliche Richtung. Mit einigen Kehren geht es leicht gestuft hangabwärts, dann am Fuß des Grenzkammes über kleine Blockfelder weiter. Bald gesellen sich einzelne Lärchen neben den Hangsteig. Bei einem Steinmann auf einer Hangkanzel fängt das Auge St. Magdalena im Gsieser Tal ein. Mit geringer Gegensteigung queren wir mehrmals kleine Hangbuchten und haben später die Wahl, über den Kammgipfel Gail, 2494 m oder weiterhin entlang westseitiger Hangbuchten das **Kalksteinjöchl** ❻, 2326 m, 1.45–2 Std., zu erreichen. Hinab ins Roßtal benützen wir den mit 13a bez. Steig, der in zahlreichen Kehren die ziemlich steilen Bergwiesen durchschneidet. Auf ca. 2050 m Seehöhe stehen wir wieder am bekannten Almweg ❷, auf dem wir zurück nach **Kalkstein** ❶ gelangen.

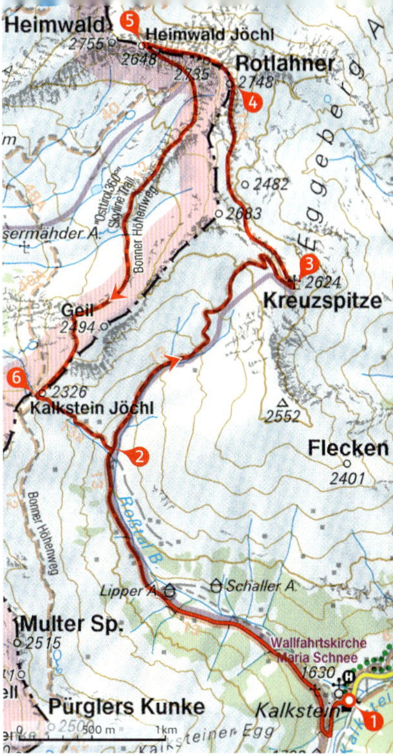

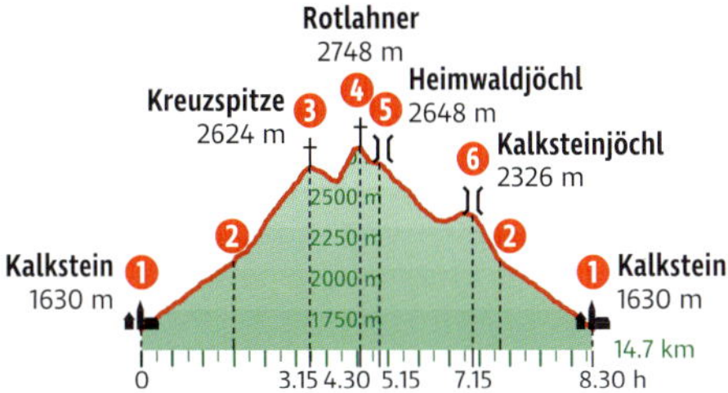

↗ 1200 m | ↘ 1200 m | 13.8 km

29 Toblacher Pfannhorn, 2663 m, und Marchkinkele, 2545 m

7.00 h

Unterwegs auf einem Teil des Panoramawegs Herz-Ass-Villgratental

Innervillgraten ist eine Streusiedlung mit Osttirols höchstgelegenen Berghöfen auf 1730 m. Kalkstein liegt im Kalksteiner Tal in 1630 m Seehöhe und bildet fast ein eigenes Dorf mit der Wallfahrtskirche Maria Schnee und dem Pestfriedhof. Hoch über dem Tal und dem Dorf darf man sich auf eine aussichtsreiche Kammtour freuen.

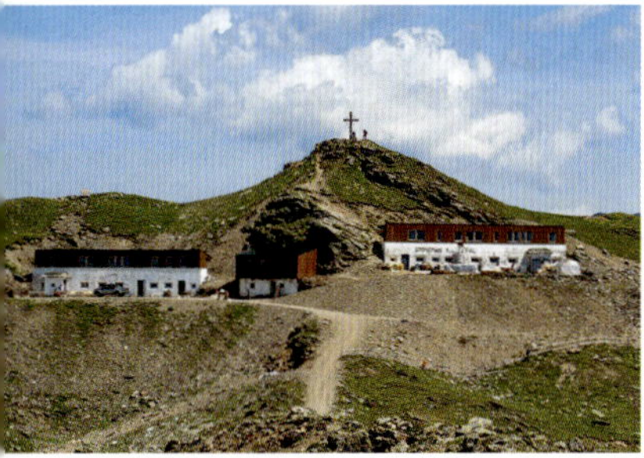

Die 2022 eröffnete Marchhütte am Marchkinkele.

Talort: Innervillgraten, 1402 m (Postbusverbindung Sillian/Innervillgraten).
Ausgangspunkt: Kalkstein, 1630 m, Parkplatz, ca. 5 km westlich von Innervillgraten (mit Wallfahrtskirche Maria Schnee und Pestfriedhof; Bushaltestelle).
Anforderungen: Unschwierig, für die Rundtour ist Ausdauer erforderlich. Abstieg vom Gissertörl teils steil, markiert.
Einkehr: Alpenpension Bad Kalkstein (Tel. +43 4843 5346) und Gasthaus Badl Alm (Tel. +43 4843 20026, www.badl-alm.at) in Kalkstein. Marchhütte, 2530 m (geöffnet von Ende Juni bis Mitte Okt., 35 Schlafplätze; Tel. +39 320 3207993, marchhuette.it).

Die großzügige Rundtour führt von **Kalkstein** ❶ zu Beginn durch einen leicht ansteigenden Lärchenwald zur **Alfenalm**, 1700 m, 15 Min., und ist den Themen Tradition, Brauchtum, Heilkräuter u. a. gewidmet. Das vor ca. 100

Die Alfenalm am Weg zum Toblacher Pfannhorn.

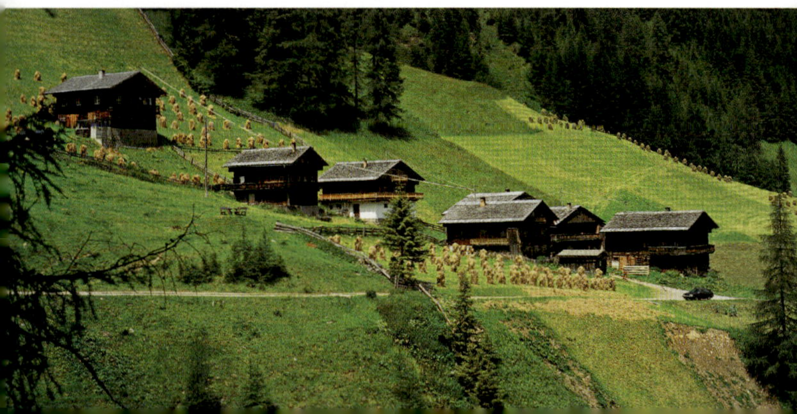

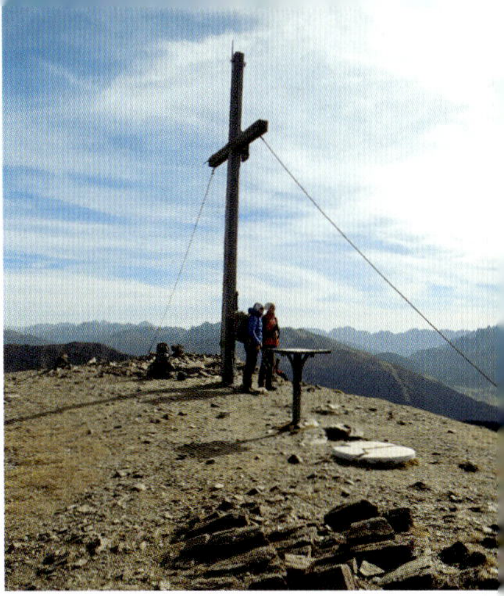

Am Gipfel des Toblacher Pfannhorns, italienisch »Corno di Fana«.

Jahren ganzjährig bewohnte Almdorf wird an Gäste vermietet. Fast eben gelangen wir taleinwärts zum Bachtrichter, wo wir rechts in Richtung Toblacher Pfannhorn weitergehen. Nach 15 Min. grüßt von der anderen Bachseite die Ruschletalm, während eine neue Almhütte weiter taleinwärts steht. Bald danach riegelt eine mit Grünerlen schütter bewachsene Steilstufe das Tal ab. Dort in Kehren auf die höher gelegenen Bergwiesen, wo vereinzelt zwergwüchsige Lärchen ausharren und ein etwas vorspringendes Felseck als »Kalter Stein« bezeichnet wird, 1.15 Std. Der in südwestliche Richtung führende Steig streckt sich zwischen grünen Hügeln und Hochweiden bis hin zum **Pfanntörl** 2, 1 Std., einst auch den Schmugglern ein vertrauter Übergang. Dann am Nordwestrücken in Richtung Toblacher Pfannhorn, an dessen Westseite die vom Krieg verbliebenen Stellungen nahezu gespenstisch wirken. Beim mächtigen Gipfelkreuz des **Toblacher Pfannhorn** 3, 30 Min., orientieren wir uns beim 360°-Panorama, sodass wir viele Gipfel beim Namen kennenlernen.

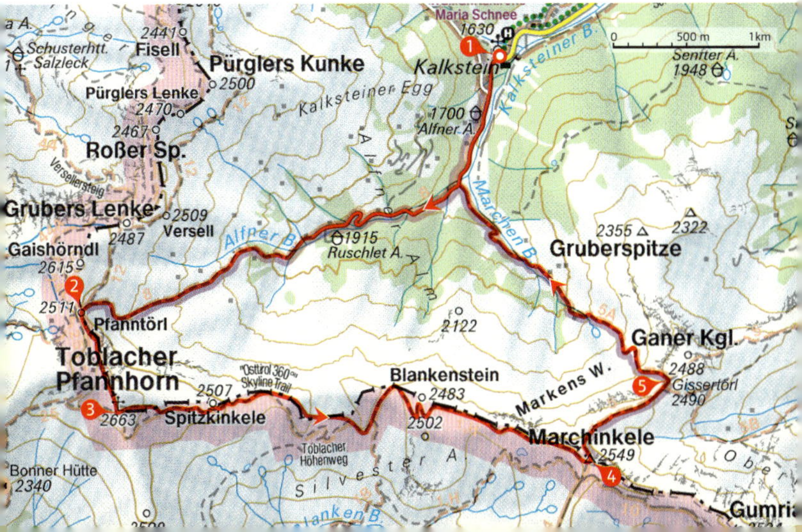

In Richtung zum bereits sichtbaren, 3.5 km entfernten Marchkinkele fällt das Gelände leicht ab und umgeht das unauffällige **Spitzköfele**, 2553 m, südseitig. Auch ein in Schleifen führender, ehemaliger »Frontweg« lenkt entlang dem Grenzverlauf; wir sind hier auf Abschnitten der Herz-Ass-Route sowie der Osttirol 360°-Rundwanderung unterwegs.

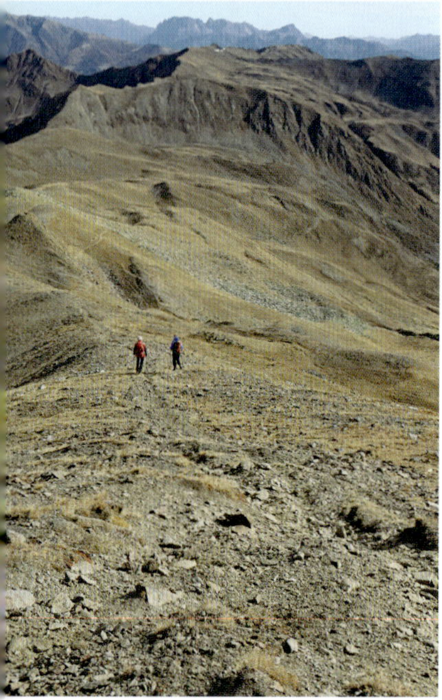

Auf der Herz-Ass-Route vom Toblacher Pfannhorn bis zum Marchkinkele.

Nach knapp 1 Std. erreichen wir östlich vom Plankenstein einen Kammsattel, aus dem wir drei Kehren in einer Halde ansteigen, ehe ein angenehmer Kammsteig leicht steigend zur Marchhütte am **Marchkinkele** ❹, 2545 m, 45 Min., führt. Eine Kaverne auf Südtiroler Boden bietet Einkehr und begrenzte Nächtigung an. Neues Gipfelkreuz seit 2015.

Zum nordöstlich gelegenen **Gissertörl** ❺, 2490 m, steigen wir 25 Min. ab, dann steht uns der große Abstieg, bez. 5a, in Richtung Kalkstein bevor. Ein nordwestlich abfallender, steiniger Hang leitet auf eine Seiten-, dann auf eine etwas tiefer gelegene Stirnmoräne zu. Kleine Lärchen wagen es, während sich mit abnehmender Höhe Alpenrosen breit machen. Nahe einer stumpfen Hangkante vermodert eine alte Hütte. Weiter bergab durchdringt der Steig dichtes Grünerlengestrüpp, das ein kleiner Bach geradlinig durchbahnt. Wo die Lärchen größer und dichter stehen, weiter unten Grünerlen und baumgesäumte Almwiesen das Gelände auflockern, gelangen wir auf den Fuhrweg, den der Marchenbach dünn überfließt. Auf stärker gefestigtem Weg gelangen wir zum erwähnten Bachtrichter und kehren auf dem bekannten Weg nordwärts zur Alfenalm und mit etwas Gefälle zum Parkplatz in **Kalkstein** ❶ zurück, 1.50 Std. vom Gissertörl.

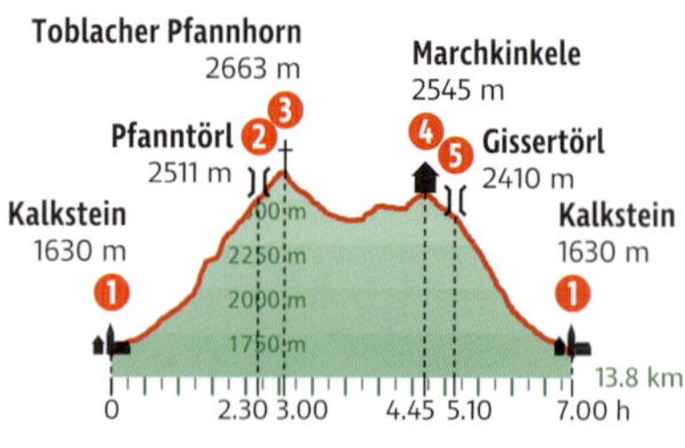

Thurntaler-Rundwanderweg

Um den Thurntaler – ein Hauch von Wald- und Almparadies

Die landschaftlich ansprechende Wanderung mit bemerkenswerter Aussicht im Bereich der Gemeinden Sillian und Außervillgraten berührt auch ein Teilstück des Panoramaweges Herz-Ass-Villgratental. Trotz Erschließung des Gebietes mit Seilbahnen und Liften bis auf den Gipfel des Thurntaler bleiben wir auf der Thurntaler-Rundwanderung davon weitgehend unbehelligt. Einen größeren alpinen Erlebniswert bietet die Variante am Sennersteig, die vorbei an den kleinen Dreiseen auf den Thurntaler führt.

Talort: Außervillgraten, 1286 m, 4 km von Panzendorf bei Sillian im Pustertal.
Ausgangspunkt: Almgasthaus Thurntaler Rast, Parkplatz, 1978 m. Anfahrt auf asphaltierter Bergstraße von Außervillgraten, 6 km.
Anforderungen: Unschwierige Wanderung, markiert, bez. 10 b.
Einkehr: Almgasthaus Thurntaler Rast (täglich geöffnet; Tel. +43 4843 5243, www.thurntaler-rast.at) und Panoramarestaurant Gadein (an Betriebstagen der Bergbahn geöffnet; Tel. +43 4842 6320, www.thurntaler-rast.at).
Variante: Ausgehend von der Thurntaler Rast in 5 Min. Richtung Norden zur sichtbaren Hofeletalm (Stindlalm), wo wir am nahen Waldrand die Wegtafel beachten. Dort führt der zaungesäumte Sennersteig zwischen Fichten und Zirben empor, dann auf einem Hangrücken und weiter landschaftlich schön, auf einem mit Lärchen schütter bewachsenem, sanft gerundeten Kamm leicht bergan. Wir kommen am Kuhsee links und am höher gelegenen Schafsee im Bereich von Pisten vorbei und auch am etwas höher gelegenen großen Speicherteich. Von Felszacken umschlossen liegt der romantische Klammsee. Mit etwas Steigung gelangen wir zum Gipfel des Thurntaler, 2407 m, mit Seilbahn-Bergstation. Knapp unterhalb führt ein schmaler Weg über Rasenkuppen und Steinriegel, ehe die Markierung in den Almweg einfließt, wo wir nach knapp 20 Min. und abschließend leichtem Gefälle den Astattsattel erreichen. Insgesamt 2 Std., 500 Hm, bez. 10.
Hinweis: Von Heinfels bei Sillian gelangt man mit der Seilbahn nach Gadein und kann hier in die Tour einsteigen.

Ab der **Thurntaler Rast** ❶ (Bildtafeln) führt der leicht ansteigende Weg (Abschnitt Herz-Ass-Route, bez. 10 b) über sanft geneigte Wiesen zur Bergstation der Einseilumlaufbahn **Gadein** ❷, 2095 m, mit Restaurant, 30 Min. Die weiterführende Route schwenkt von der Thurntaler Ost- auf dessen Südseite, von Einheimischen »Alpeggele« genannt. Im Angesicht der stolz aufragenden Dreischusterspitze und weiterer

Die Hintere Hochalm nördlich vom Astattsattel.

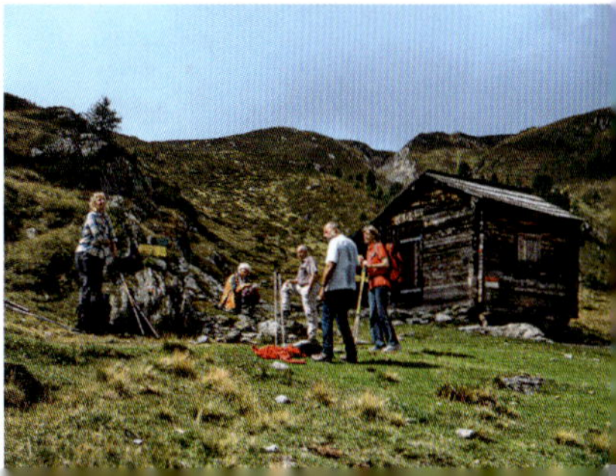

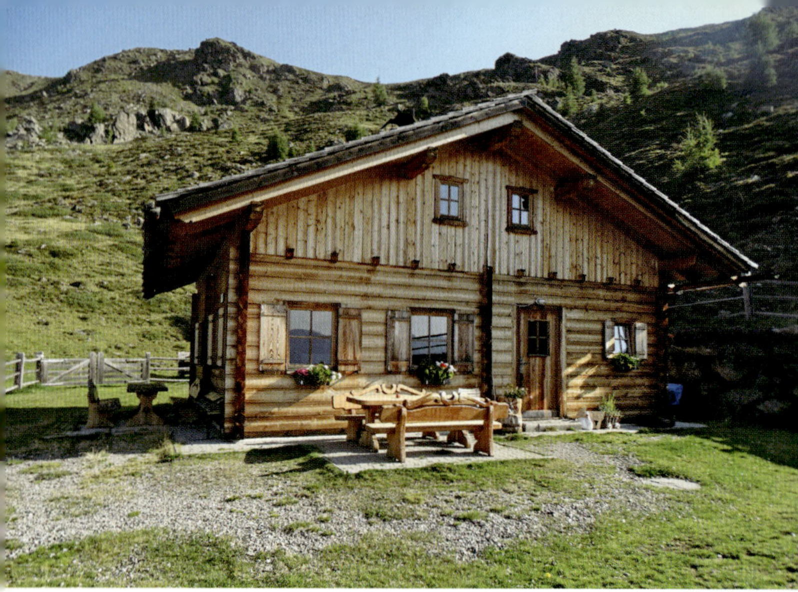

Die Äußere Hochalm, privat und stilvoll erneuert.

Felsgipfel der Sextner Dolomiten erreichen wir die umzäunte und erneuerte **Äußere Hochalmhütte** ❸, 2215 m, 45 Min. Neu ist auch der verbreiterte Almweg bis zum **Astattsattel** ❹, 2275 m, 45 Min., dem leicht vertieft gelegenen Wendepunkt unserer Wanderung.
Hier verlassen wir die Herz-Ass-Route, und mit der Sicht zu den nordwärts gelegenen Villgratner Bergen bis hin zu den Hohen Tauern kippt der Steig auf eine schmale, schwach durchnässte Hangterrasse ab. Etwas tiefer gelegen kommen wir bei der Inneren Hochalmhütte, 2180 m, 15 Min., auf grüner, leicht talwärts neigender Bergwiese vorbei. Entlang der mit Alpenrosen bewachsenen Nordseite des Thurntalers queren wir auf die Markierung achtend, einen schütteren Zirbenhang, ehe wir am **Thurntaler Nordkamm** ❺, 2212 m, einen schönen Aussichtspunkt erreichen, 45 Min. ab Astattsattel.

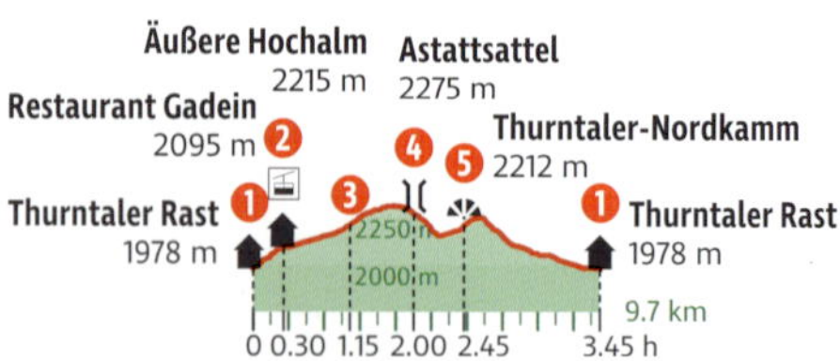

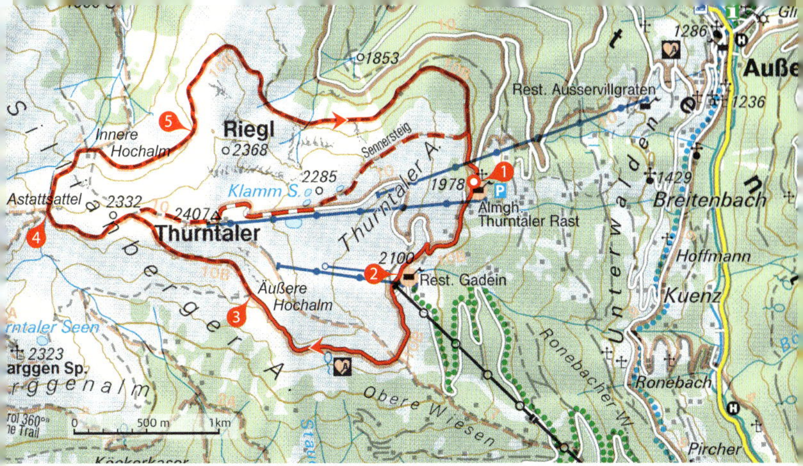

Dort senkt sich der Steig auf baumfreie Hangterrassen hinab und biegt beim schmächtigen Gloderbach östlich auf Zirben- und Lärchenhänge ein. Dann streckt sich der Steig eben und erholsam bis zur kleinen Schermhütte, 45 Min. Anschließend geht es bald wieder auf breitem Weg zur Hofeletalm (Stindlalm) und zum nahen Parkplatz bei der **Thurntaler Rast** ❶, 15 Min.

Der Klammsee an der Variante Sennersteig zum Thurntaler.

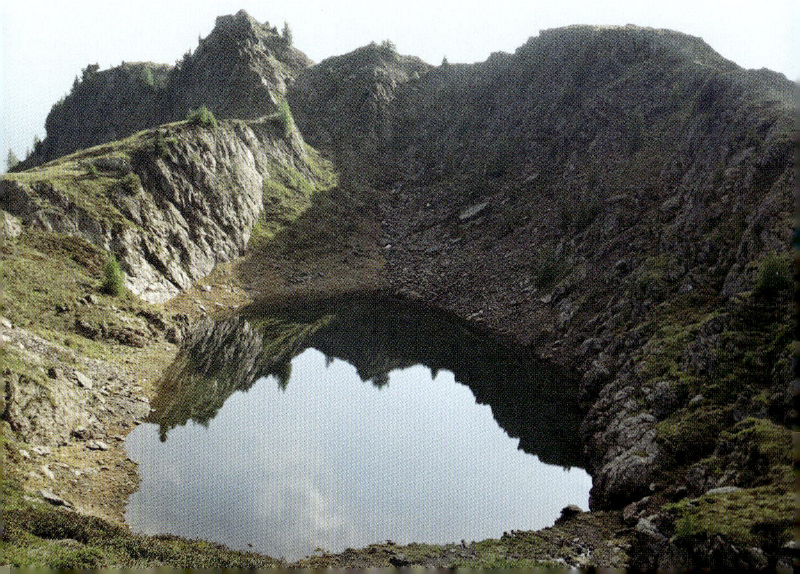

↗ 1330 m | ↘ 1090 m | 11.7 km

31 Am Heimatsteig von Sillian nach Sexten

6.30 h

Auf dem grenzüberschreitenden Themenweg zum Helmhaus

1888 förderte der damalige Sillianer Bürgermeister und spätere Tiroler Landeshauptmann den Bau des Helmhauses am Karnischen Kamm. Im Ersten Weltkrieg von 1915–17 wurde der Karnische Kamm zur Front und mit der Grenzziehung 1920 stand das Helmhaus endgültig in Italien und diente als Zollhaus bis Mitte der 1970er-Jahre. In den darauffolgenden Jahrzehnten verfiel das Helmhaus zusehends. Der 2009 eröffnete Heimatsteig, ein Themenweg, verbindet Sillian mit Sexten, mit dem Höhepunkt am Helm. Der Heimatsteig ist mit drei Dutzend informativen Bild- und Texttafeln ausgestattet.

Talort: Markt Sillian, 1080 m, Bahnhof, Busverbindung, 4,2 km östlich der italienischen Grenze.
Ausgangspunkt: Kühstille, 1110 m. Am Westrand von Sillian (Kapelle) über Drau und Bahn und zur Schranke am Helmweg, Parkmöglichkeit.
Endpunkt: Sexten (Italien), 1350 m, Parkplatz. Busverbindung von Sexten nach Innichen täglich alle 2 Std., desgleichen von Innichen nach Lienz.

Anforderungen: Insgesamt unschwierige Wanderung, einige Steigpassagen sind steil und steinig, etwas Ausdauer erforderlich.
Einkehr: Etwas abseits der Tour Hofschenke beim Tschurtschenthalerhof auf der Sextener Seite (Tel. +39 474 710087, www.von-tschurtschenthaler-am-ort.eu). Gasthof Panorama (geöffnet 12–15 Uhr und 18–21 Uhr; Tel. +39 339 7600284, www.panorama-sexten.com).

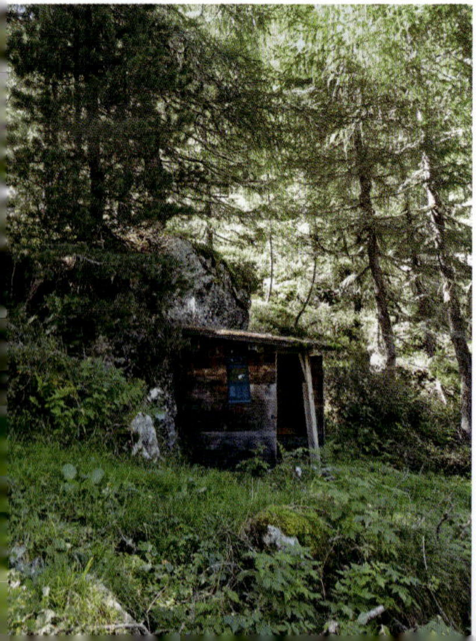

Der Heimatsteig beginnt wenige Meter vor der Schranke im Bereich **»Kühstille«** ❶, 1110 m. Dort kurz ansteigend, ehe er bei drei Schautafeln den Bannwaldweg quert und mit zahlreichen Bildtafeln kurzweilig bleibt. Wir steigen im »Unteren Haselraut«, 1180 m bergan. In der »Johannis Reide« belehrt uns die Tafel über die Nutzung des Waldes, während der nächst höhere Haltepunkt sich mit Erdgeschichtlichem befasst. In weiterer Folge und bei vorerst gleichbleibender Steigung hinauf mit kleinen Lichtungen, die den Waldschatten unterbrechen. Wir queren einen Forstweg im Be-

Rast und Unterstand am Heimatsteig.

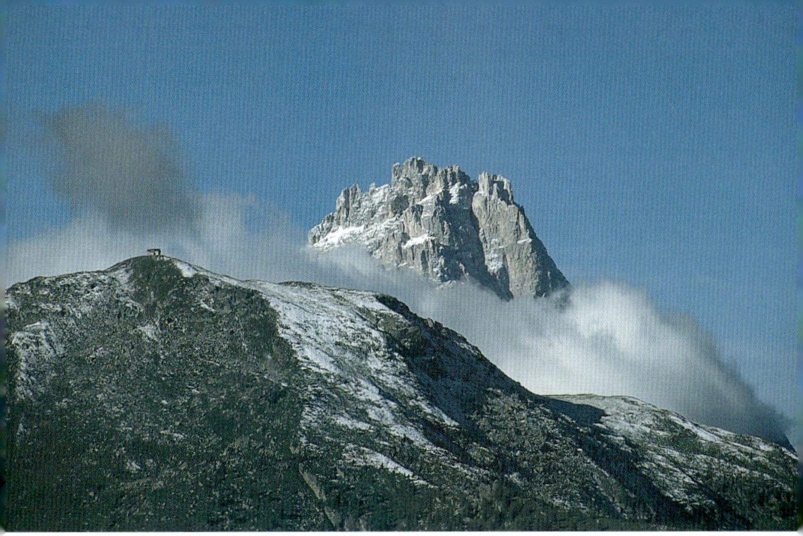

Das kleine Helmhaus wird von der mächtigen Dreischusterspitze, 3145 m, überragt.

reich des »Bäcka Stich«, 1440 m, und erreichen an höherer Stelle die **Forcherkaser** ❷, 1627 m, 1.15 Std. Dort erinnert eine Tafel an Walther Schaumann (1923–2004), dem Initiator der Friedenswege am Karnischen Kamm. Weitere Haltepunkte sind das »Frauenbach Briggele«, 1680 m, und später das Hofer Bankl, wo der Steig 403 von Arnbach anknüpft. Staunen lässt uns der von einem Gletscher hierher verfrachtete Findling, der »Groaße Stoan«, 1710 m, mitten im Wald. Wir durchschreiten ein Quellschutzgebiet, queren höher oben den Arnbacher Leckfeldweg und schätzen die Rast beim Webhofer Bankl am »Paukschenplatz«, 1760 m, mit erfrischendem Trinkwasser. Quer durch einen Himbeerschlag gelangen wir zur »Unteren Olbe«, 1860 m, wo sich eine Bildtafel den Hirten widmet. Weiter aufwärts im Fichten- und

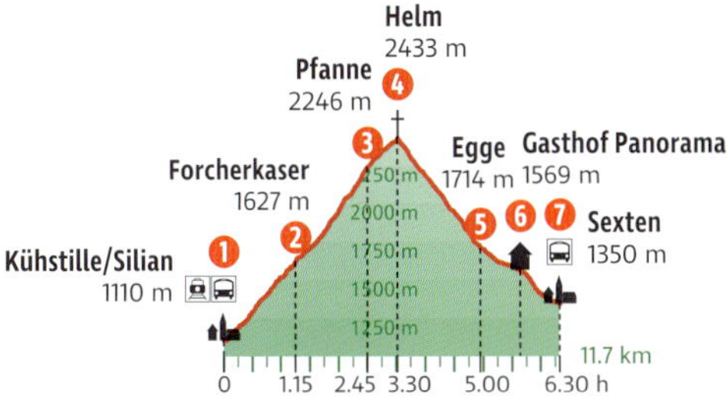

Lärchenwald und vorbei an einem Unterstand, ehe wir im »Unter Troge«, 1950 m, eine kleine Brücke und Quelle erreichen. Beim Schranzhofer und später beim Weitlaner Bankl sind wir bereits in der Kampfzone für Flora und Fauna, 1.15 Std. Einen markanteren Steilhang überwinden wir auf Steigkehren, ehe der Hinweis zum Heimkehrerkreuz auf der Schützenmahd nach links weist und der Heimatsteig die sogenannte **Pfanne** 3, 15 Min., und höher oben die »Helmwanne«, 2380 m, durchstreift. Zum weithin sichtbaren **Helmhaus** 4, 2433 m, steigen wir am Kammsteig 45 Min. an. Vom ursprünglich 1889 erbauten und bis heute durch eine wechselvolle Geschichte geprägten Helmhaus steigen wir südseitig auf steilen Sonnen-

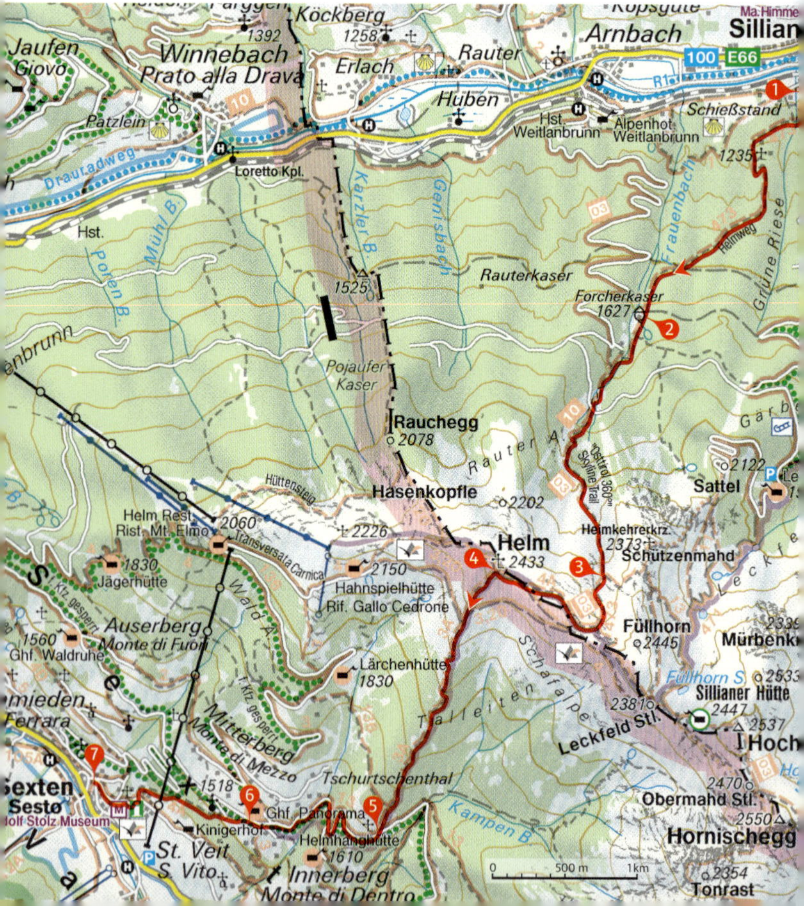

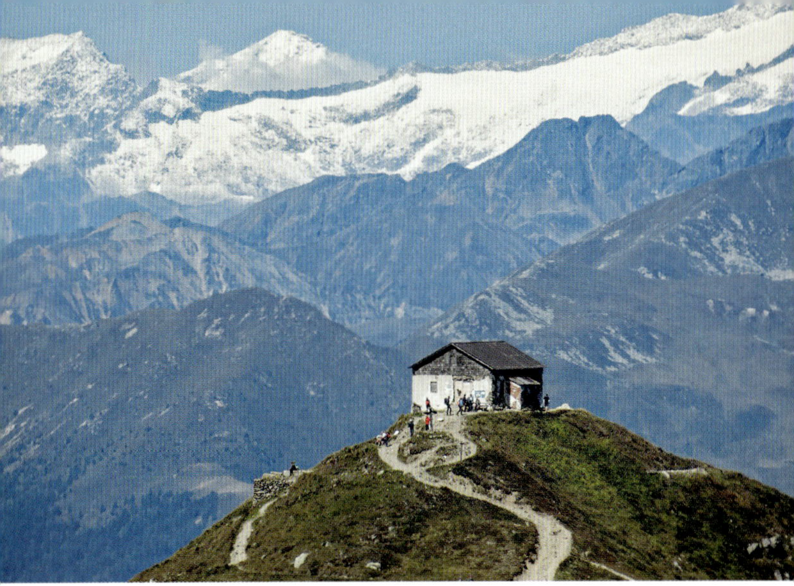

Das Helmhaus am westlichsten Punkt des Karnischen Kammes.

hängen ab. Wo Zirben zwischen Latschen bereits Raumhöhe erreichen, beschäftigt sich beim »Lompra Egge«, 2314 m, eine Tafel mit dem Thema Heimat aus der Sicht von Menschen beidseitig des Kammes. Auf Schafalmen, 2260 m, erfahren wir die Geschichte der Almwirtschaft und beim Stumpf, 2129 m, einem Wurzelskelett, etwas von der Problematik der Globalisierung. Daran schließt ein etwas steiler, schattiger, in Kehren talwärts führender Waldsteig zur Kroma-Wiese, 2004 m. Auf einem Karrenweg erreichen wir eine Hangkanzel, wo ein breiter Almweg westlich zur Lärchenhütte, 1830 m, abzweigt. Wir bleiben im hochstämmigen Lärchenwald und gelangen hinab zu dem unter Einheimischen als sogenannte **Egge** 5, 1714 m, 1.30 Std., bezeichneten Gebietsteil. Dort stehen acht schindelgedeckte Schupfen und eine Schautafel, die aus der Zeit des Ersten Weltkriegs erzählt. Entlang einer Bergwiese erreichen wir den stark verbauten Tschurtschenthaler Bach und passieren den unübersehbar höchstgelegenen Bergbauerngasthof Tschurtschenthaler, 1660 m. Genauso auffällig ist das tiefer gelegene Fort Mitterberg, ein Bollwerk, das im Ersten Weltkrieg als Verteidigungsfestung diente. Kurz darauf erreichen wir den **Gasthof Panorama** 6, 1569 m, und die Antonius-Kapelle am Mitterberg. Dort führt ein Treppensteig hinab zum »Taasn Briggele«, 1504 m, später zum »Roate Koufl«, 1394 m, ehe der Steig auf die sichtbare Pfarrkirche Peter und Paul in **Sexten** 7, 1350 m, zuführt. Dort endet die Wanderung am Kirchweg.

↗ 620 m | ↘ 620 m | 7.5 km

32 Schützenmahd, 2373 m, und Sillianer Hütte, 2447 m

4.00 h

Von der Burg Heinfels ins Angesicht der Sextner Dolomiten

Am legendären Helmweg gelangen wir von Sillian zur Leckfeldalm und von dort auf den Karnischen Kamm. Am Leckfeldsattel, 2382 m, stand von 1936 bis 1986 die Viktor-Hinterberger Hütte, die nach dem Bau der Sillianer Hütte abgetragen wurde. Die wenige Meter neben der Staatsgrenze 1986 erbaute und 2019 völlig erneuerte Sillianer Hütte ist Eigentum der ÖAV-Sektion Sillian. Mit den formvollendeten Sextener Dolomiten im Süden und den mit Eis und Schnee geharnischten Hohen Tauern deutlich ferner im Norden sind dem Wanderer auf dieser Tour prachtvolle Ausblicke geboten.

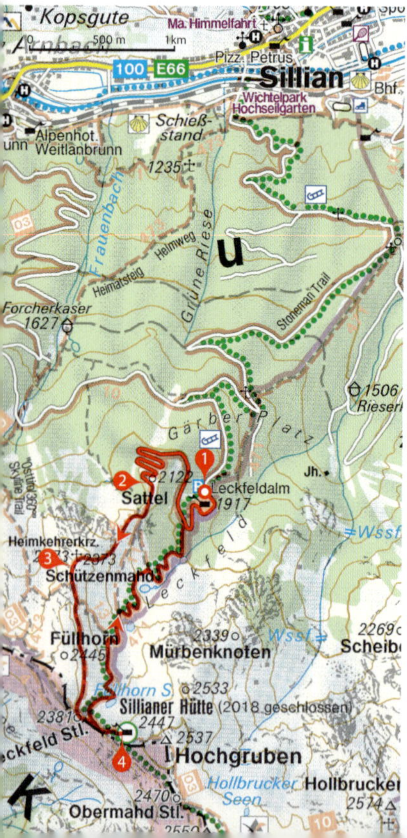

Talort: Markt Sillian, 1080 m, Bahnhof, Busverbindung, 4,2 km östlich der italienischen Grenze.
Ausgangspunkt: Leckfeldalm, 1900 m, Parkplatz. Zufahrt: Am Westrand von Sillian (Kapelle) über Drau und Bahn, dann auf 7 km langem, naturbelassenem Helmweg (Maut, Schranke) zur Leckfeldalm (zu Fuß 2.30 Std.; Hüttenshuttle unter Tel. Leckfeldalm).
Anforderungen: Überwiegend unschwierig, zum Heimkehrerkreuz auf der Schützenmahd stellenweise Trittsicherheit (blockiges Gelände) erforderlich.
Einkehr: Leckfeldalm (geöffnet Ende Mai bis Mitte Oktober, 13 Betten, Winterbetrieb, Rodelbahn nach Sillian; Tel. +43 664 3412813, www.leckfeldalm.at), Sillianer Hütte (geöffnet Anfang Juni bis Anfang Oktober, 28 Betten, 46 Lager; Tel. +43 664 5323802, www.sillianer-huette.at).

Bei der Weggabel bergseitig der **Leckfeldalm 1** führt der Forstweg zum Sattel. Wir passieren eine Statue des Jadgvereins Sillian, da und dort eine Rastbank und erreichen nach fünf Wegschleifen den **Sattel 2**, 2122 m, 45 Min., mit Unterstand und Drachenflieger-Startplatz. Dort setzt der alpin anmutende, mäßig schwierige Steig zum Heimkehrer-

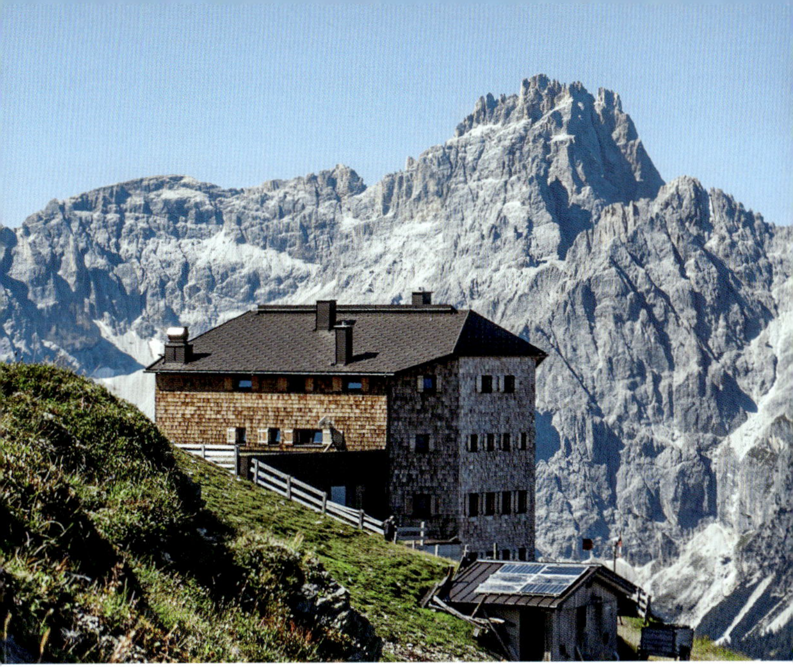

Die neue Sillianer Hütte mit der Dreischusterspitze, 3145 m, im Hintergrund.

kreuz an. Nach anfänglicher Steigung führt der Steig zwischen urigen Lärchen und Zirben teils seilgesichert an hohen Felsblöcken entlang (Metallplastik), ehe ab den letzten Bäumen ein steiniger Kehrensteig etwas Achtsamkeit hinauf zur Schützenmahd verlangt. Das Heimkehrerkreuz seit 1946 und ein Glockentürmchen seit 2019 empfangen die Gipfelbesucher auf der **Schützenmahd** ❸, 2373 m, 1 Std. (Rastbänke).

Ein anschließender Hangsteig quert die ostseitige Rasenflanke zum Leckfeldsattel am Karnischen Kamm. Hier mündet der vom Helm kommende Steig ein, ehe wir noch etwa 70 Höhenmeter zur neuen **Sillianer Hütte** ❹, 2447 m, 1 Std., auf aussichtsreichem Punkt ansteigen.

Der Abstieg erfolgt auf dem Hüttenweg zum nahen Füllhornsee und über gestaffelte flache Taltröge zur **Leckfeldalm** ❶, 1.15 Std. Abkürzend kann mit Unterbrechungen der alte Steig begangen werden.

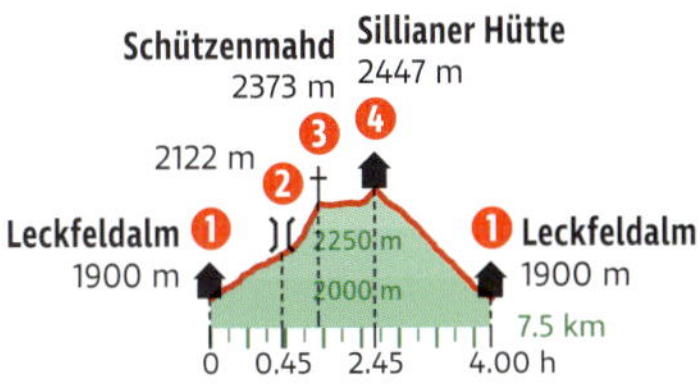

↗ 1270 m | ↘ 1270 m | 14.6 km

33 Hollbrucker Spitze, 2581 m, und Hochgräntensee

7.30 h

Zwischen Sillianer Hütte und Eisenreich am Karnischen Kamm

Die im Gipfelbereich landschaftlich großartige Runde führt uns auf die Hollbrucker Spitze, einen bedeutenden Gipfel am Karnischen Kamm, und zu ehemaligen Kriegsschauplätzen. Auf Hochgränten befand sich 1915/17 eine ganze österreichisch-ungarische Barackenstadt. In Mitteleuropas höchstgelegenem Soldatenfriedhof liegen vier Gefallene begraben.

Talort: Kartitsch, 1358 m, Postbusverbindung.
Ausgangspunkt: Hollbruck, 1360 m, 4 km westlich von Kartitsch.
Anforderungen: Ausdauer erfordernde Rundtour, markiert, bez. 15, 403 und 467.
Einkehr: Unterwegs keine. Hotel Restaurant Schöne Aussicht am Ausgangspunkt (Tel. +43 4848 5247, www.hotelschoeneaussicht.at).

Bergseitig und oberhalb der Hollbrucker **Pfarrkirche Maria Hilf** ❶ beachten wir die Markierung auf einer großen Lärche. Dort führt der Anstieg, bez. 15, vorerst ziemlich steil im Wald bergan. Unterbrochen von einer Wildfütterung queren wir dreimal den Forstweg. Im höher auflichtenden Wald spendet eine Quelle sparsames Labsal, während unweit davon eine Heuschupfe vermodert. Bald danach betreten wir am Kamm die **Eggewiese** ❷, 2060 m, 2 Std., mit reichlich Arnika, die mit dottergelben Strahlköpfen ein besonderer Schmuck der Bergwiesen im Hochsommer sind. Unmittelbar danach mündet der von der Mahrer und Gschwendter Kaser kommende

Die Hollbrucker Spitze am Karnischen Kamm.

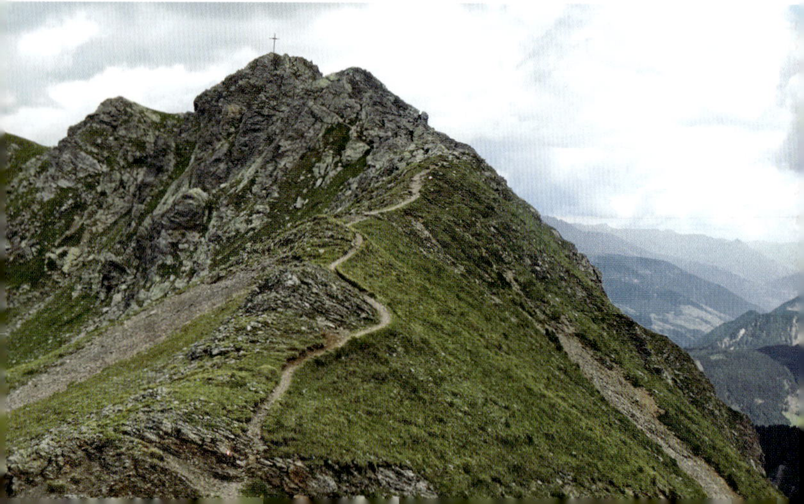

Innerkofler-Höhenweg ein, ehe wir dem Weißen Wandl gegenüberstehen. Ein schmaler, ca. 15 m hochragender Felsklotz, den wir zur Linken (ostseitig) auf einem grasbewachsenen Pfad umgehen. Einer anschließend erneut zu überschreitenden Kammwiese folgen zwei Erhebungen, 2125 m, mit Resten einer Feuerstellung. Ein Vermessungszeichen steht auf rasenumfasstem Kammfels. Nach der unauffälligen **Zenzerspitze** ❸, 2392 m, verläuft der Steig landschaftlich schön und westlich einiger Kammhügel entlang mit anschließend kleinem Abstieg zum Bergfuß des Hollbrucker Ecks. Diesen Vorgipfel der Hollbrucker Spitze mit Kreuz queren wir oberhalb einer mit Tümpeln durchnässten Hangterrasse mit einsamer Hirtenhütte. Bei der nächst folgenden Wegtafel, 1.30 Std., bietet sich zwischen Gestein und auf Rasen ein Anstieg zum 2012 erneuerten Gipfelkreuz auf der **Hollbrucker Spitze** ❹, 2581 m, 30 Min., an. Der Abstieg führt am felsdurchbauten Grat mit Stahlseil gesicherten Stellen südlich hinab, wobei wir die Gratseite geringfügig wechseln. Wir erreichen den Friedensweg, bez. 403, am Karnischen Kamm. Auf dem auch als Via Alpina bezeichneten Steig gelangen wir unschwierig zum **Hochgräntensee** ❺, 2429 m, und zum Bergfriedhof, 30 Min. von der Hollbrucker Spitze. Zurück ins Hollbrucker Tal beachten wir den

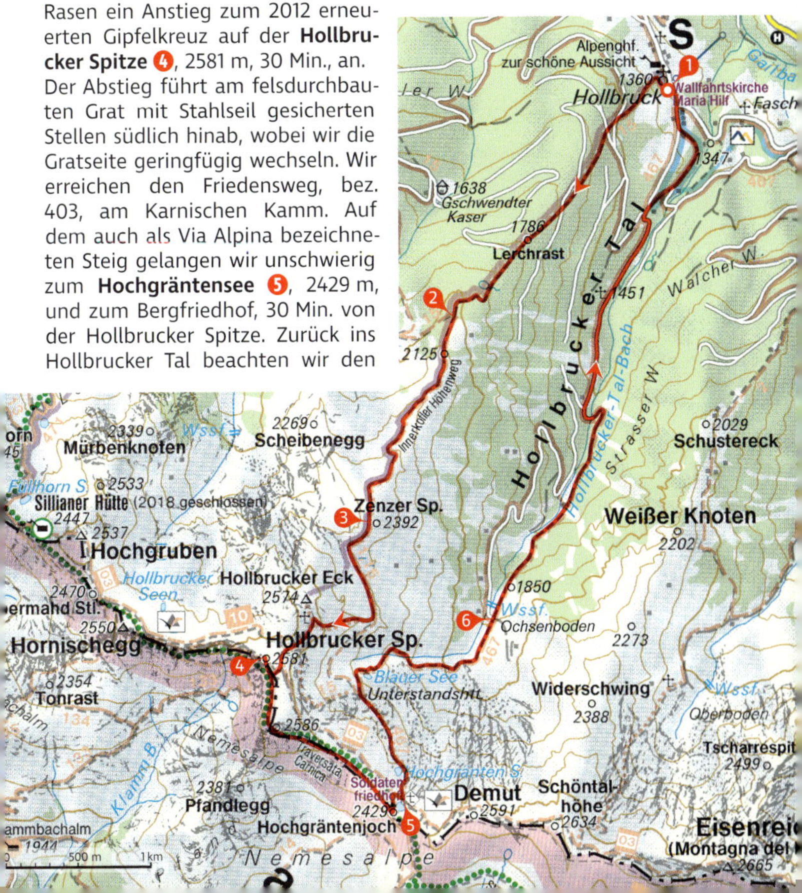

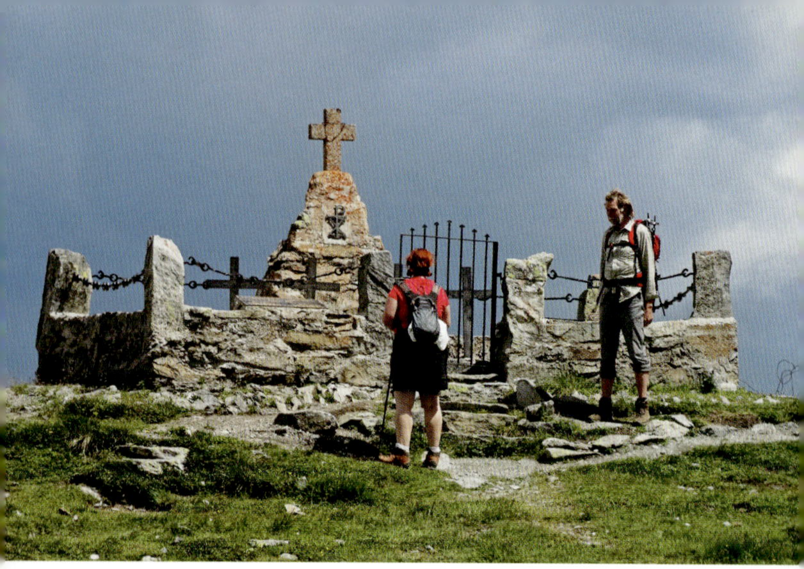

Mitteleuropas höchstgelegener Kriegerfriedhof auf Hochgränten.

nordwestlich vorerst eben verlaufenden, dann leicht fallenden Steig zum Unterstand Hochgränten mit Herd, Tisch und einem Lager, 20 Min. Etwas später kommen wir am tiefer gelegenen **Blauen See** vorbei. Es folgt ein langer, bis in den Talschluss reichender Hang mit einzelnen Lärchen und kleinem, träge murmelndem Bach. Ein Kehrensteig führt hinab in den Talschluss **Ochsenboden 6** mit der etwas abseits stehenden Ochsenhütte, 1900 m, 1 Std. Hier haben wir die Wahl, am Forstweg, bez. 467, oder rechts vom Bach am Almsteig, markiert, ins Tal abzusteigen. Auf dem Almsteig gelangen wir unterschiedlich steil und steinig auf eine kleine Verebnung, wo der Hollbrucker Bach über eine Brücke nach links überquert und der Forstweg erreicht wird, 30 Min. (Wegtafel auf einer Lärche; nach Hollbruck 1.30 Std.). Talauswärts passieren wir eine Hirtenhütte, dann ein Almkreuz und, leicht zu übersehen, das Kriegerdenkmal.

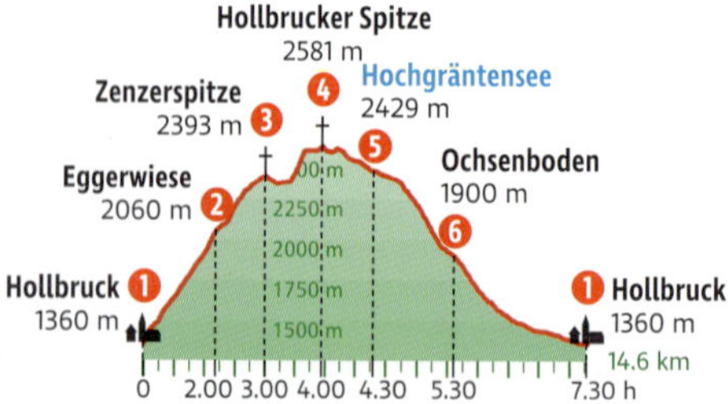

Abschließend zwischen Zäunen und nach einer Schranke zum Ausgangspunkt in **Hollbruck 1**.

7.00 h

Obstanser See und Pfannspitze, 2678 m

Alte Frontwege zum Kriegerfriedhof und Familienkreuz

Kartitsch ist ein Bergsteigerdorf, in dem Kultur und Natur Hand in Hand gehen. Unter dem zahlreichen Bergtourenangebot wählen wir den Felsenweg hinauf zur Prinz-Heinrichs-Kapelle und höher zur Obstanser Seehütte. Die mäßig schwierige Pfannspitze am Karnischen Kamm vervollständigt eine bemerkenswerte Tagestour.

Talort: Kartitsch, 1358 m, Postbusse von Sillian, 9 km, von Kötschach/Mauthen, 39 km.
Ausgangspunkt: Sport- und Freizeitzentrum im Winklertal, 1400 m, Parkplatz. Zufahrt vom Kartitscher Gemeindehaus (Hotel Dolomitenhof) zum Hotel Waldruhe und durch ein Fichtenwäldchen; 25 Gehminuten von Kartitsch, 10 Min. vom Hotel Waldruhe. Fahrmöglichkeit in den Talschluss (zu Fuß 45 Min.) nur per Hüttenshuttle (Tel. +43 664 1618723).
Anforderungen: Auf die Pfannspitze Trittsicherheit erforderlich, markiert, bez. 466.
Einkehr: Obstanser Seehütte, 2304 m (ÖAV-Sektion Austria, geöffnet 20. Juni bis 30 Sept., 18 Betten, 44 Lager; Tel. +43 4848 5422, www.alpenverein.at/obstanserseehuette).

Vom **Sport- und Freizeitzentrum** ① schreiten wir im Winklertal südlich aus, wechseln später über den Bach auf die orografisch linke Talseite und stehen bald im steilwandig umschlossenen, vom Wasserfall beherrschten Talschluss, 45 Min. Zur Rechten führt zwischen Grünerlen und hellgrauen Felsbrocken ein Kehrenweg aufwärts (Gedenkstein). Es schließt daran ein sich an lotrechte Wände schmiegender Felsenweg, der gegen den Abgrund hin gesichert und durch Holzbohlentreppen gut begehbar ist. Wir kommen an einem Gedenkkreuz und später an der Gedenkstätte für die beim winterlichen Heuziehen Verunglückten vorbei. Wir überschreiten an höherer Stelle den Bach und nach drei

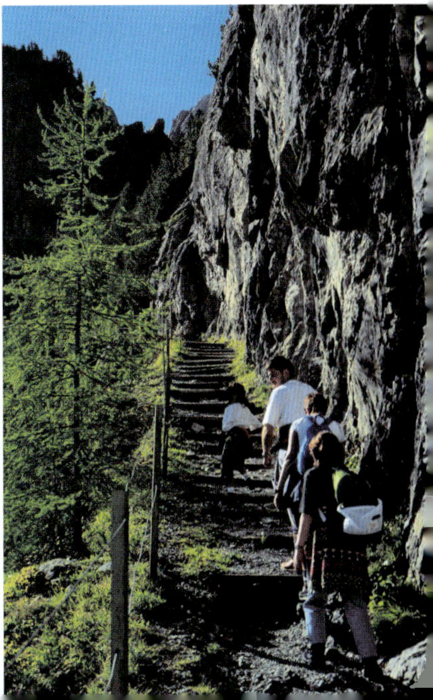

Am Felsenweg hinauf zur Prinz-Heinrichs-Kapelle am Obstanser Wiesenboden.

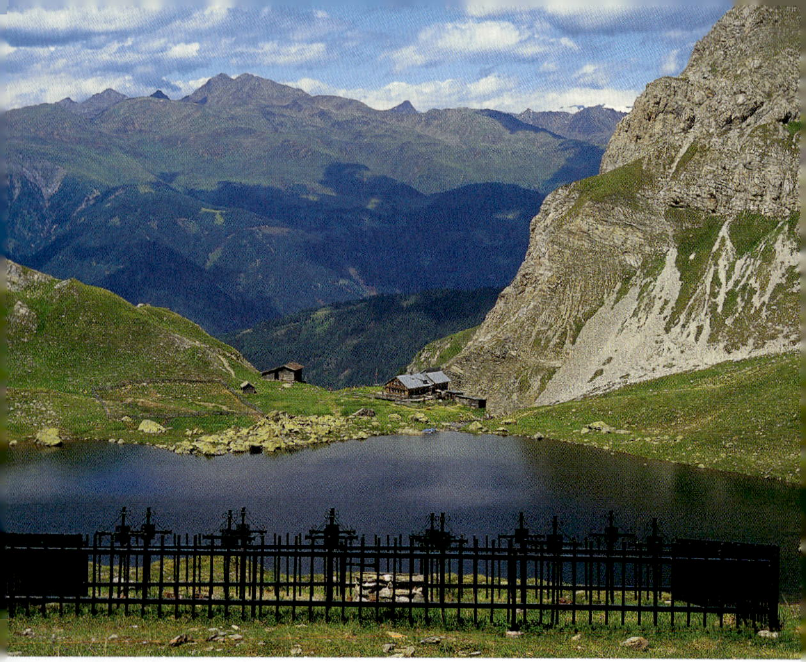

Blick vom Kriegerfriedhof über die Obstanser Seehütte zu Gumriaul und Gölbner.

Kehren eine Holzrampe, ehe wir zum Unterstand Obstans und zur **Prinz-Heinrich-Kapelle** ❷ am Obstanser Wiesenboden kommen, 1 Std. Diese glaziale Verebnung wird im Sommer noch teilweise gemäht und das Heu im Winter am Felsenweg ins Tal gebracht – ein stets aufs Neue gewagtes Unternehmen. Zur Obstanser Seehütte auf der nächsthöheren Talstufe führt der Steig über eine mit Grünerlen und Weiden bewachsene, höher

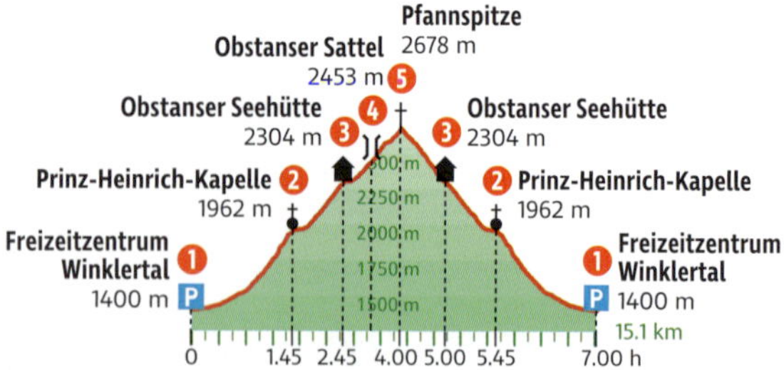

oben mit Schutt überstreute Halde zu Füßen des Roßkopfes empor. Zur Rechten überraschen der sich unterirdischen Gängen und dunklem Steilfels entwindende Obstanser Seeabfluss und die höher gelegene Obstanser Eishöhle. Schließlich steigen wir noch einige Kehren hinauf zur ehemaligen Zollhütte und zur **Obstanser Seehütte** 3, 2304 m, 1 Std., vor dem tiefblauen Obstanser See, der durch lehmige Ablagerungen gebildet wurde.

Zur Pfannspitze über den Obstanser Sattel, 2453 m, bez. 5a, umschreiten wir vorerst den Obstanser See westseitig und steigen auf sanft gewellten Bergmatten der Hinteralpe aufwärts und mit etwas Abstand rechts am umzäunten **Kriegerfriedhof** vorbei. Auf altem Kriegssteig ist dann der erwähnte seicht eingeknickte **Obstanser Sattel** 4, 2453 m, 45 Min., am Karnischen Kamm bald erreicht.

Zum Familienkreuz auf der Pfannspitze führt ein teils steiniger, über Geländestufen aufsteigender Pfad, der im oberen Teil die linke Gratseite bevorzugt und da und dort einen sicheren Tritt bei Felsvorsprüngen und Blockkanten verlangt. Längst verfallene Schützengräben und versandete Stellungsreste säumen den Anstieg zur **Pfannspitze** 5 mit seit 1988 bestehendem Familienkreuz (Buch), 30 Min.

Der **Abstieg** führt zurück auf den Karnischen Kamm und zweigt dort nördlich ab, bez. 5b. Über seichte Hochtalmulden und Rasenhänge abwärts, ehe wir gemeinsam mit dem vom Roßkopftörl kommenden Steig und schließlich über den Seeabfluss wieder die **Obstanser Seehütte** 3, 1 Std., erreichen. Auffällig ist, dass der Seeabfluss kurz darauf versiegt und erst im Bereich des tiefer liegenden Obstanser Wiesenbodens zutage tritt. Zurück ins Tal am Anstiegsweg.

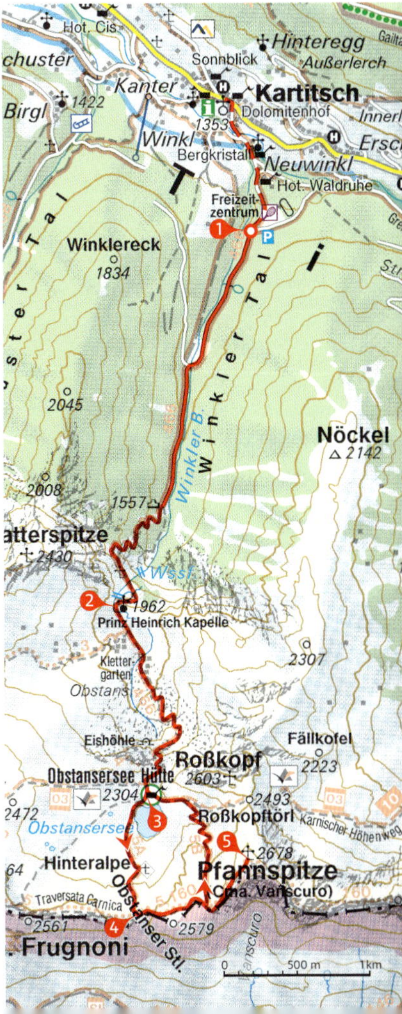

↗ 1100m | ↘ 1100 m | 18.8 km

35 Filmoorhöhe (La Pitturina), 2457 m, – Klettergrat

8.00 h

Grattour für schwindelfreie und trittsichere Bergsteiger

Die Filmoor-Standschützenhütte wurde 1976 vom Jägerbataillon 24-Lienz erbaut und 1977 eröffnet. Um 1980 übernahm die ÖAV-Sektion Austria das anfänglich sehr kleine Schutzhaus, das in den Jahren 2000 und 2007 erweitert wurde. Es liegt am »Weg des Friedens«, der unter Walther Schaumann und den Dolomitenfreunden ab 1973 in mehreren Jahren harter und selbstloser Arbeit von Frontsteigen zum beliebten Karnischen Höhenweg, auch Via Alpina genannt, gediehen ist. Nach der landschaftlich schönen Wanderung zur Hütte erwartet uns der Klettersteig über den zackenreichen Grat der Filmoorhöhe. Er wurde 1998 errichtet und dem italienschen Bergsteiger Corrado d'Ambros gewidmet.

Talorte: Kartisch, 1358 m, und Obertilliach, 1450 m, Postbusse von Sillian, bzw. Kötschach/Mauthen.
Ausgangspunkt: Prünster Mühle, 1440 m, ca. 5,3 km östlich vom Kartitscher Sattel (Tafel, Bushaltestelle). Eine Forststraße führt von dort durch das Leitental bis in den Talschluss und kann mit dem Pkw auf eigene Gefahr befahren werden (Verkürzung der Gesamtgehzeit hin und zurück um 1.30 Std.).
Anforderungen: Zur Standschützenhütte-Filmoor leicht, Klettergrat mit Stahlseil gesichert, Klettersteigset verwenden (Kletterzeit 1.30–2 Std.).
Einkehr: Filmoor-Standschützenhütte, 2350 m (ÖAV-Sekt. Austria, geöffnet Juni bis Oktober, 14 Schlafplätze; Tel. +43 664 1127153, www.alpenverein.at/filmoor-standschuetzenhuette).

Unterer Stuckensee mit Filmoorhöhe im Leitental.

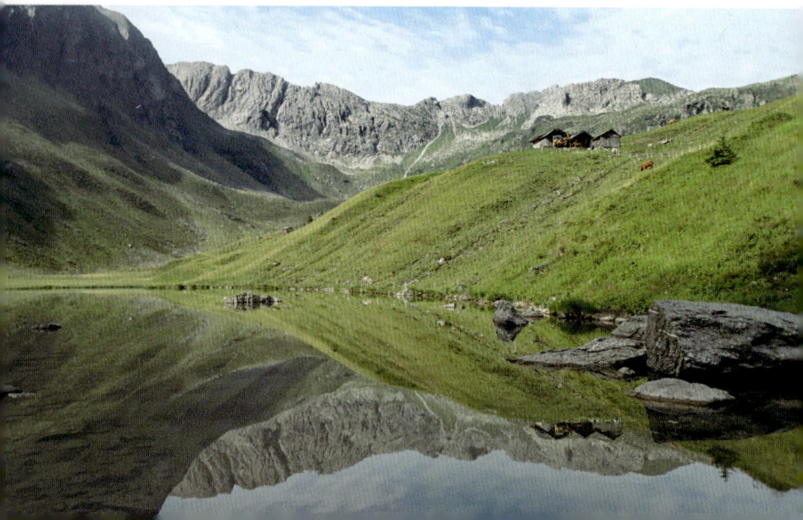

Bei der **Prünster Mühle** ❶ führt der Forstweg in das Leitental. Taleinwärts gelangen wir orografisch rechts vom Bach zur großen Talstufe, 1600 m, die ein kleiner Wasserfall zur Linken übersprüht. Dann in Kehren und auf Holzstufen hinauf zur »Felsenbank«. Im Anschluss passieren wir auf einer von Lärchen schütter bestockten Hangterrasse zwei alte Schuppen und genießen bald den Anblick des **Unteren Stuckensees** ❷, 1928 m. Einige kleine Hütten stehen auf weiten, mittelsteilen Grashängen und sanftem Almboden, eine neue Hütte ist während der Mahdzeit bewohnt. Wir überschreiten eine kleine Bachbrücke und erreichen den **Oberen Stuckensee** ❸, 2032 m, dem eine Endmoräne Halt gebietet, 2.15 Std. ab Prünster Mühle. Wegtafeln weisen über den Heretriegel zur Porzehütte und in der Gegenrichtung zur Standschützenhütte. Dorthin führt uns der Steig zu Füßen der Filmoorhöhe aufwärts.

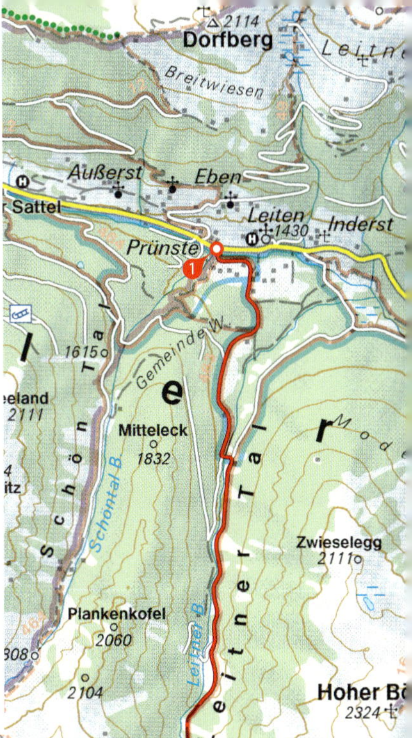

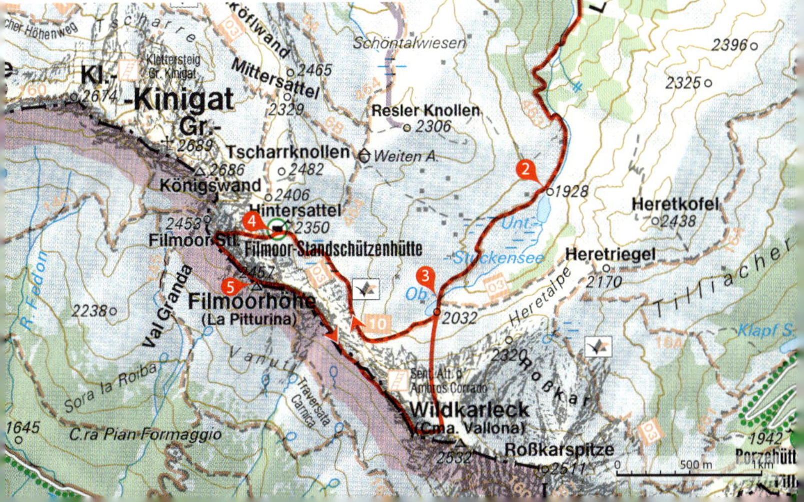

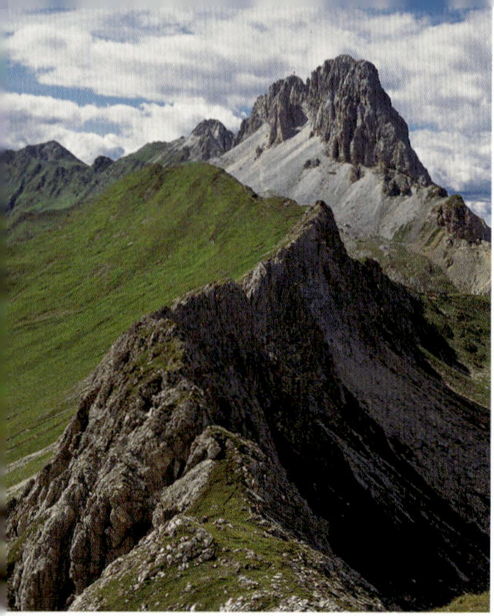

Die Filmoorhöhe, im Hintergrund Königswand und Große Kinigat (links).

Weich mit Moos gepolsterte Mulden und rostig ausfärbende Tümpel machen das Filmoor lebendig. Bereits im Angesicht der formschönen Königswand und der halb verdeckten Großen Kinigat erreichen wir die gastfreundliche **Filmoor-Standschützenhütte** ❹, 2350 m, mit separatem Nächtigungsquartier, gesamt 3.30 Std.

Auf einem in Rasen eingefassten Steig gelangen wir von der Hütte in 20 Min. auf den nordwestlichen Punkt der **Filmoorhöhe** ❺, die sich hier als harmloser Rasenkamm entpuppt. Ein Steig führt zur Gedenktafel und zum eigentlichen Beginn des Klettersteiges (Ungeübte sichern! Klettersteigset verwenden). Die wesentlichen Merkmale sind fix mit Stahlseil gesicherte Gratstellen mit zwischenzeitlichen bis zu 30 m tiefen Abstiegen auf der Südseite. Zweimal erlaubt der Grat einen vorzeitigen Ausstieg über Fels-Schuttrinnen ins nordseitige Kar. Nach dem felsgeprägten Teil des Grates überschreiten wir zwei grasbewachsene Kammgipfel, wo als Überraschung eine Eisenleiter hinab in kurze, halbdunkle Felstunnel führt. Es folgt eine etwas ausgesetzte Querung zu zwei nebeneinander gelegenen Kavernen mit Wandbuch. Weiterhin mit Vorsicht auf den südöstlich abschließenden Felsrasenkopf mit steilem, kurzem Abstieg (Stahlseil) in eine Kammsenke vor dem Wildkarleck. Dort kann einer blassen Markierung folgend nordseitig der Abstieg in den Bereich des **Oberen Stuckensees** ❸, 2–2.30 Std., erfolgen. Der weitere Abstieg führt auf dem Anstiegsweg durch das Leitental, 2 Std.

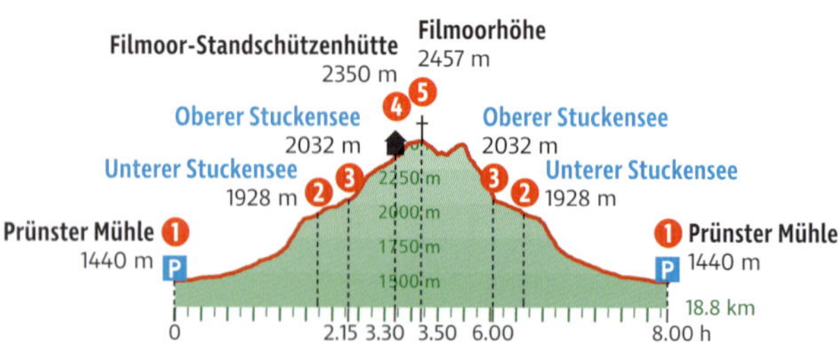

Der gut gesicherte Filmoor-Klettersteig verspricht ein großes Abenteuer.

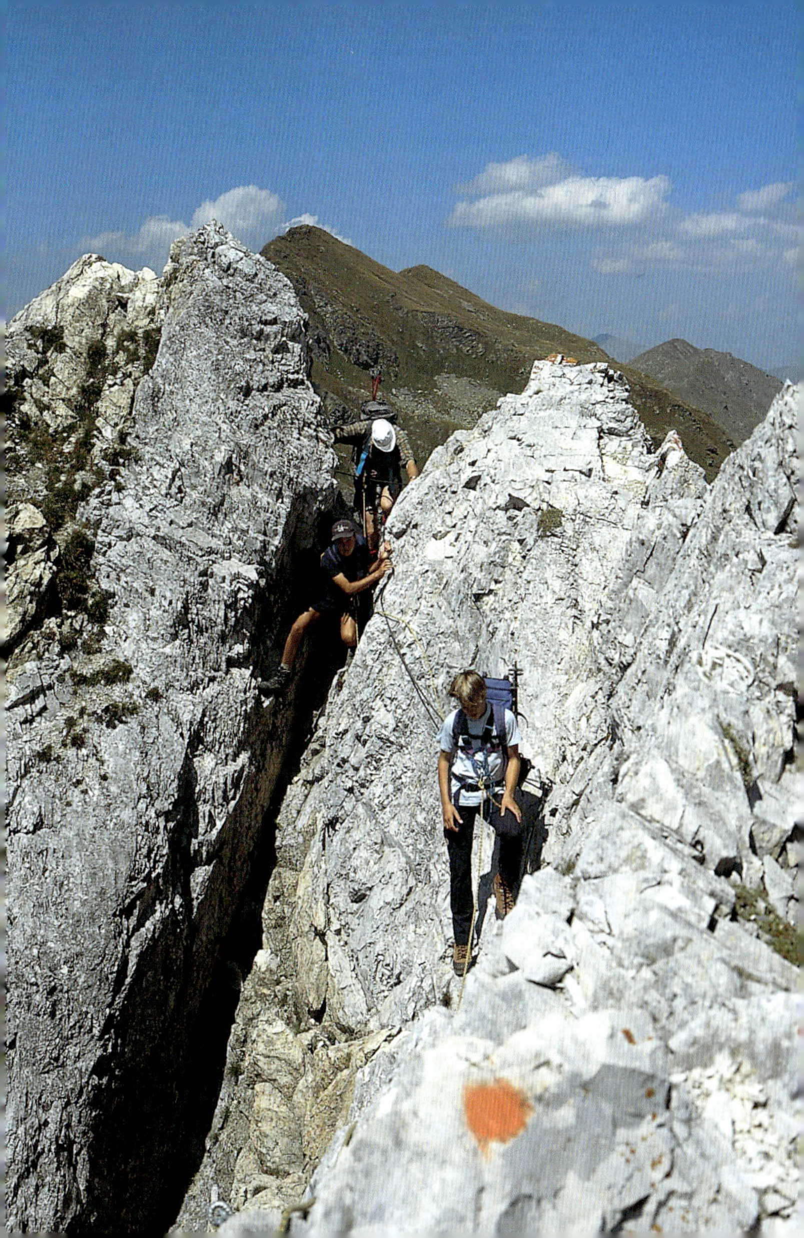

TOP

36

↗ 1490 m | ↘ 1490 m | 20.5 km

Große Kinigat (Monte Cavallino), 2689 m

10.00 h

Gipfelschönheiten am Karnischen Kamm

Am höchsten Gipfel im Osttiroler Teil des Karnischen Kammes steht seit 1979 das menschenverbindende Friedenskreuz. »Nie wieder Krieg« kündet das gemeinsam von italienischen und österreichischen Bergsteigern errichtete Mahnmal mit jährlicher Bergmesse im August. Nach der Gipfelbesteigung führt uns diese »Königstour« über die Filmoor-Standschützenhütte und den Außersattel zurück ins Erschbaumer Tal.

Talort: Kartitsch, 1358 m, Ortsteil Erschbaum, regelmäßiger Postbusverkehr.
Ausgangspunkt: Lusser Säge, 1380 m, erreichbar 70 m nach der Ortstafel Erschbaum (Brugger Hof). Auf mäßig fallender, zaungesäumter Straße zur Gail (Wegtafeln). Mit Weiterfahrt ins Erschbaumer Tal reduziert sich die Gehzeit auf 7.30 Std.
Anforderungen: Leichte Wanderung bis zur Filmoor-Standschützenhütte, für den Aufstieg zur Großen Kinigat Trittsicherheit erforderlich, Seilsicherung im Felsbereich, markiert. Für die Gipfelersteigung und die Rundtour über den Außersattel ist Ausdauer nötig.
Einkehr: Filmoor-Standschützenhütte, 2350 m (ÖAV-Sekt. Austria, geöffnet Juni bis Oktober, 14 Schlafplätze; Tel. +43 664 1127153, www.alpenverein.at/filmoor-standschuetzenhuette).

Die Filmoor-Standschützenhütte mit Hintersattel und Königswand.

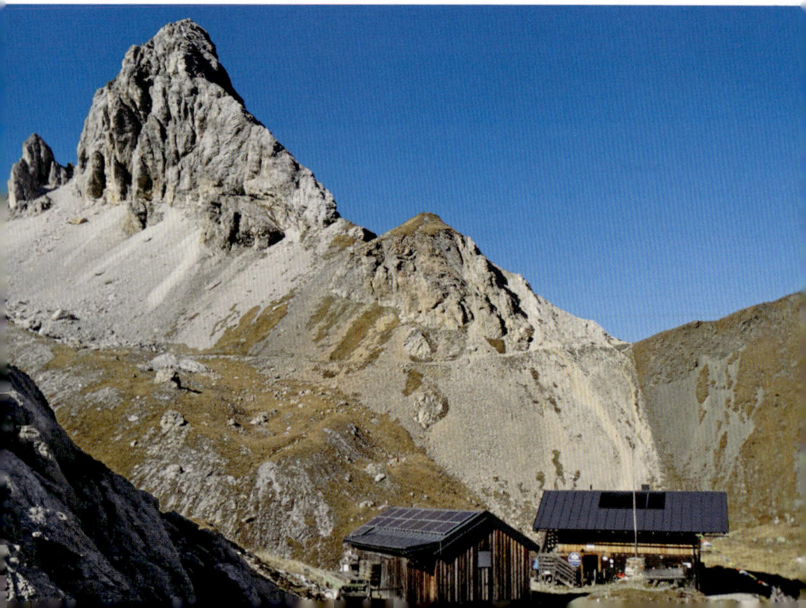

Ab der **Lusser Säge** ❶ folgen wir dem Grenzland-Wanderweg flussabwärts und bleiben bei der ersten Weggabel links. Wir gelangen zur Tränkenbrücke (Alessandra-Gedenkkreuz), wo auch ein Weg vom Ortsteil Rauchenbach zumündet. Hier über die Brücke und orografisch rechts in das Erschbaumer Tal, oder noch vor der Brücke orografisch links taleinwärts. In beiden Fällen erreichen wir das Wegende mit **provisorischem Parkplatz** ❷ auf ca. 1700 m Höhe. Es schließt daran ein Kehrensteig am Grünerlenhang empor zur kleinen blechgedeckten **Tscharrhütte** ❸, 1935 m, 40 Min., ein Unterstand mit Tisch und Bank. Im Erschbaumer Tal aufwärts und zu Füßen der mächtigen Kinigatberge passieren wir nach 5 Min. den Hinweis zum Außersattel (von hier kommen wir auf dem Rückweg), während bald darauf eine Tafel zur mächtigen Nordwand der Großen Kinigat und zum Klettersteig weist. Letzterer bleibt mit 400 Höhenmetern und der Schwierigkeit C, sehr erfahrenen Bergsteigern vorbehalten. Zum Hintersattel führt der Steig in sanft gestuftem Tal in Kehren empor. Wir ignorieren einen Hinweis hinauf zum Mittersattel und halten die Richtung zum **Hintersattel** ❹ bei, der sich eng an den Fels der Königswand schmiegt, 2 Std.

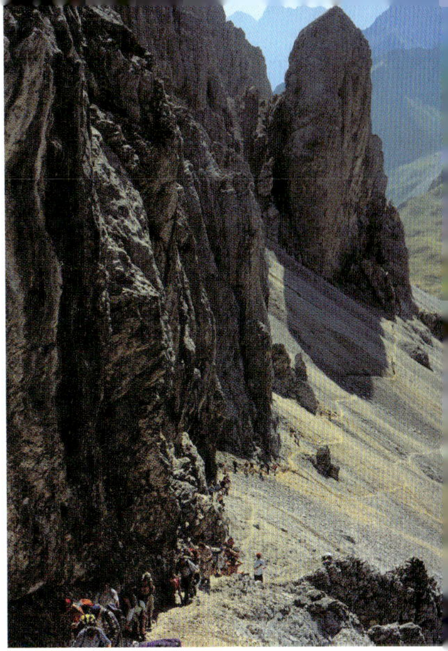

Im Anstieg zur Großen Kinigat.

Die ziemlich steile Halde ostseitig der Königswand führt zum steinbedeckten und grasbewachsenen Filmoorsattel. Kurz vor dem Sattel können wir in

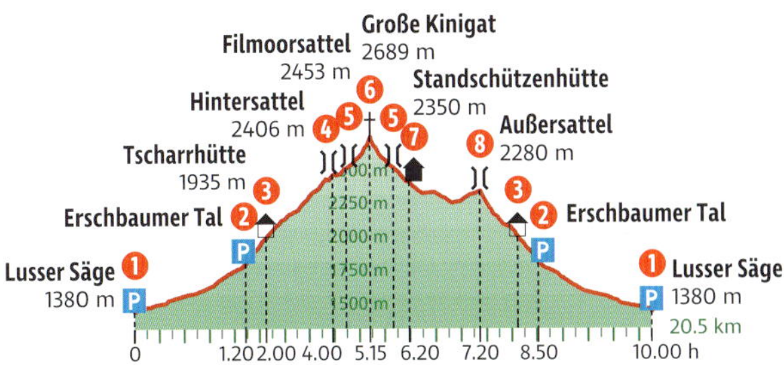

12 Min. zur Filmoor-Standschützenhütte, 2350 m, absteigen.
Zur Großen Kinigat bleiben wir am **Filmoorsattel** ❺, 2453 m, und folgen dort direkt dem Steig durch die mittelsteile Halde, die der Königswand und der Großen Kinigat südlich zu Füßen liegt. Dort nähern wir uns der schmalen Felsrampe, die mit einem Stahlseil gesichert ist, etwas Vorsicht verlangt und den Aufstieg zum Gipfel vermittelt. So erreichen wir das große, nach Norden geneigte Gipfelkar mit Resten ehemaliger Kriegsstellungen. Nur 10 Min. entfernt krönt das Friedens- oder Europakreuz den Gipfel der **Großen Kinigat** ❻, 2689 m, 1.15 Std. ab Hintersattel.
Auf gleichem Weg steigen wir wieder ab zum **Filmoorsattel** ❺ und folgen nun dem Weg zur **Filmoor-Standschützenhütte** ❼, 1.05 Std., mit der Absicht über den Außersattel in das Erschbaumer Tal abzusteigen. Talseitig der Hütte zweigen wir bald nach links in nördlicher

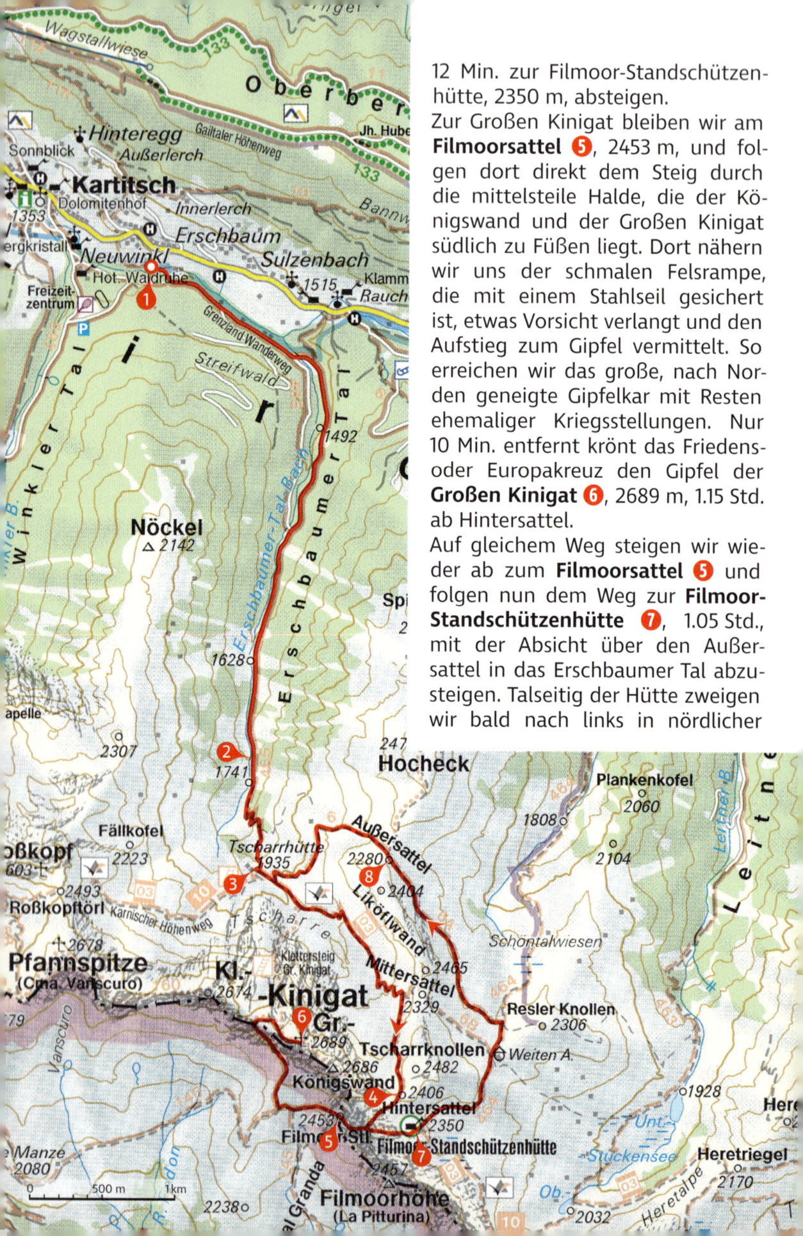

Im großen Gipfelkar zum Friedenskreuz auf der Großen Kinigat.

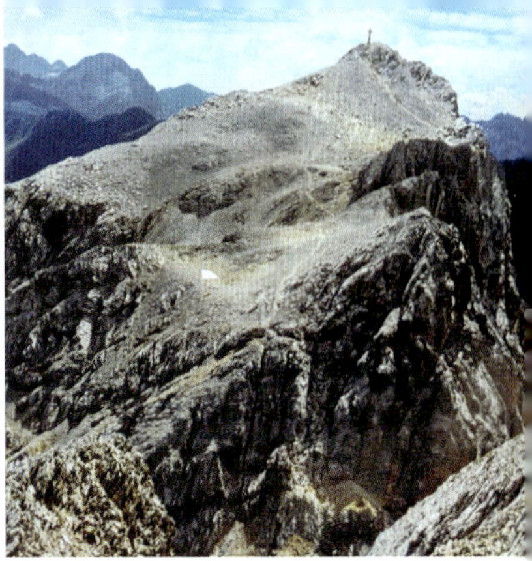

Richtung ab und passieren ein steingemauertes kleines Depot mit Quelle. Im Schöntal steigen wir zum Weitenstall (Tafel) ab und ignorieren hier die Abzweigung zum Mittersattel. Noch weiter talwärts beachten wir die zum Außersattel zeigende Tafel. Der markierte Steig, bez. 6, führt uns vorerst eben und zwischen kalkhellen Steinen und Blöcken im leichten Auf und Ab zum **Außersattel** 8, 2280 m, 1 Std. Die mit 6 bez. Route führt von hier hinauf zum Hocheck, während unser Steig hinab ins Erschbaumer Tal mit 6a bezeichnet und übersichtlich markiert ist. Auf einer schmalen Rasenleite geht es nordwestlich hinab zu einem rasenumfassten Kleinsee. Dort links vorbei. Anschließend steigen wir am Rand der von der Liköflwand abbrechenden groben Halde abwärts. Wo wieder Lärchen siedeln und etwas tiefer Zirben dichter stehen, lenkt der Steig knapp oberhalb einer neuen Hirtenhütte nach Südwesten und quert eine große baumfreie Hangbucht. An der westlichen Stirn der Liköflwand gelangen wir zur **Tscharrhütte** 3 und hinab zum **Parkplatz** 2 im Erschbaumer Tal, 1.30 Std. ab Außersattel. Zurück zur **Lusser Säge** 1 auf dem bekannten Weg.

Auf der Route über den Außersattel (rechts) wird die Liköfelwand umrundet.

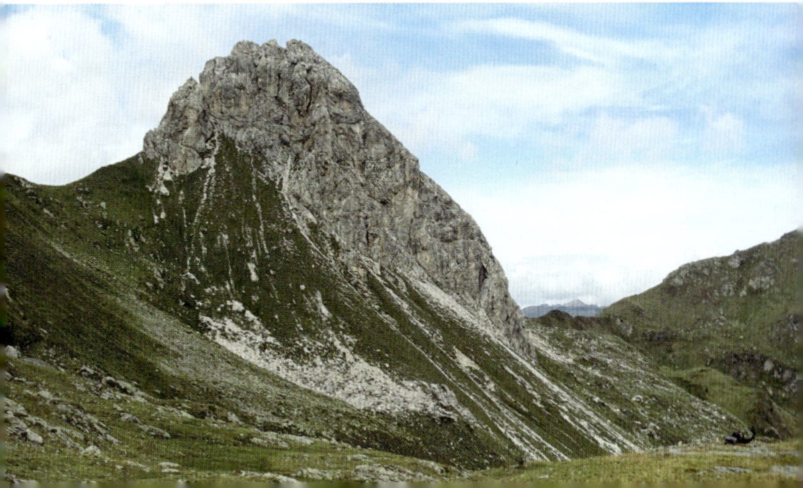

↗ 1050 m | ↘ 1050 m | 10.0 km

37 Porzehütte und Porze, 2599 m

6.30 h

Überschreitung der Porze, Osttirols südlichster Gipfel

Seit Kaiserin Maria Theresias Zeiten (18. Jahrhundert) verläuft die Grenze am Tilliacher Joch und am Karnischen Kamm entlang und daran änderte sich auch nach dem Ersten Weltkrieg 1914 bis 1917 nichts. Wir überschreiten den Gipfel der Porze ausgehend vom Tilliacher Joch am Gamsweg (Camoscio) im Aufstieg und am Austriaweg zur Porzescharte im Abstieg. Zur Porzehütte führen ab dem Klapfsee ein Steig in 45 Min. oder ein Fahrweg in 1 Std. Eine Zufahrt zur Hütte ist nicht möglich.

Talort: Obertilliach, 1450 m, Postbusse von Sillian und Kötschach/Mauthen.
Ausgangspunkt: Parkplatz am Klapfsee (Stausee), 1690 m, im Tilliacher Tal (Dorfer Tal), 6 km südlich von Obertilliach. Anfahrt von Obertilliach (Hotel Weiler) auf dem asphaltierten Tilliacher-Feldweg leicht fallend zur Gail (Marien-Bildstock) und zum Mühlboden, weiter auf Naturstraße bis zum Klapfsee (Almhütte).

Anforderungen: Für die Porze-Gipfelüberschreitung etwas Übung im Auf- und Abstieg ratsam, Trittsicherheit erforderlich. Ausreichend mittels Stahlseil gesichert, markiert, mäßig schwierig.
Einkehr: Porzehütte, 1942 m (ÖAV-Sekt. Austria, Neubau 2020, geöffnet Mitte Juni bis 30. September, 84 Schlafplätze in Mehrbettzimmern und Lagern; Tel. +43 664 3256452, www.alpenverein.at/porzehuette).

Die Porzehütte mit Porze und Rosskarspitze rechts der Porzescharte.

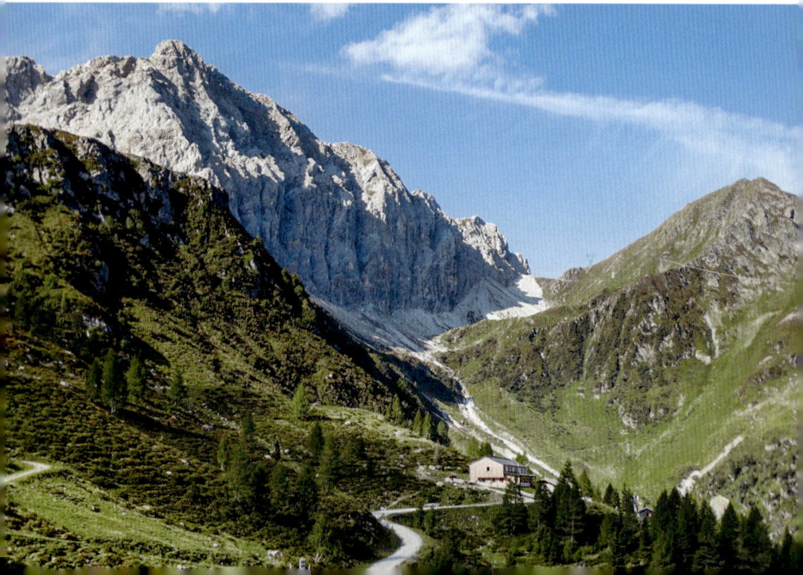

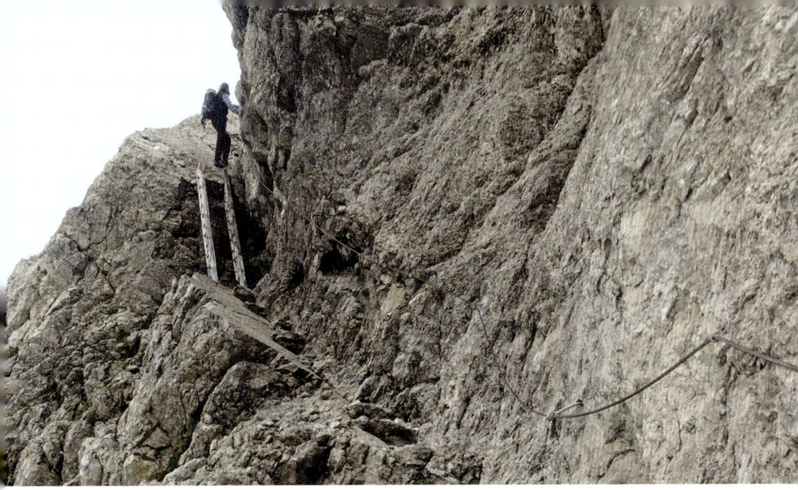

Ausgehend vom Tilliacher Joch am gesicherten Gamsweg auf die Porze.

Vom Parkplatz am **Klapfsee** ❶ führen ein Fahrweg (Schranke) und abkürzend der markierte Steig Richtung Porzehütte. Nach anfänglicher Treppe windet sich der Steig im lichten Lärchenwald auf die Anhöhe Bärenwald, 1830 m. Wir überschreiten einzelne Rinnsale, queren eine Wegkehre und erreichen hangaufwärts erneut den Fahrweg auf dem wir nach 10 Min. die **Porzehütte** ❷, 1942 m, 45 Min., erreichen.

Von der Hütte führt ein blockiger Steig (alter Säumerweg) südlich bergan, ehe wir am Grenzweg auf auf Stützmauern ruhenden Kehren das **Tilliacher Joch** ❸, 2094 m, 35 Min., erreichen (Gedenkkreuz der Tiroler Standschützen 1915/18). Hinter einem kleinen Fels-Rasenhügel (ehemalige österreichisch-ungarische Jochstellung) betreten wir bei gemauerten Kavernen die alte Militärstraße, die wir nach mäßigem Gefälle nach 10 Min. verlassen (Tafel). Dort führt ein Steig in zwei ausholenden Kehren vorerst im Rasen, dann in einer Schotterriese zum Wandfuß der Porze. Nun mit gebotener Umsicht auf felsigen Absätzen zum Beginn des gesicherten Anstieges (Gamsweg), der bald mit einer kurzen Eisenleiter aufwartet und bei mittlerer Steigung entlang der Wandfelsen aufwärtsführt. Unschwierige Steigpassagen sind ungesichert. Im Wechsel von vertikalen, dann wieder zu querenden, seilgesicherten Passagen gewinnen wir an Höhe, ehe ein kleines Türmchen passiert wird und fern

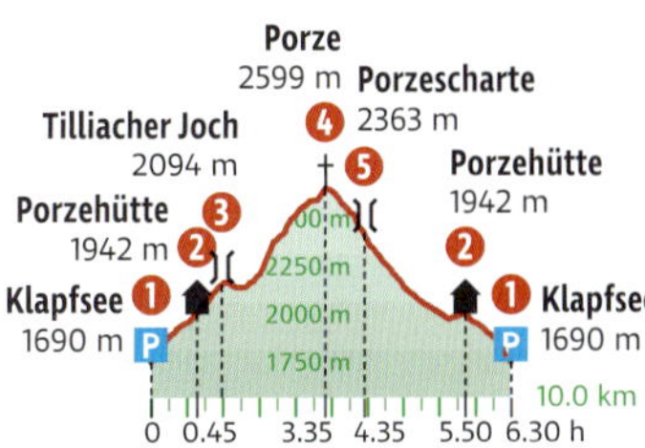

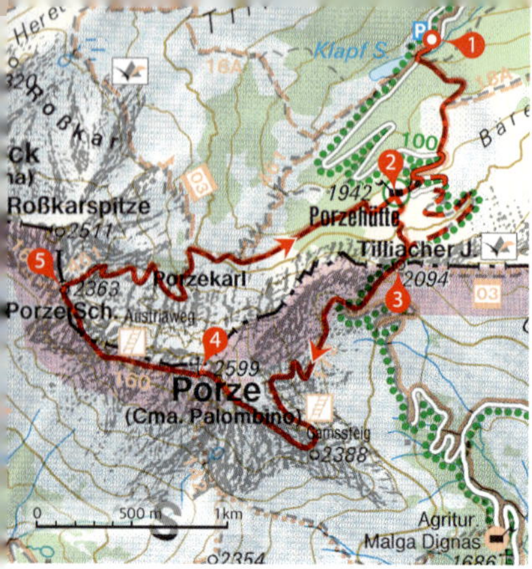

der Hochweißstein ein Blickfang ist. Nach weiteren kurzen Querungen geht es hinauf zum Südost-Grat, Pt. 2388, mit Resten einer italienischen Stellung. Es schließt daran leichtes rasenbegrenztes Gehgelände, ehe weiter oben ein Schuttsteig dem Gipfel näherführt. Mit sicheren Schritten geht es über abschüssige Schrofen, dann auf besserem Steig hinauf zum Gipfel der **Porze** ❹, 2.15 Std. Das Kreuz (Buch) steht auf unterhöhlten Felsblöcken.

Abstieg am Austriaweg: Ein Kammsteig verläuft westlich und bald an einem nach Süden offenen Stollen vorbei. Auf einem Rasen-Schutthang nähern wir uns gesicherten Kammfelsen, worauf wir auf die Nordseite der Porze wechseln. Sieben kurze im Rasen eingesenkte Steigkehren verbinden zum Beginn des seilgesicherten Austriaweges. Dort vorerst kurz vertikal, dann der schmalen Felsrampe folgend hinab zur **Porzescharte** ❺, 2363 m, 1 Std., mit »Marmorengel« und Resten der italienischen Stellung und dahinrostendem Stacheldraht.

Zur Porzehütte steigen wir in einer Hangsenke und unterhalb der E-Masten ins Porzekar ab. Mit freier Sicht in das Tilliacher Tal (Dorfer Tal) bis Obertilliach durchmisst der Steig den breiten Berghang bis hin zur Steigteilung: Westlich ginge es zur Filmoor-Standschützenhütte, während wir in nordöstlicher Richtung, nach ca. 120 m, zwei zum Klapfsee abfließende, relativ große Geröllgräben queren. Dann etwas sanfter am Hangsteig entlang und mit geringer Gegensteigung zur **Porzehütte** ❷, 1.15 Std.

Hinab zum Parkplatz beim **Klapfsee** ❶ am Anstiegsweg.

Auf abenteuerlicher Route wird die Porze überschritten.

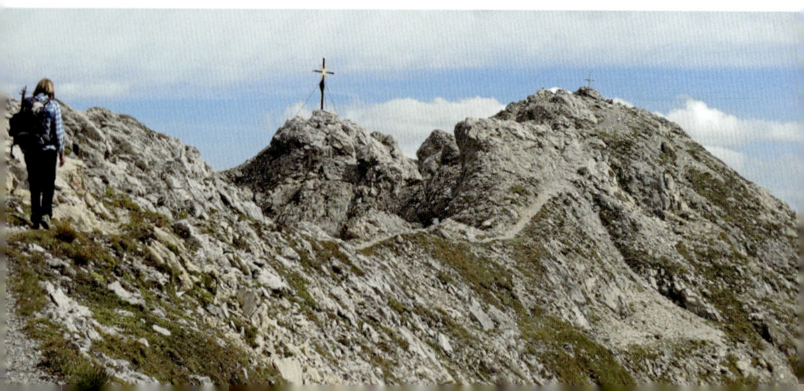

↗ 1020 m | ↘ 1090 m | 14.9 km

6.30 h

Spitzköfele, 2314 m

38

Vom Tilliacher Tal über das Spitzköfele ins Rollertal

Der historische, alte Dorfkern von Obertilliach ist auch vom Gipfelkreuz am Spitzköfele gut zu sehen. Die Wanderung kann man mit einer Fahrgelegenheit von Obertilliach zum Pfaffenboden (3 km) deutlich verkürzen. Auch vom Endpunkt in Bergen lässt man sich abholen oder kehrt per Bus oder zu Fuß zurück nach Obertilliach. Dessen ungeachtet bleibt die Bergtour im Angesicht der Porze ein nachklingendes Erlebnis.

Talort: Obertilliach, 1450 m, Postbusse von Sillian und Kötschach/Mauthen.
Ausgangspunkt: Obertilliach oder Parkplatz am Pfaffenboden, 1506 m, im Tilliacher Tal (Dorfer Tal), 3 km südlich von Obertilliach.
Endpunkt: Bergen, 1380 m, 2 km östlich von Obertilliach. Rückfahrt nach Obertilliach mit Postbus an der Bundesstraße, letzte Fahrt werktags 18 Uhr, Samstag und Sonntag 19 Uhr.
Zu Fuß ab Gästehaus Sabine in Bergen auf einem Feldweg entlang der Kapellen St. Helena und St. Nikolaus im sanft ansteigenden Tilliacher Feld, 30 Min.
Anforderungen: Trittsicherheit im Gipfelbereich, sonst unschwierig, markiert.
Einkehrmöglickeit: Keine.

In **Obertilliach** ❶ führt beim Hotel Weiler an der Bundesstraße der leicht fallende, asphaltierte Tilliacher-Feldweg hinab zur Gail (Gedenkkreuz) und zum **Mühlboden** ❷, 1342 m, mit Kinderspielplatz und Kleinsee. Am ins Tilliacher Tal führenden Naturweg erreichen wir nach drei Kilometern den **Pfaffenboden** ❸, 1506 m (Parkplatz, Wegkreuz), wo noch vor der Dorfer Bachbrücke ein Weg zum Spitzköfele abzweigt. Wir überschreiten den dürftigen Kesselbach und beachten am sogenannten Parditsboden die Steigteilung: Zum Spitzköfele, bez. 19, lenkt ein Karrenweg auf versteinter Bergwiese aufwärts, ehe wir den Kesselbach nach links überschreiten, 1658 m, und zu einer hochgelegenen Jagdhütte kommen, 1.15 Std., der die Porze im Talschluss breit und mächtig gegenübersteht. Anschließend überwinden wir eine ca. 90 m hohe Hangstufe und danach eine mit kleinen Lärchen dünn bestockte Hochweide. Ab einer Hangkanzel (Holzstange) geht es auf einer flachen, kahl gefegten Hangkante ca. 130 m steiler bergan. Bei einem stumpf zugespitzten Felsblock wendet der Steig nach rechts und erreicht nach drei Kehren den Bergkamm südlich vom Spitzköfele. In 12 Min. erreichen wir auf teils schmalem Kammsteig in Richtung Norden das Gipfelkreuz mit

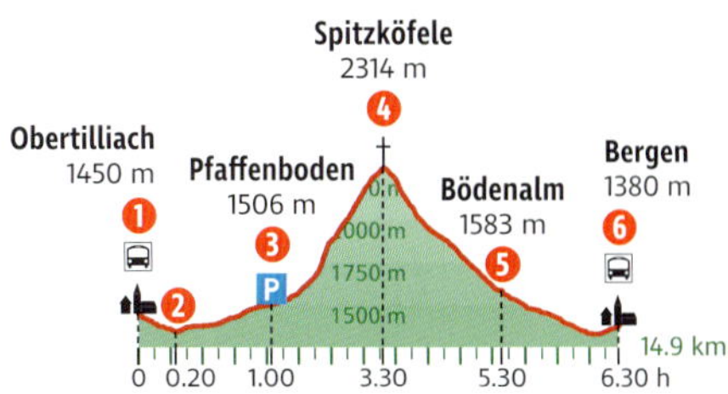

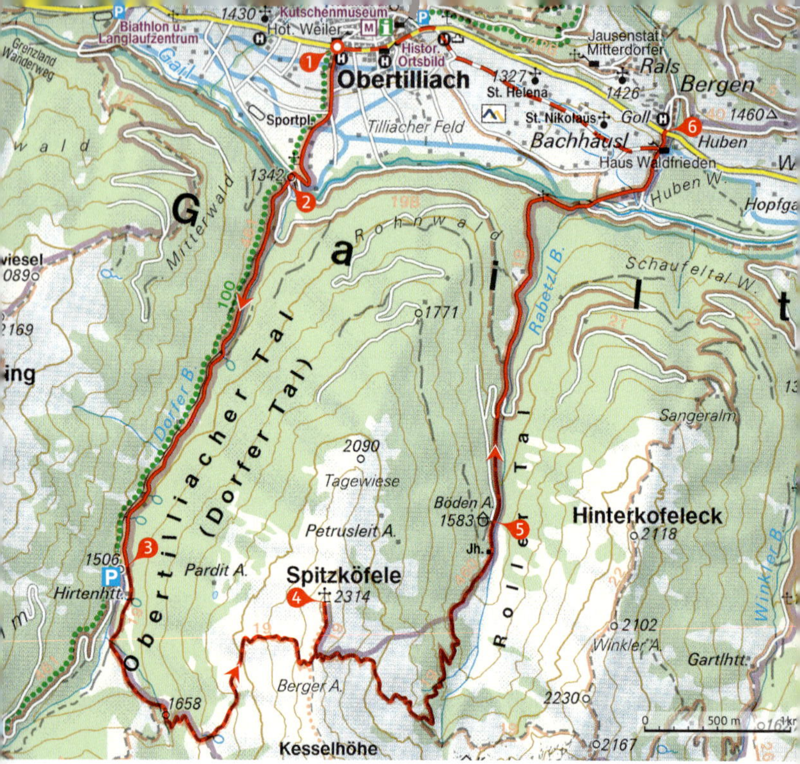

Tiroler Wappen auf dem **Spitzköfele** ❹, 2314 m, 2.30 Std. ab Pfaffenboden. **Abstieg ins Rollertal:** Ab dem erwähnten Bergkamm, südlich des Gipfels steigen wir ostseitig über weite, ins Tal fließende Rasenhänge ab. Bei einem mit großblättrigem Ampfer verwachsenen Vieh-Ruheplatz holt der Steig, gelegentlich nur Pfad, südlich aus und mündet bald in einen breiten Weg ein, der sich im dicht mit Grünerlen bewachsenen Talschluss verzweigt. Auf ihm talauswärts zu der im Sommer von Hirten bewohnten **Bödenalmhütte** ❺, 1583 m, 2 Std., in der Talmitte. Nahe dem nicht selten ausufernden Roller-bzw. Rabetzlbach tauchen wir in weiterer Folge in den Wald ein und streben dem tiefer gelegenen Gailtal zu. Ein Gedenkkreuz im Waldschatten fällt auf, ehe wir die Gailbrücke überschreiten und auf asphaltierter Straße die Goller Säge östlich umgehen und nach **Bergen** ❻, 1380 m, gelangen, 20 Min. von der Brücke, 1 Std. von der Bödenalmhütte.

Vom Spitzköfele blicken wir über den Golzentipp bis in die Glocknergruppe.

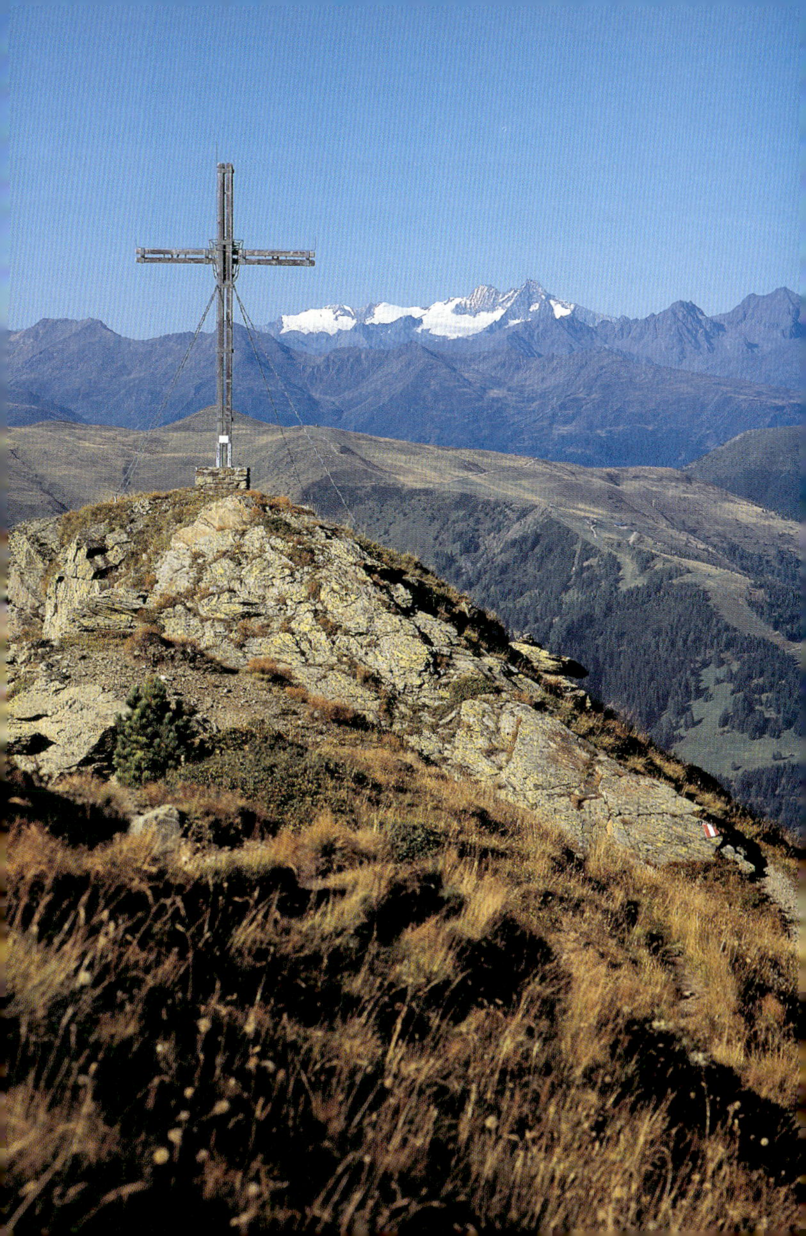

↗ 1100 m | ↘ 420 m | 13.2 km

39 Am Gailtaler Höhenweg auf den Golzentipp, 2317 m

5.15 h

Die »sanfte« erste Etappe des Gailtaler Höhenweges

Wir beginnen im Kartitscher Ortsteil St. Oswald mit dem Ziel Golzentipp, dem Hausberg Obertilliachs. Die Wanderung kann aber ebenso in umgekehrter Richtung erfolgen. Dieser Abschnitt des Höhenweges verläuft auf der Sonnseite des Tiroler Gailtales und belohnt mit allseitig schöner Aussicht. Neu im Bereich Golzentipp sind die Kindermeile und Naturspiele Golzentipp entlang der Glampwiesen (siehe Tipp).

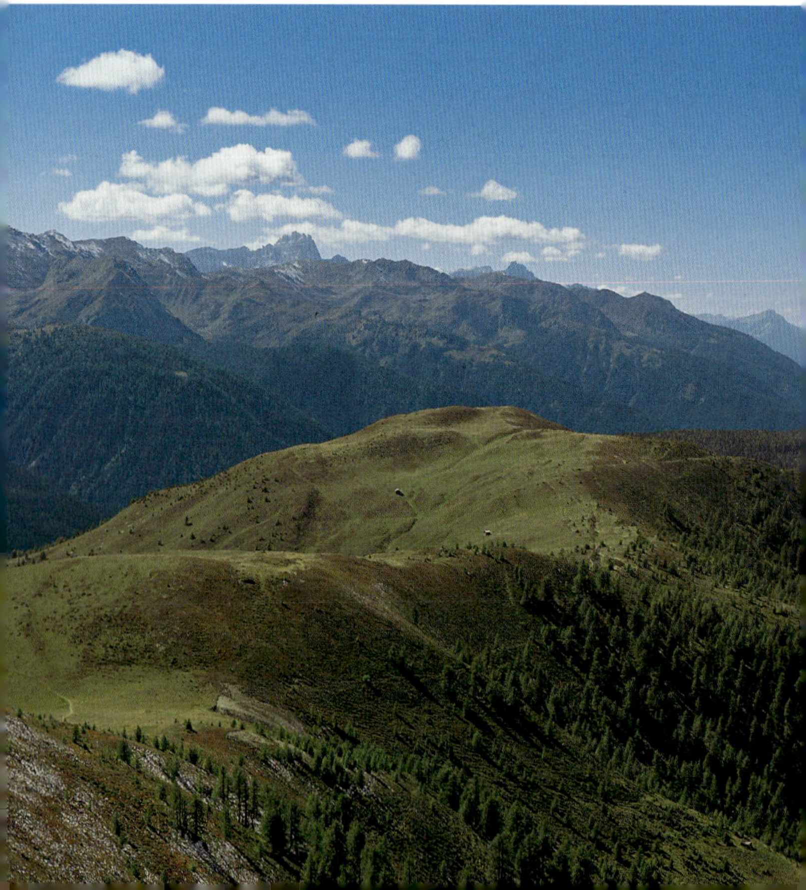

Talort: Kartitsch, 1358 m, mit den Ortsteilen St. Oswald, 1364 m, und Hollbruck, 30 km südwestlich von Lienz im Kleinen Gailtal, regelmäßiger Postbusverkehr.
Ausgangspunkt: St. Oswald, neben der Knappenkirche, 1364 m, bei der Talstation des Dorfberg-Schleppliftes. Parkplatz beim Gasthaus Dorfberg.
Endpunkt: Obertilliach, 1450 m, Rückfahrt per Bus oder »Abholdienst«.
Anforderungen: Mittlere Kondition und Schönwetter vorteilhaft, markiert, bez. 229.
Einkehr: Unterwegs keine. Connyalm, 2050 m, am Ende der Tour bei der Bergstation der Golzentipp-Einseilumlaufbahn (geöffnet 20. Juni bis Ende Sept., 12 Schlafplätze; Tel. +43 4847 5134 oder 5101, www.connyalm.at).
Bergbahn: Betriebszeiten 9–12 Uhr und 13–16 Uhr (August bis 16.30 Uhr), www.obertilliacher-bergbahnen.com.
Tipp: Ausgehend von der Bergstation der Einseilumlaufbahn, im Bereich Connyalm, führt die mit 12 Stationen ausgestattete Kindermeile über die Glampwiesen zum großen Speicherteich und ebenso auf bequemen Weg zum Jochsee mit abschließender Gipfelbesteigung des Golzentipp (gesamt 2 Std.).

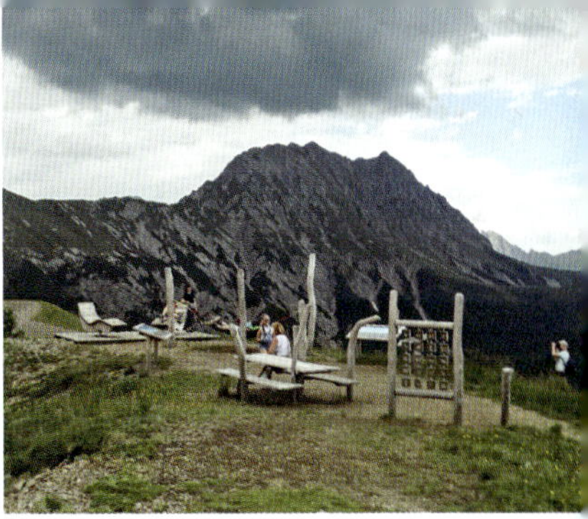

Die Erlebnis-Kindermeile am Golzentipp.

Vom bergseitigen Mesnererbhaus in **St. Oswald** ❶ beginnt die Wanderung ca. 80 m rechts der Schlepplift-Talstation. Sowohl eine Forststraße, bez. 11, als auch ein Steig, bez. 11a und 229, laden dazu ein. Der Steig, bzw. der Gailtaler Höhenweg, führt teils schattig rechts der Schlepplifttrasse empor und an der Bergstation vorbei, 1.15 Std. In weiterer Folge und bei geringerer Steigung wandern wir am Waldkamm in östliche Richtung. Am sog. Oberboden mündet von Norden kommend die erwähnte Forststraße ein. Unschwierig und landschaftlich ansprechend erreichen wir die Waldgrenze vor dem letzten nahezu baumfreien Anstieg zum Dorfberg. In diesem Bereich passieren wir einen Unterstand mit Bank und Tisch, da trennen

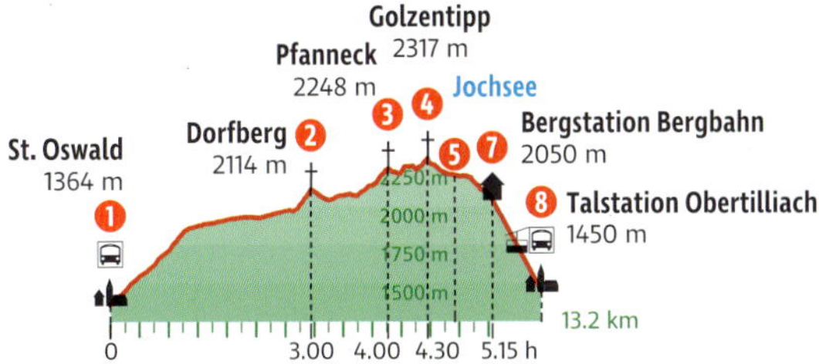

Der Gailtaler Höhenweg vom Dorfberg (vorne) zum Golzentipp.

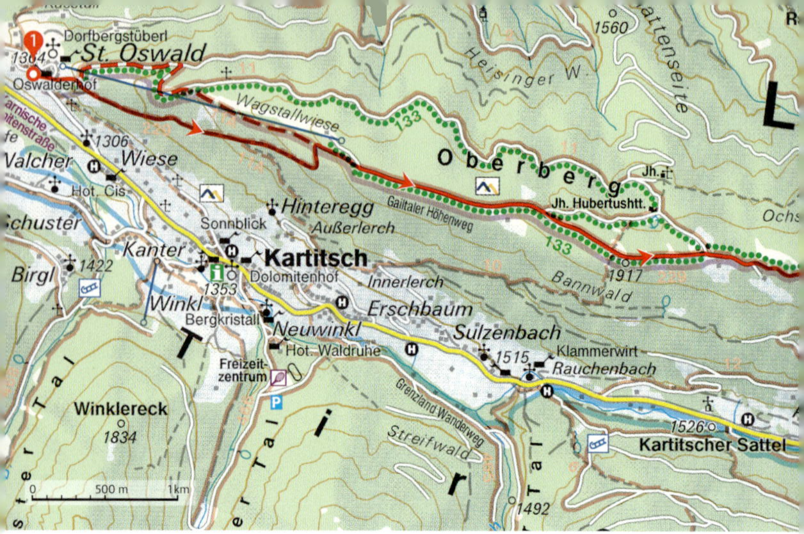

uns noch 30 Min. vom **Dorfberg** 2, 2114 m, dem Kartitscher Hausberg mit Kreuz, Buch und Wanderstempel, gesamt 3 Std.

Mit großartiger Aussicht setzen wir die Wanderung fort. Sanfte Mulden und Rasenhügel wechseln, die der Steig gelegentlich rechts, sonnseitig, umläuft. Weit offene Silberdisteln leuchten in den Rasenhängen und lösen glühende Alpenrosen und blauen Enzian in der Sommermitte ab. Wir wandern durchschnittlich in einer Höhe von 2100 m und hätten am Flasboden (Tafel) in einer Rasensenke die Möglichkeit, nach Obertilliach oder nördlich in das Pustertal abzusteigen. Wir bleiben am Gailtaler Höhenweg und besuchen das leicht ersteigbare **Pfanneck** 3, einen harmlosen Kammhügel, der mit einem seitlichen Rasenkamm zum Spitzenstein verbindet. Dieser ragt mit steilem Fels wie ein Reißzahn aus den westlichen Lienzer Dolomiten auf. Schon ist das 1999 erneuerte Kreuz am **Golzentipp** 4, 2317 m, sichtbar, und wir nähern uns diesem auf einem nur mäßig steilen Rasenhang, 1.30 Std ab Dorfberg.

Wir verlassen den Golzentipp in südöstlicher Richtung und steigen kurz zum neuen Weg ab, der am Kamm entlang und

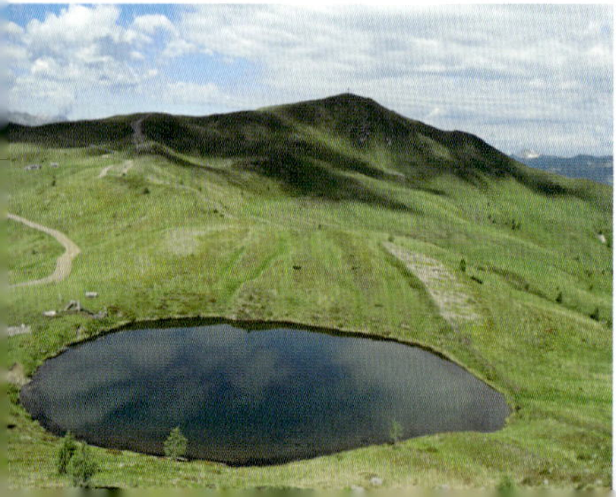

Der Jochsee östlich vom Golzentipp.

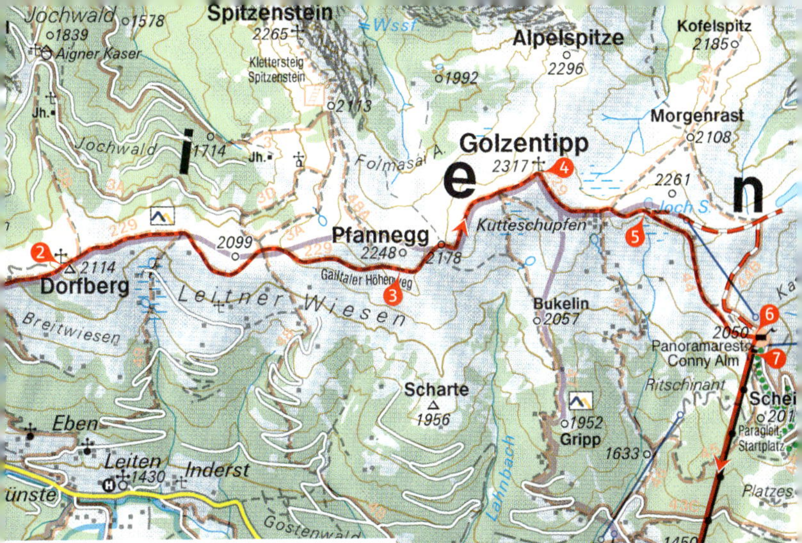

oberhalb der Kutteschupfen ostwärts führt. Wenig später erreichen wir den in Erde und Rasen gebetteten **Jochsee** ❺, wo Bänke und ein solider Tisch eine vorzügliche Rast versprechen.

Am Südhang der Morgenrast führt der Steig über die Glampwiesen oder entlang der Skipiste (Fangzäune) zur **Connyalm** ❻, 2050 m, dem Zentrum des Golzentipp-Wandergebietes, 45 Min. vom Gipfel. Eine **Gondelbahn** ❼ verbindet hinunter nach **Obertilliach** ❽. Dorthin bietet sich auch ein Fahrweg über Rals (Winterrodelbahn) an und weiter ein Weg zur Talstation der 2014 erbauten Einseilumlaufbahn, 1.30 Std. Ein Abstieg von der Connyalm ist auch im Bereich der Skipiste oder am markierten Waldsteig nach Obertilliach möglich.

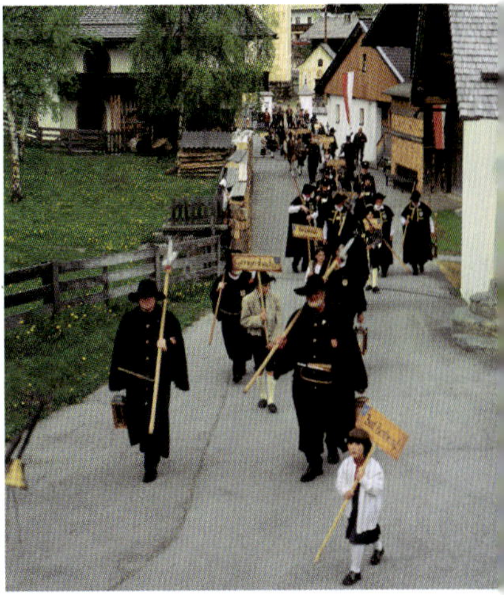

Nachtwächtertreffen in Obertilliach.

↗ 900 m | ↘ 900 m | 15.7 km

40 Ochsengarten und Steinrastl, 2184 m

6.00 h

Eine Rundtour mit farbigen Wiesenblumen und Heuduft im Sommer

Der alte Ortsname für Tilliach deutet auf romanische Besiedlung hin. Hofnamen wie Rals , Flatsch und Goll u. a. unterstützen diese Erkenntnis. Die im Jahre 1762 erbaute barocke Ulrichskirche beherrscht Obertilliach. Der Kirchturm ruht der labilen Bodenbeschaffenheit wegen auf 92 Holzpiloten. Auf festem Almboden erfreuen uns am Gumpedallsattel kleine lichtblaue Glockenblumen, die auch auf den steinigen Matten des Steinrastl dichte Rasen bilden.

Talort: Obertilliach 1450 m, Postbusse von Sillian und Kötschach/Mauthen.
Ausgangspunkt: Rals, 1426 m, 1,5 km östlich von Obertilliach. Parkplatz bei der Wegschranke, 10 Min. oberhalb von Rals.

Anforderungen: Unschwierige, doch Ausdauer erfordernde Rundwanderung, markiert, bez. 43 b, 229.
Einkehr: Unterwegs keine. Jausenstation Mitterdorfer in Rals (Tel. +43 664 5531679, mit Taxi-Service).

In das Gärbertal starten wir ab der Schranke oberhalb von **Rals** ❶. In einer scharfen Linkskehre ist die Abzweigung zum Ochsengarten gut beschildert (Hoschas Troi, 1720 m). Weiterhin taleinwärts, bez. 43 b, und einen seitlichen Bachgraben durchschreitend bis zur Scheitelstelle der Forststraße (Kaseregg, 1760 m). Hier zweigt nach links ein Weg (Schranke) zur Gontrunalm ab, während wir hinab zum Gärberbach etwas an Höhe verlieren. Ein Almkreuz grüßt aus dem Bereich des **Ochsengartens** ❷ mit blechgedecktem Almhaus und geräumigem Stall, 1.30 Std. Ein immer noch breiter Weg führt in östlicher Richtung weiter, bez. 229. Mehrmals überschreiten wir kleine Bäche und Rinnsale, ehe der Weg nach 30 Min. auf die andere Talseite weiterleitet (Hinkedein, 1860 m). Nur noch ein Steig setzt sich bergwärts fort. Auffallend sind die bunten Gesteine im Bachbett. Wir wandern unter Fichten und Lärchen bergan, durchschreiten eine kleine Lichtung, ehe der Steig wieder in Kehren im Wald eintaucht. Füchse und Marder haben hier ihr Zuhause und Rotwild, somit ein Grund, die Nisslhütte in das Halbdunkel des Waldes und eine zweite kleine Jagdhütte nah zum Gumpedallsattel zu stellen. Oberhalb der Waldgrenze und kurz auf rostrot erdigem Steig gelangen wir auf die blumigen Bergwiesen am **Gumpedallsattel** ❸, 2092 m, insgesamt 3 Std. (Wegweiser).

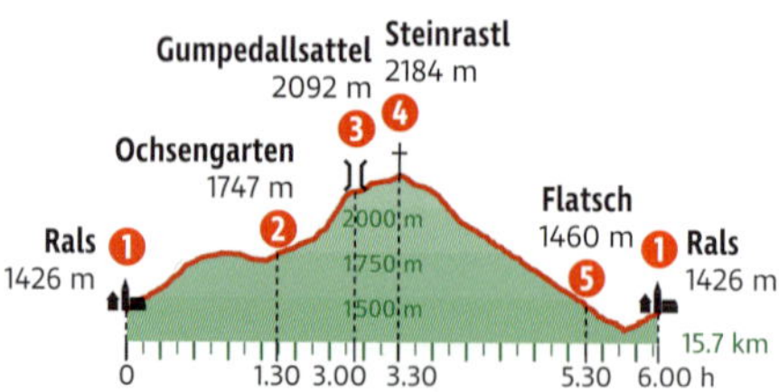

Nördlich führt ein markierter Pfad empor zum Eggenkofel-Westgipfel (steil, steiglos, bez. 41), während wir gegenüber, bedeutend bequemer, Richtung Süden weiterwandern zum **Steinrastl** **4**, 2184 m, 30 Min., bez. 40. Der vom Westwind abgefegte Nordost-Kamm erlaubt den Zugang zum breiten, abgeflachten Gipfel. Markierte Steindauben und Pflöcke weisen die Richtung.

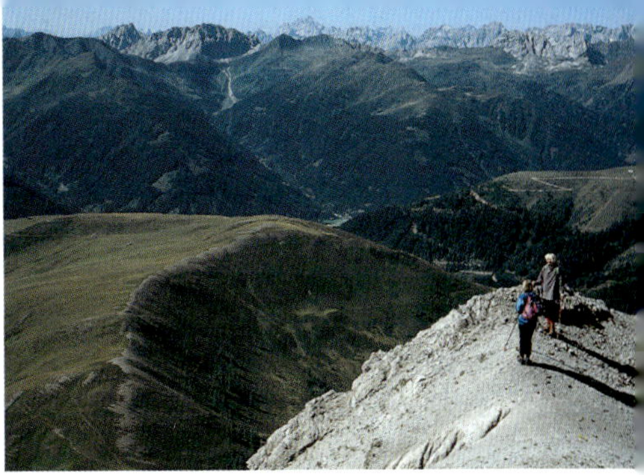

Vom Eggenkofel-Westgipfel schauen wir auf das Steinrastl und die Porze am Karnischen Kamm.

Für den Abstieg über Flatsch nach Rals (markiert, Stempel) nützen wir auf südlich abfallenden Bergwiesen nach 10 Min. den Almweg oder abkürzend den Steig, der zweimal an privaten Almhütten vorbei, ziemlich geradlinig hinabführt zum **Schwarzmoos**, 2000 m, 30 Min. (Bank). Auf breiten, mittelgeneigten Grashängen verstreut sind einzelne Hütten und allmählich dichterer Lärchenbewuchs. Bis hinab zur geschlossenen Waldgrenze, 10 Min., dient der Almweg, weiter talwärts der Forstweg. Auf ihm erreichen wir den Ortsteil **Flatsch** **5** (Schranke) mit der Maria Hilf Kapelle im Nahbereich des Janser Hofes und schließlich die Gärberbachbrücke im Ortsteil Bergen. Dort lenken Tafeln mit etwas Gegensteigung in knapp 30 Min. zurück nach **Rals** **1**.

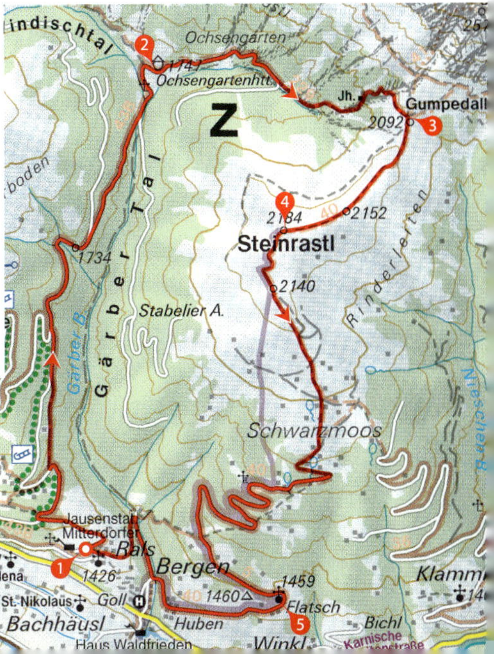

↗ 1070 m | ↘ 1070 m | 11.9 km

41 Kircher Almen und Eggenkofel, 2590 m

6.30 h

Felsiger Aussichtsgipfel im Westflügel der Lienzer Dolomiten

Wuchtig und eindrucksvoll überragt der Eggenkofel die sanft kupierten Kircher Almen. Im Mittelpunkt steht die Ersteigung des Eggenkofel-Hauptgipfels, während die Überschreitung vom West- zum Hauptgipfel als Variante beschrieben und erfahrenen Bergsteigern vorbehalten ist.

Talort: Untertilliach, 1235 m, 3,3 km westlich der Kärntner Grenze (Postbusverbindung).
Ausgangspunkt: Kirchberg, 1524 m, 2 km von Untertilliach. Zufahrt von Unterlilliach (Pfarrlirche St. Florian) auf asphaltierter Straße orgografisch links des Nieschenbaches (zu Fuß 45 Min.).
Anforderungen: Trittsicherheit und verlässliches Wetter erforderlich.
Einkehr: Unterwegs keine.
Variante: Überschreitung vom West- zum Hauptgipfel (für Geübte): Vom Hals, 2138 m, folgen wir dem Gailtaler Höhenweg ca. 1 km nach Westen zum Gumpedallsattel, 2092 m, 45 Min. Markant dorthin ist der zu querende Nieschengraben, im weiteren eine zweiarmige Geröllrinne, später ein dichtes Latschenfeld und schließlich Bergwiesen zum Gumpedallsattel. Dort steigen wir nach Norden auf einem Rasenkamm an, den eine markante, fast die ganze Flanke durchziehende Geröllrinne rechts begrenzt. Im höheren Bereich verliert sich der Steig im Fels-Rasen-Gelände, doch wie zum Trost bevölkern zahlreiche Edelweiß die steilen Hangwiesen. Wir erreichen den versandeten Westgipfel, 1.30 Std. ab Gumpedallsattel. Die mäßig schwierige Kletterei am Verbindungsgrat zum Hauptgipfel bricht nördlich steil in das geräumige, dem Eggenkofel zu Füßen liegende Schuttkar ab. Auch auf der südlichen Gegenseite sind die Flanken steil. Da schätzen wir das mäßig schwierige Gelände mit schmalen Gratfelsen, Blöcken und Scharten, wo wir gelegentlich auf die Südseite ausweichen. Beim 1981 aufgerichteten Kreuz erreichen wir den Eggenkofel, 1.15 Std. ab Westgipfel. Abstieg auf der Hauptroute.

Über den Kircher Almen am Zugang zum Eggenkofel.

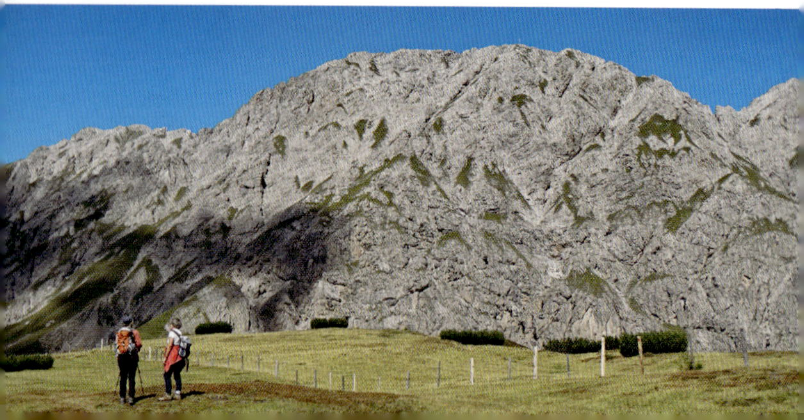

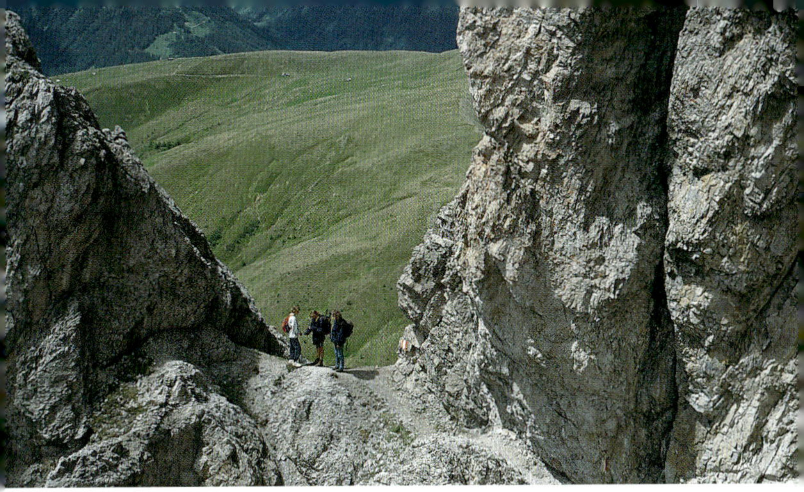

Interessant und abwechslungsreich ist der Aufstieg zum Eggenkofel.

Wir parken in **Kirchberg** ❶ nahe der St.-Jeneweins-Kirche, einem gotischen Bau aus dem 15. Jh. Der weiterführende Forstweg (Schranke) bahnt sich durch dichte Fichtenwälder hinauf bis hin zu einer markanten Weggabel im Bereich der Morgenrast, 1822 m, 1.15 Std. Ein abkürzender, bergwärts lenkender Steig führt hinauf zur Waldgrenze in das weitläufige Gebiet der **Kircher Almen** ❷ und zur Almhütte mit Kreuz, 1964 m, 30 Min. Auf nun anzusteigenden Bergwiesen führen die Markierung und Stempel in Richtung Eggenkofel, ehe wir entlang eines Zaunes den sogenannten **Hals** ❸, 2138 m, 30 Min., am querlaufenden Gailtaler Höhenweg erreichen. Zum Eggenkofel geht es noch 50 m einen steilen Rasenhang empor, ehe wir in alpinerem Gelände den Nieschengraben nach links queren und an dessen Kante den Schutt-Geröllsteig hinauf zu einem

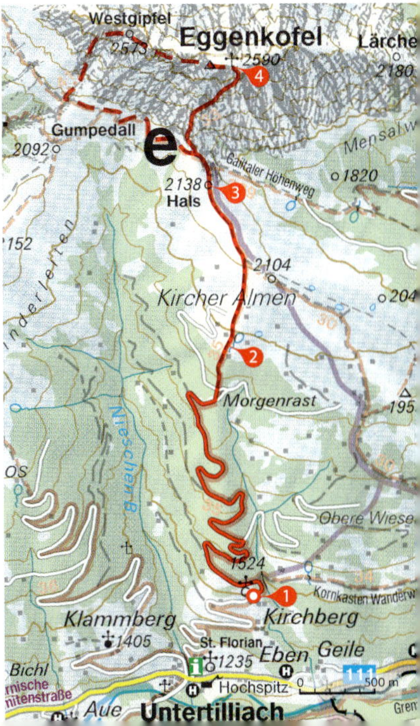

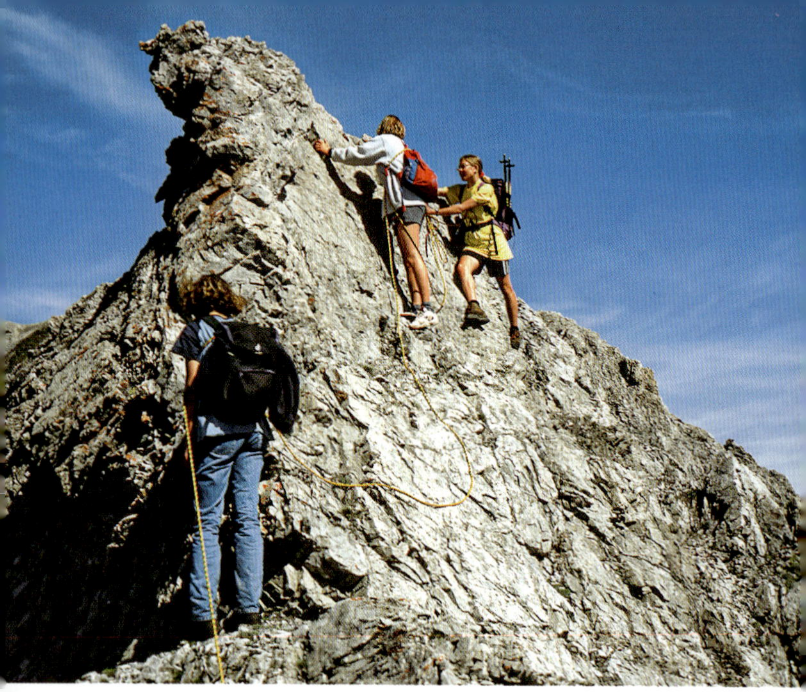

Kleine Kletterstellen am Eggenkofel-Westgipfel (Variante).

Rasenköpfl »erklimmen«. Dort eine kurze Felswand unterschreitend nach rechts und auf die Markierung achtend zu einem »Felstor« mit fortsetzendem Pfad im Wechsel von Steinen und Rasenpolstern. Im durchwegs versteinten und steilen Gelände erreichen wir den Kamm etwa 50 Schritte südöstlich vom Gipfelkreuz (Buch) des **Eggenkofel** ❹, 2590 m, 1.15 Std. vom Hals. **Abstieg** auf derselben Route.

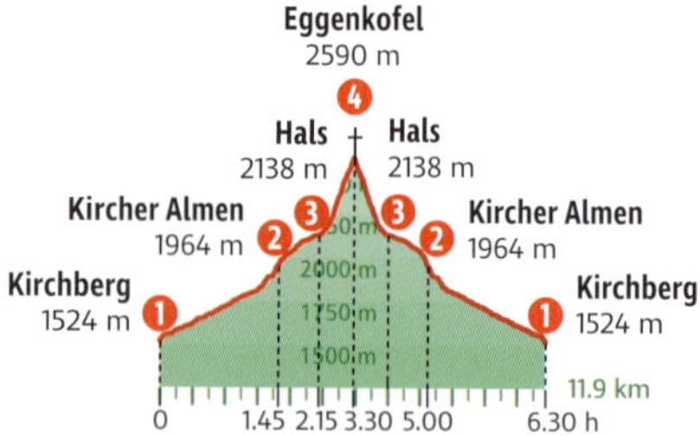

↗ 1100 m | ↘ 1100 m | 10.6 km

TOP

42 Hochweißsteinhaus und Hochweißstein (Monte Peralba), 2694 m

6.00 h

Gipfel mit hervorragender Aussicht auf italienischem Gebiet

St. Lorenzen hat eine stilvolle, gotische Pfarrkirche mit farbenprächtigem Weltgerichtsfresko (15. Jh.). Imposant ist die 1961–64 erbaute Radegunderbrücke. Unter ihr verbirgt sich ein romanisches Kirchlein, das älteste des Tales, und eine einst vom Wasser gespeiste Wagenschmiede. Dort sind noch Spuren einer alten Römerstraße erkennbar – alles Relikte alten Siedlungsraumes; der Name »Lesachtal« ist bereits um 1299 erwähnt. All dies überragt der Hochweißstein mit Schönheit und erhabener Größe.

Talort: St. Lorenzen, 1127 m (Gemeinde Lesachtal), Postbusverbindung.
Ausgangspunkt: Frohnalm, 1651 m, Parkplatz. Zufahrt vom Ortsteil Wiesen (Kapelle, Bushaltestelle), 1 km westlich von St. Lorenzen. Dort hinab zur Gail, am Gegenhang in das Frohntal und 3 km auf Asphalt, dann 3.5 km auf Naturstraße taleinwärts zur Frohnalm.

Anforderungen: Zum Hochweißstein felsige Passagen, Trittsicherheit erforderlich. Ansonsten mäßig schwierig, markiert.
Einkehr: Hochweißsteinhaus, 1867 m (ÖAV-Sektion Austria, geöffnet Mitte Juni bis Anfang Oktober, 44 Schlafplätze, Materialseilbahn; Tel. +43 676 7462886, www.alpenverein.at/hochweisssteinhaus).

Ab dem Parkplatz ca. 300 m vor der Ingridhütte auf der **Frohnalm** ❶ wandern wir entlang einer Viehweide im frischen Grün. Auch über den einstigen Soldatenfriedhof ist Gras gewachsen. Dann zwischen Grünerlen und

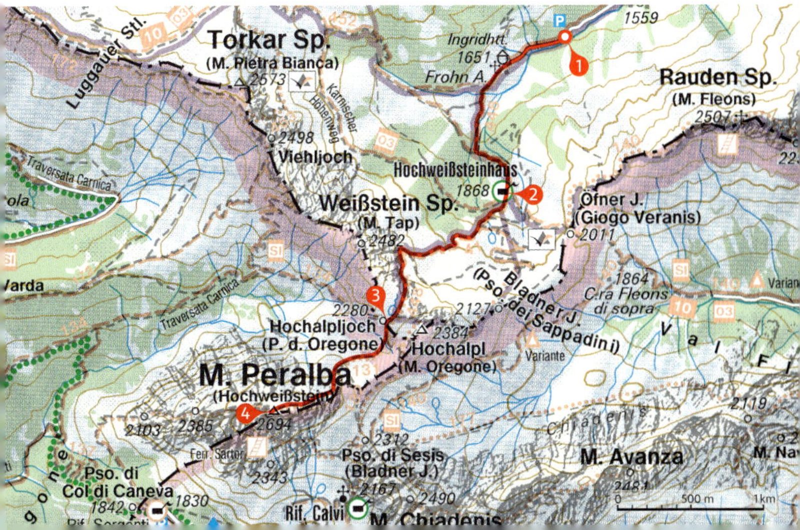

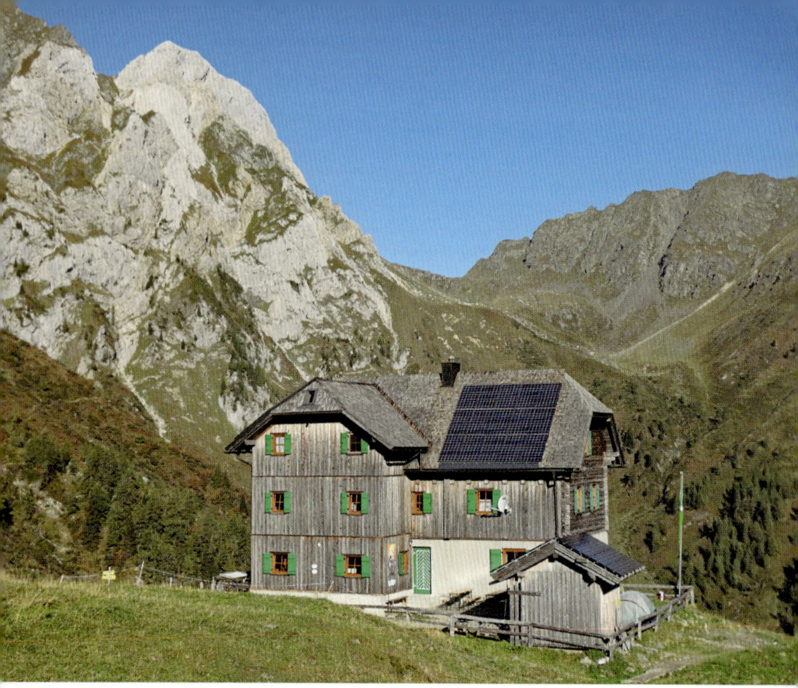

Das Hochweißsteinhaus mit Blick zum Luggauer Törl und zur Torkarspitze.

Eschen hinauf zur »Johanniseben« und zum nahen **Hochweißsteinhaus** ❷ (Schautafeln), 1868 m, 45 Min. Zum Hochweißstein steigen wir in südwestlicher Richtung zwischen schütteren Lärchen und Erlen bergan. Wir überschreiten ein dem Frohnbach zulaufendes Bächlein, ehe wir zwischen Zwergweiden und Alpenrosen bald an Höhe gewinnen. Reste ehemaliger Wehranlagen liegen etwas abseits vom Steig, der bald im Halbrund glatter Felsmauern über einen Rasenhügel hinaufführt zum **Hochalpljoch** ❸, 2280 m, 1.15 Std., wo wir die Grenze nach Italien und auch eine ehemalige österreichisch-ungarische Frontstellung aus dem Ersten Weltkrieg überschreiten. Geblieben sind die Kavernen östlich am Hochalpl (Monte Oregone), 2384 m.

Wir überwinden eine kleinere Blockhalde und im Anschluss mit ca. 10 Steigkehren den Rasenhang zum Felsfuß des Hochweißsteins. Über grob zerklüftete Schrofen und an einem Felsschacht vorbei beachten wir die Markierung. In der Nordflanke des Hochweißsteins führt der sich windende Steig (Pfad) an zwei Steinmännern vorbei und zum Beginn der gerade emporführenden Route. Dort zwischen Blöcken hinauf, ehe ein Stahlseil den

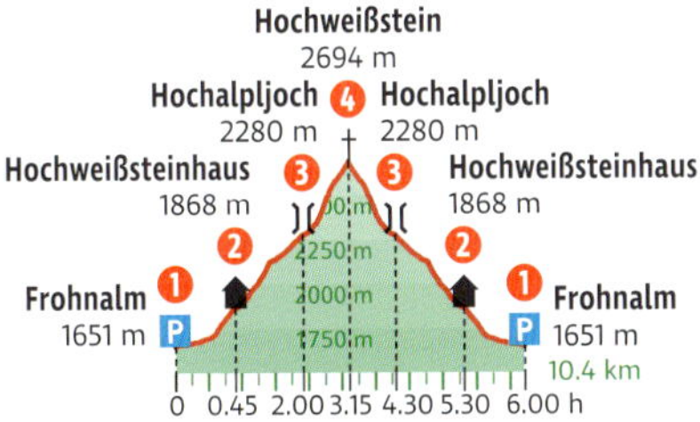

Anstieg bis zur Kammscharte unterstützt (italienische Gedenktafel, Blick südseitig zum Rifugio Calvi). Weiter knapp südlich unterhalb des Gipfelkammes zur zweiten Einschartung nahe den Resten einer österreichisch-ungarischen Stellung, dann auf deutlich besserem Steig leicht ansteigend zum Gipfel des **Hochweißstein** 4, 2694 m, 1.15 Std., mit Buch, Madonna, Glocke und Steinmann.
Der Abstieg erfolgt auf derselben Route.

Der Hochweißstein über dem Hochalpljoch.

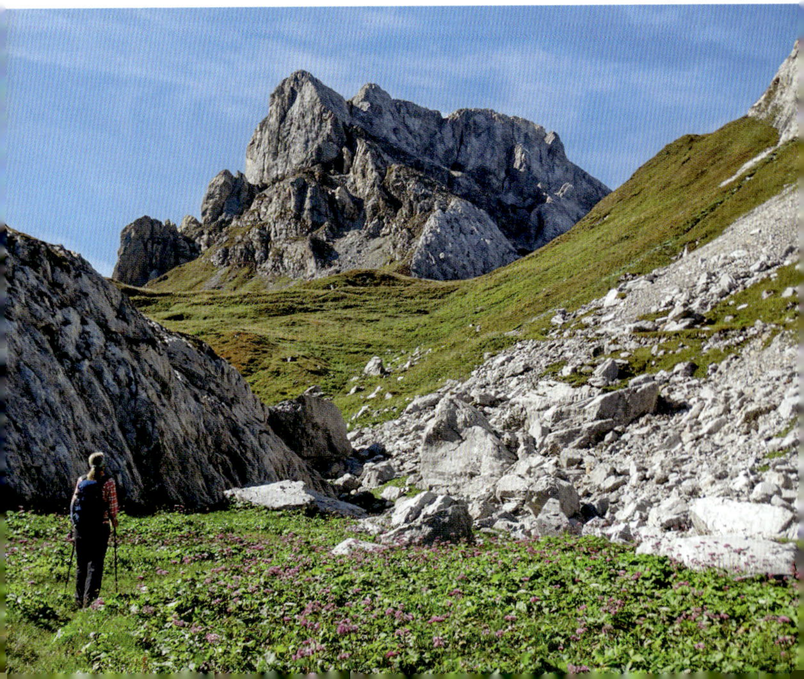

↗ 1100 m | ↘ 1100 m | 17.6 km

43 Steineckenalm und Mittagskofel, 2250 m

6.45 h

Idyllische Almen und ein lohnendes Gipfelziel

Der Mittagskofel erhebt sich markant auf einem Seitenkamm, den der Karnische Kamm nach Norden aussendet. Der Gipfel lässt sich ohne Schwierigkeiten besteigen. Liesing, das Gemeindezentrum im Lesachtal, veranstaltet jährlich im September das viel besuchte Dorf- und Brotfest. Auf Österreich begrenzt gilt die Lesachtaler Brotherstellung seit 2010 als immaterielles UNESCO-Kulturerbe. Bemerkenswert ist der Lesachtaler Bienenlehrpfad im Bereich des Mühlenstüberl.

Talort: Liesing, Ortsteil Klebas, 1043 m, im Kärntner Lesachtal, Postbusverbindung.
Ausgangspunkt: Obergail – Mühlenstüberl, 1174 m. Zufahrt: Ca. 1,4 km westlich von Liesing. Wir zweigen bei der Hacklgrabenbrücke (Gebietsteil Schmieda) von der Bundesstraße ab hinab zur Gail und fahren am Gegenhang hinauf in die Streusiedlung Obergail mit Anna-Kapelle, 1095 m. Beim Mühlenstüberl endet die asphaltierte Straße, 300 m danach großer Parkplatz (Bienenlehrpfad). Ein weiterer Parkplatz befindet sich im Bereich der Obergailer Bachbrücke (Schranke), 500 m nach dem Mühlenstüberl.
Anforderung: Unschwierig, doch Ausdauer erforderlich, markiert. Abstieg von der Fleckenhütte bis Obergailer See sehr steil, Abstieg über Käserfeldalm leicht (siehe Variante).
Einkehr: Hofschenke Mühlenstüberl (geöffnet Anfang Mai bis Anfang Oktober, Montag Ruhetag; www.muehlenstueberl.com, Tel. +43 650 9270959). Steineckenalm, 1130 m (Jausenstation während der Weidezeit, im Mai und Juni Dienstag und Mittwoch Ruhetag, von Juli bis Oktober Mittwoch Ruhetag; Tel. +43 650 3161642).
Variante: Abstieg über Käserfeldalm: Vom Mittagskofel auf dem Anstiegsweg ca. 30 Min. wieder hinab bis zur Tafel am Ende eines Forstwegs. Auf diesem gelangen wir nach einigen Kehren zur anmutig gelegenen Käserfeldalm, 1900 m, und weiter am Forstweg absteigend zur Bödenhütte, 1 Std. Zurück zum Ausgangspunkt am Anstiegsweg, gesamt 3 Std.

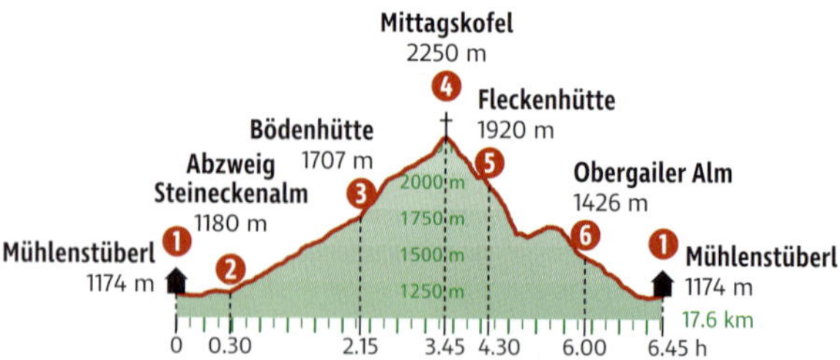

Steineckenalm mit Liesing und Lumkofel.

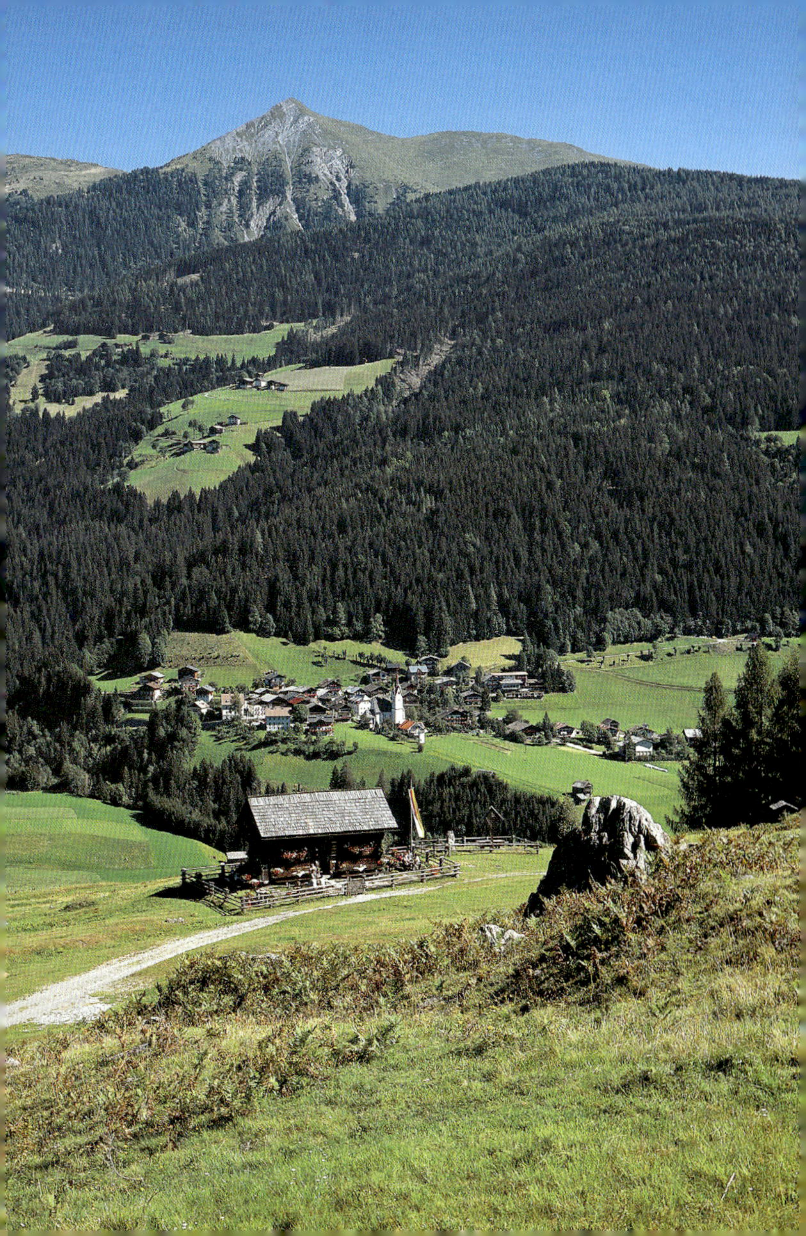

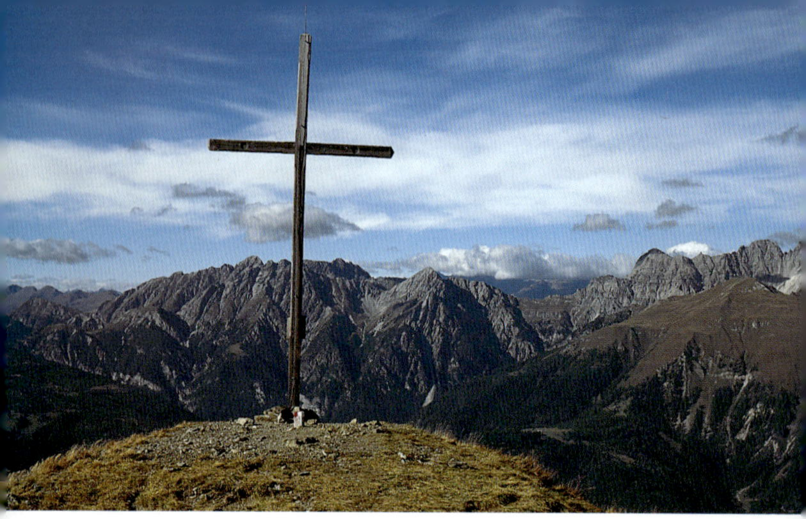

Vom Mittagskofel schauen wir hinüber zu den Lienzer Dolomiten mit Eisenschußtürmen, Weittalspitze, Simonskopf, Seekofel und Wildsender (von links).

Vom **Mühlenstüberl** ❶ bzw. dem Parkplatz an der Obergailer Bachbrücke (Schranke) kommen wir auf einem Teilstück des Brot-Marende-Wegs bis knapp vor die auf großer Bergwiese gelegenen **Steineckenalm**, 30 Min. Eine **Wegtafel** ❷ weist zum Mittagskofel und zum Forstweg, der nach acht etwas ausholenden Kehren zum Kossenbach nach links abbiegt. Dort zweigt der Steig, bez. 17, zur **Bödenhütte** ❸, 1707 m, ab, die wir auf einem mit Farn und Gras bewachsenen Lärchenhang unschwer erreichen, gesamt 2.15 Std. Etwas abseits steht eine zweite kleine Hütte mit Almkreuz.
Weiter am Steig bergan kommen wir im höher gelegenen Rasenkar an der Gedenktafel für drei in einer Lawine verunglückten Lesachtaler Menschen vorbei. Wir steigen rechter Hand zum bewaldeten Nordkamm des Mittagskofel an. An höherer Stelle weist eine Wegtafel in das Niedergailer Tal und halb rechts, bez. 17, zum Mittagskofel. Oberhalb der sichtbaren Käserfeldalm queren wir den Mittagskofel von der West- zur Südseite und steigen auf einem Rasen-Stein-Hang und oberhalb eines Tümpels zum Südkamm empor. Von dort zwischen Blöcken und auf Rasen in 10 Min. zum Gipfel des **Mittagskofel** ❹ mit Kreuz und Buch, 1.30 Std. ab Bödenhütte.
Auf derselben Route steigen wir hinab bis zu einer Tafel am Endpunkt eines Forstweges, dort weiter auf Steigkehren (markiert) zur **Fleckenhütte** ❺ mit Almkreuz, 1920 m, 45 Min. Der Steig führt in Kehren tiefer, dann steiler und ab einer mit Latschen bewachsenen Hangkanzel sehr steil zwischen Grünerlen hinunter. Schmale Hangabsätze unterbrechen und einzelne Lärchen begleiten den Trittsteig, der nach ca. 300 Höhenmetern beim erdgebet-

teten kleinen **Obergailer See**, 1600 m, ausebbt. Dort wählen wir entweder den Almweg mit einer Abzweigung zur Enderberghütte (10 Min. vom Weg zur Obergailer Alm) oder den Steig zur **Obergailer Alm** 6, 1426 m, 1.30 Std. (Zollwachhütte).

Am Talweg beachten wir im Bereich des Wasserfalles einen kleinen Klettersteig und später eine im Steilfels wachende Madonnenstatue, ehe nach einer Wegkehre das Goldwasch- und Märchencamp zum Innehalten veranlasst. Dann ist es zum Parkplatz bei der Obergailer Bachbrücke und zum **Mühlenstüberl** 1 nicht mehr weit, 45 Min. ab Obergailer Alm.

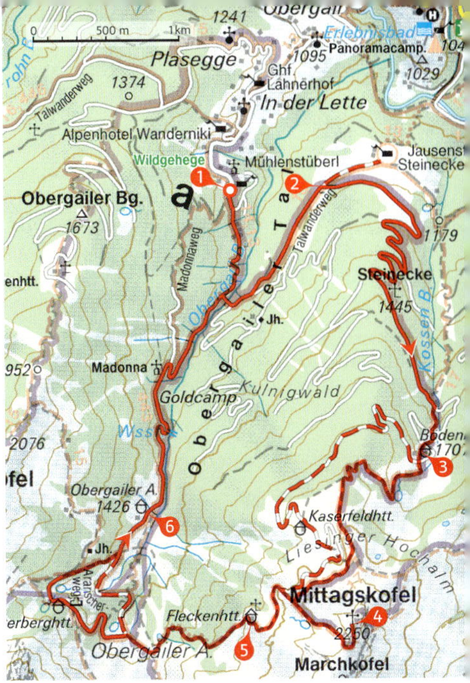

Die Hütten der Käserfeldalm an der Nordwestseite des Mittagskofel.

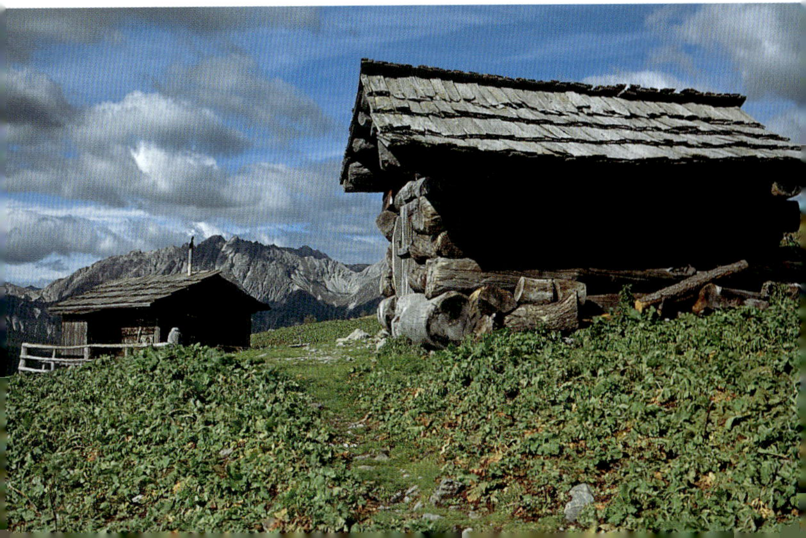

↗ 850 m | ↘ 850 m | 12.5 km

44 Samalmkreuz, 1992 m, Wieseralm und Tuffbad

5.30 h

Almwanderung am Gailtaler Höhenweg

Das Samalmkreuz gilt als bevorzugtes Wanderziel und ist auch als winterliche Skitour im Lesachtal beliebt. Die Tuffbadquelle wurde von Padres aus dem Wallfahrtsort Maria Luggau im 18. Jahrhundert entdeckt. Dies geschah bei der Suche nach Heilkräutern und Mineralien, denen man Linderung für Atemwege und Gelenksschmerzen nachsagt.

Talort: St. Lorenzen im Lesachtal, Ortsteil Wiesen, 1140 m, Postbusverbindung.
Ausgangspunkt: Xaveriberg, 1257 m, begrenzter Parkplatz (Kapelle zu den Heiligen Xaver, Kathariana und Barbara). Zufahrt auf asphaltierter Bergstraße von Wiesen, 1 km westlich von St. Lorenzen.
Anforderungen: Unschwierige Wanderung über Almen, Bergwiesen und durch Wald, markiert, bez. 24.
Einkehr: Wieseralm, 1627 m (bewirtschaftet während der Weidezeit). Almwellness-Resort Tuffbad mit Almdorf und Kapelle (geöffnet vom 20. Mai bis 30. Nov. und vom 13. Dez. bis 4. April. 130 Betten, Hallenbad, Außenbecken; Tel. +43 4716 622, www.almwellness.com).
Hinweis: Die Tour kann auch in Tuffbad, 3 km nördlich von St. Lorenzen/Wiesen, beendet werden. Taxidienst Willhelmer, St. Lorenzen, Tel. +43 4716 306.
Tipp: Klettergarten 15 Min. nördlich vom Tuffbad.

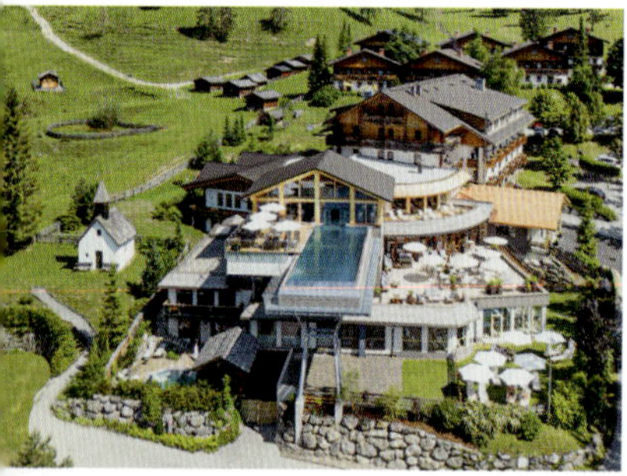

Das Almwellness-Resort Tuffbad.

Wir beginnen beim höchstgelegenen Haus Nr. 9 am **Xaveriberg ❶**. Ein Karrenweg führt vorerst steil hinauf und an einem Stadel vorbei. Bei der nahen Wegbiegung zweigt der Steig links ab und führt bald als Hohlweg bergan. Wir queren einen Forstweg (Stadel), den wir oberhalb einer Bergwiese für einige Minuten bis zu einer Lärchengruppe mit Hochsitz benützen. Kurz darauf dient uns wieder der Waldschatten, wo der Forstweg zweimal gequert wird und später zur Wieseralm lenkt. Wir halten die Richtung bergwärts bei und gelangen auf Lärchenwiesen zur von latschenumwogten, blechgedeckten **Seewiesenhütte ❷**, 1751 m, 1.30 Std. Durchnässte Moorbeete überschreiten wir auf schmalen Holzstegen. Wo höher

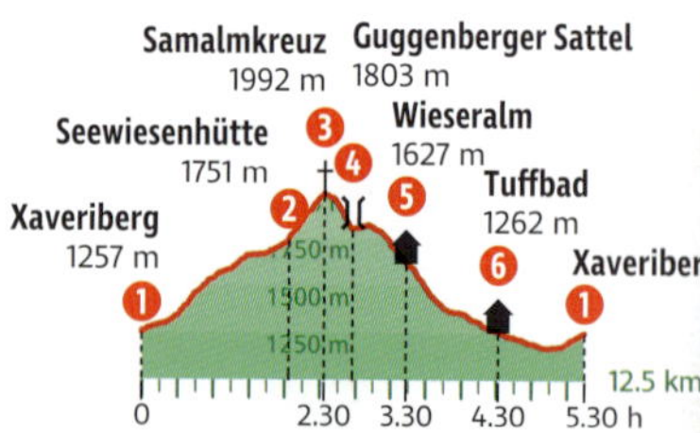

ein abgestorbener Baum richtungsweisend ist, stehen noch Stadel, die der Heuernte dienen. An der oberen Baumgrenze auf der Samalm, 1966 m, zweigt rechts östlich ein Steig teils steil zur Wieseralm ab, während wir zum **Samalmkreuz** ❸, 1992 m, noch knapp 10 Min. ansteigen, 1 Std. ab Seewiesenhütte.

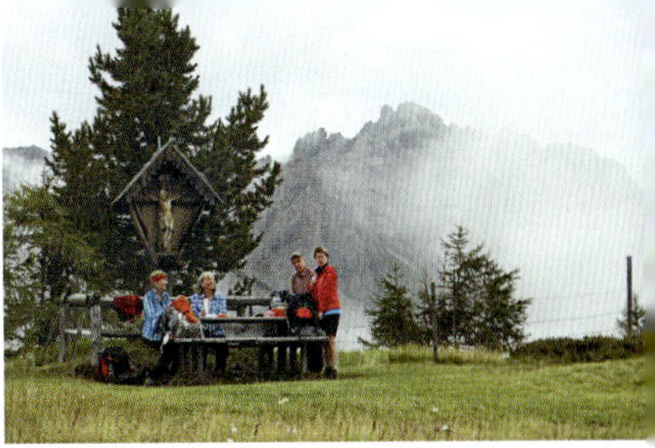

Das Samalmkreuz mit der Weittalspitze.

Zum Guggenberger Sattel absteigend, weiten wir die Wanderung etwas aus. Etwa 20 Schritte links, westlich vom Kreuz, lenkt der markierte Steig am lichten Lärchenhang hinab zur im Sommer bewohnten Almhütte am **Guggenberger Sattel** ❹, 1803 m, 20 Min. In Richtung Wieseralm führt dann ein Waldsteig im leichten Auf und Ab und an einer Wassertränke vorbei. Etwas später sollte man die zur Wieseralm abwärts weisende Tafel nicht übersehen. Im Wald und auf Lichtungen gelangen wir zur im Sommer bewirtschafteten **Wieseralm** ❺, 1627 m, 40 Min.

Von hier führen ein Wiesensteig, dann ein sich schlängelnder Karrenweg zum Tuffbach, schießlich ein Fahrweg hinunter zum **Tuffbad** ❻, 1262 m, 1 Std. Zurück zum Xaveriberg folgen wir der Straße talauswärts und beachten nach 25 Min. ein Wegkreuz. Dort zweigt bergseitig mit leichter Steigung ein Güterweg ab, ehe wir noch einige Kehren auf asphaltierter Straße zum Ausgangspunkt am **Xaveriberg** ❶ hinaufgehen, 1 Std. vom Tuffbad.

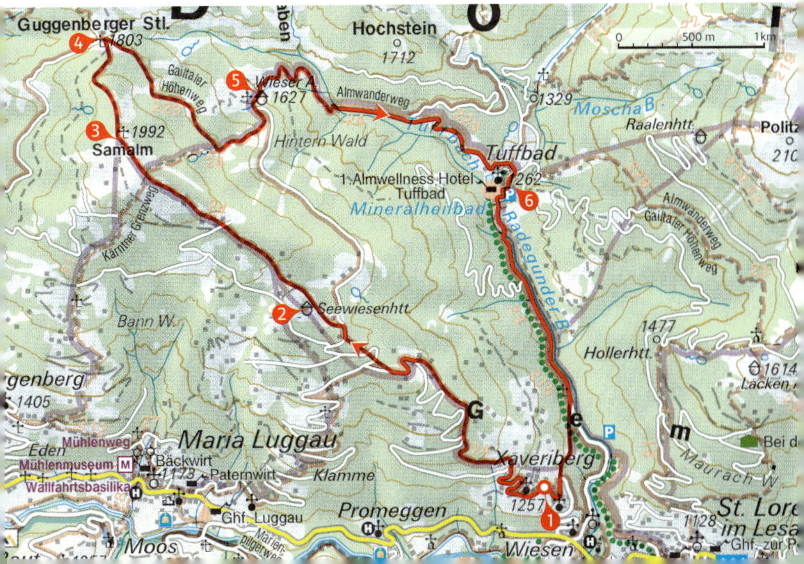

↗ 1200 m | ↘ 1200 m | 13.0 km

45 Soleck, 2221 m, und Riebenkofel, 2386 m

7.30 h

Gipfel an der südlichen Außenzone der Lienzer Dolomiten

Der Riebenkofel steht ein wenig im »Schatten« des Rosenköpfls (Böses Weibele), ist aber dennoch ein unübersehbarer Gipfel an der Südseite der Lienzer Dolomiten. Der Besuch lohnt sowohl wegen der Vegetation als auch der Landschaft. Am Ausgangspunkt unserer Wanderung im Bereich des heutigen Tuffbades errichteten Maria Luggauer Serviten 1765 bei der Suche nach Heilkräutern eine kleine Badehütte zum Eigengebrauch des Klosterkonvents und zur Erholung kränklicher Patres. Die Kapelle wurde 1840 erbaut, ehe 1933 das Tuffbad erstmals auf Grund einer lauen Kalzium-Magnesium-Sulfat-Quelle öffentlich genutzt wurde.

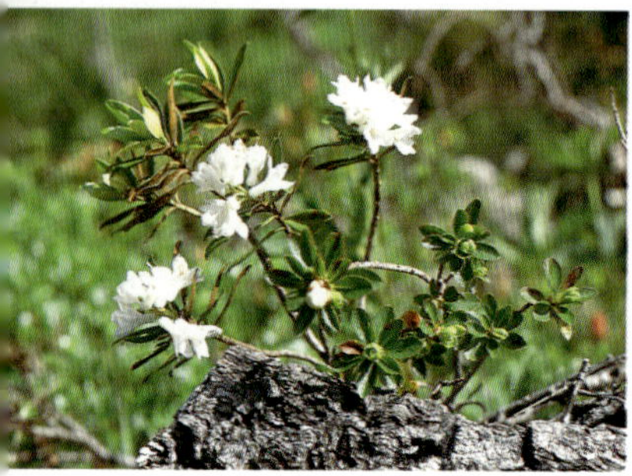

Die äußerst seltene Weiße Alpenrose.

Talort: St. Lorenzen im Lesachtal, Ortsteil Wiesen, 1140 m, Postbusverbindungen.
Ausgangspunkt: Tuffbad, 1262 m, 3 km nördlich vom Ortsteil Wiesen, Parkplatz.
Anforderungen: Abwechslungsreiche Bergwanderung, Ausdauer erforderlich, im Anstieg zum Soleck teils steiler Waldsteig, markiert, bez. 22.
Einkehr: Almwellness-Resort Tuffbad mit Almdorf und Kapelle (geöffnet vom 20. Mai bis 30. Nov. und vom 13. Dez. bis 4. April. 130 Betten, Hallenbad, großes Außenbecken; Tel. +43 4716 622, www.almwellness.com).
Lackenalm, 1614 m, Jausenstation bei Anwesenheit des Hirten.
Hinweis: Der Waldsteig von der Lackenalm zum Tuffbad ist durch Waldschäden vermutlich bis mindestens 2022 beeinträchtigt. Als Alternative ist der Forstweg bei etwa gleichem Zeitaufwand frei begehbar.

Nördlich vom **Tuffbad** ① gelangen wir am Fahr- oder Wiesenweg zur rustikalen Brücke am Wildsenderbach, 15 Min. Beim gegenüberliegenden Waldkreuz mit Bank weisen Tafeln links zum Zochenpass, wir wenden uns nach rechts zum Soleck und Riebenkofel, bez. 22. Mit allmählich verstummenden Bachrauschen geht es entlang einer waldgesäumten Wiese leicht bergan, ehe wir in die grasbewachsene Unterflur des geschlossenen Waldes eintauchen. Dem aufmerksamen Betrachter werden dort die wunderbaren Frauenschuhblüten zur Frühsommerzeit nicht entgehen. Wir gewinnen in vielen Kehren an Höhe und kommen nach ca. 1.30 Std. an der nussbraunen, versperrten Jagdhütte **Soleckhütte** ②, 1732 m, vorbei. Wo wir mehrmals kleine Hangkanten übersteigen, verleihen die zwischen Fichten und Lärchen sich andrängenden Latschen dem Hochwald alpines Flair. Diesen Eindruck verstärkt eine kompakte Felswand, an deren Fuß wir eine Zeitlang ansteigen. Wo wir an höherer Stelle einen von einer Lärche bewachten, beschrifteten **Felsblock** 3 erreichen, 1.15 Std., zweigt der Steig rechts Richtung Süden zur Lackenalm ab, während wir noch 15 Min. zum rasenbedeckten Soleckkamm (Tafel) ansteigen. Das freistehende **Soleck** 4, 2221 m, ist Richtung Norden auf sich windendem, zwischen Latschen und Felsköpfen verlaufendem Steig unschwierig ersteigbar, 20 Min. Ein Eisenkreuz auf einem Steinsockel ziert den Gipfel.

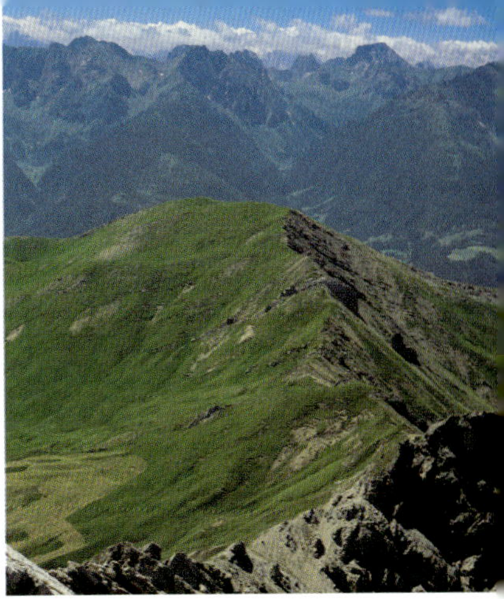

Vom Soleck schauen wir über den Riebenkofel zum Karnischen Kamm.

Zum Riebenkofel, 2386 m, wenden wir uns am erwähnten Soleckkamm (Tafel) nach Süden. Wir überschreiten ein nahegelegenes, grünes Kammschärtchen und im Anschluss einen Fels-Rasenkopf. Bald danach kommen wir an einem Kammkreuz mit einer etwas tiefer stehenden privaten Almhütte vorbei. Wo der leicht felsdurchsetzte Rasenkamm geringfügig sich ostwärts biegt, ist bei kaum merklicher Steigung das Gipfelkreuz (Wanderstempel) des **Riebenkofel** 5, 2386 m, 45 Min., zum Greifen nahe.

Der Rückweg erfolgt auf derselben Route bis zum erwähnten Felsblock mit einzelner Lärche, 45 Min. Dort setzen wir die Rundwanderung in Richtung

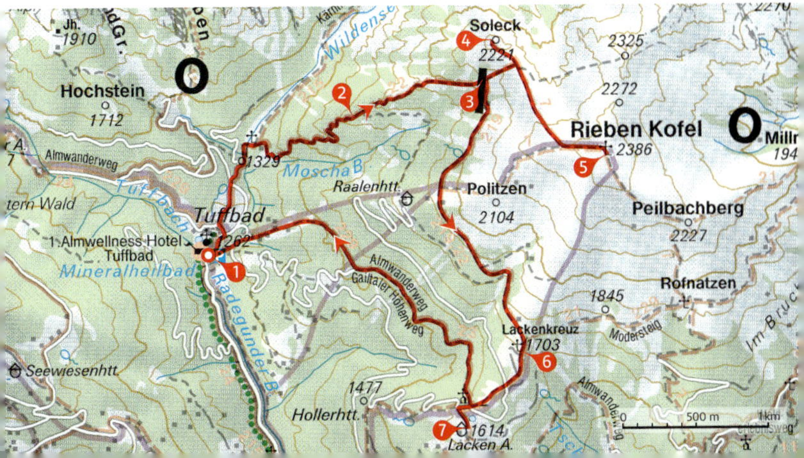

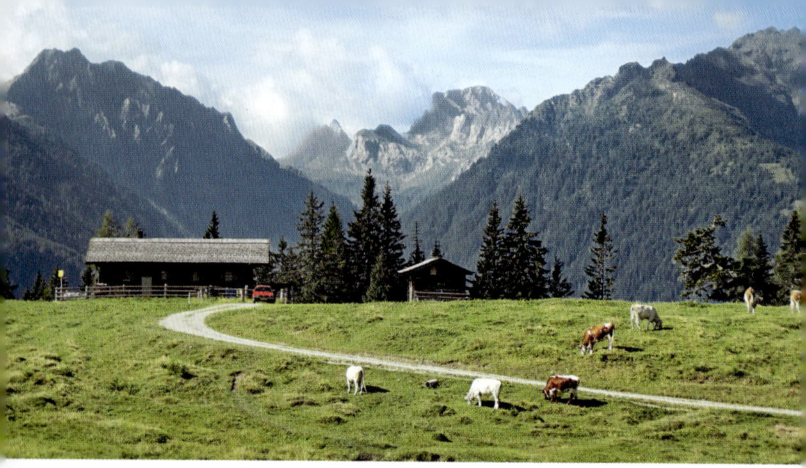

Das weiträumige Weidegebiet Lackenalm, im Hintergrund die Raudenspitze.

Lackenalm, bez. 219, fort. Schon bald beeindruckt eine urige Lärche mit gewaltigem Stammumfang, und für uns unbedeutend bleibt ein grasiger Pfad zum Riebenkofel. Wir passieren eine mit Pultdach abgedeckte Hütte. In weiterer Folge löst sich aus dem Waldschatten eine 60 Höhenmeter abzusteigende Rasenbucht, ehe im Wechsel von Wald und Lichtungen der Steig bequem und eben eine Atempause gewährt. Noch ein Stück einem Zaun zur Seite (Gatter), dann geht es sanft fallend zum **Lackenkreuz** 6, 1703 m, auf lockerer Lärchenweide, etwa 12 Min. vor der **Lackenalm** 7, 1612 m, 1.10 Std. ab dem Felsblock.

Die Schlussetappe zum Tuffbad ist sowohl auf einem Forstweg, wie auch auf einem Waldsteig durch den Lebensraum von Fuchs und Marder möglich. Ca. 120 m nördlich der Lackenalm zweigt der Steig bei einem Bildstock nordwärts ab, bez. 23, wobei wir zwei weitläufige Waldbuchten mit zwischendurch kleinen Gegensteigungen durchschreiten. Erwähnenswert sind kurze Wegpassagen mit rötlicher Tonerde, eine am Waldrand versperrte Privathütte und später eine unübersehbare mächtige Fichte. Wir queren wiederholt den Forstweg, gehen entlang baumbegrenzter Wiesen dem Tuffbad entgegen und erreichen es bei der Brücke am Wildsenderbach, wenngleich zum Parkplatz beim Almwellness-Hotel **Tuffbad** 1 noch eine kleine Steigung auf asphaltierter Straße erforderlich ist, 1.30 Std.

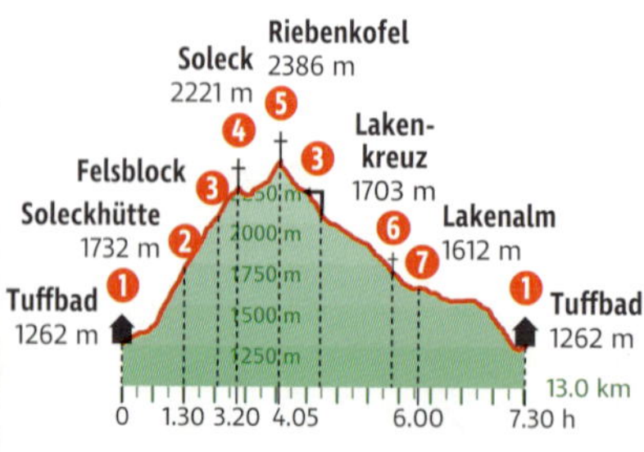

↗ 870 m | ↘ 870 m | 9.3 km

5.00 h

Von Assing auf den Lumkofel, 2286 m

Hochliegende Weiler und ein lohnender Gipfel

Im Zentrum des Dorfes Liesing ist die neue Brunnenanlage ein Blickfang. In Stein gehauene Figuren symbolisieren das Bauerntum und die Kultur des Lesachtales. Der Dorfplatz wurde zum schönsten Kärntens gewählt. Liesing ist Sitz der Verwaltung Lesachtal und auch älteste Pfarrei. Im Ort ist die Musikakademie Liesing beheimatet. Die Wanderung zur Mahdalpe ist leicht, zum Lumkofel teils steil und auch der Rückweg nach Assing erfordert Aufmerksamkeit.

Talort: Liesing, 1043 m, an der Lesachtaler Bundesstraße, Postbusverbindung.
Ausgangspunkt: Assing, 1427 m. Zufahrt von Liesing auf einer Bergstraße, 4 km. Parkmöglichkeit in einer Straßenkehre (Bach) 12 Gehminuten vor dem Straßenende auf Assing. Freiwillige Parkspende an Ort und Stelle.
Anforderungen: Leichter Almwanderweg zur Mahdalpe (Motalpe), zum Lumkofel ab Mahdalpe sehr steil, teils Trittpfad, jedoch unschwierig, markiert, Pflöcke.
Einkehr: Keine.

Wir beginnen die Alm- und Bergwanderung ab **Assing** ❶ (Haus Nr. 2) gegen den Uhrzeigersinn in östlicher Richtung. Bereits nach 120 m endet der Forstweg. Im Anschluss führt der Steig in den Waldschatten und im Wechsel von lautlosen Quellaustritten und kleinen, gering wasserführenden Gräben schattig weiter. Stets unter turmhohen Fichten und auch im Nahbereich eines Forstweges dahin. Wir kommen bergseitig an der dunkelgebeizten Seiwald-Almhütte vorbei, die sonnbeschienen am Wiesenrand steht und im Rücken von einer riesigen Fichte bewacht wird. Ab einem Hochsitz und alten Hütten nützen wir den Forstweg zur **Oberraster Alm** ❷ mit Wegtafeln und Almkreuz, 1609 m, 45 Min. Ein nach Norden lenkender Forstweg quert mit anfänglicher Steigung das östliche Waldgehänge des Grünkofels bis zur **Mahdalpe** ❸, 1814 m, 45 Min., mit altgedienten Schuppen und Almkreuz am Feldwiesensattel (kein Trinkwasser). Vor uns ragt der Lumkofel mit rasenbedeckter breiter Südseite auf. Ihm zu Füßen wird auf freien Hängen noch

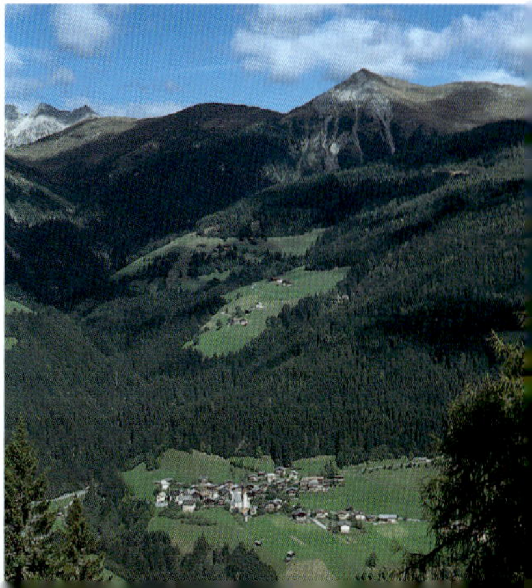

Hoch über Liesing, Pallas und Assing ist der Lumkofel sichtbar.

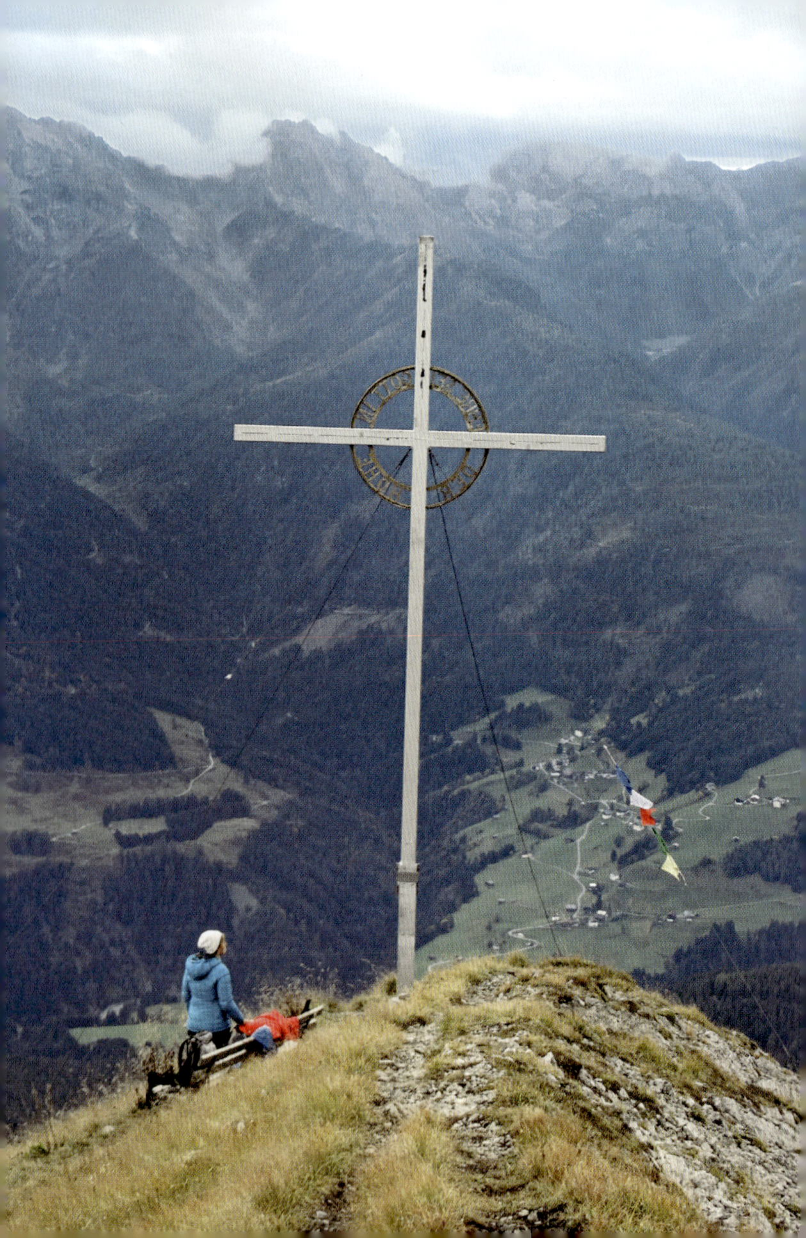

jährlich gemäht und das Heu am Forstweg abtransportiert. Wir queren kurz zur ostseitig stehenden Wegtafel, wo ein Trittsteig steil emporführt. Wir erreichen eine letzte lockere Lärchengruppe auf halber Höhe des Hanges mit 2 m breitem Hangabsatz als möglichem Rastplatz. Wo kleine buschige Lärchen und Fichten nur noch vereinzelt vorkommen, sind Steig und Pfad etwas schottrig, ehe wir fast geradlinig hinauf gelangen zum Kreuz (Buch) am **Lumkofel** ❹, 2286 m, 1.15 Std. »Ehre sei Gott in der Höhe«, kündet das 1970 errichtete Kreuz. Eine schmale Rasenschneide lenkt zum gering höheren Punkt mit darin eingesenktem Granitwürfel. Der Rückweg führt auf derselben Route zur **Mahdalpe** ❸ am Feldwiesensattel. Der weitere Abstieg nach Assing ist mittelsteil, markiert, bez. 9 und beginnt auf einem Waldsteig, dem bald eine Forstwegquerung folgt. Anschließend verläuft der Steig ca. 10 Min. fast eben in südöstliche Richtung. Wo wir den Forstweg zum zweiten Mal antreffen, nützen wir ca. 230 m sein minimales Gefälle. In weiterer Folge queren wir noch mehrmals den Forstweg, wobei wir Windwurfparzellen des Sturmtiefs Vaia im Jahr 2018 passieren. Auf abschließend kurz etwas steilerem Steig ist **Assing** ❶ erreicht. Hinab zum Parkplatz auf asphaltierter Bergstraße sind es noch 8 Min., 2.15 Std. vom Lumkofel.

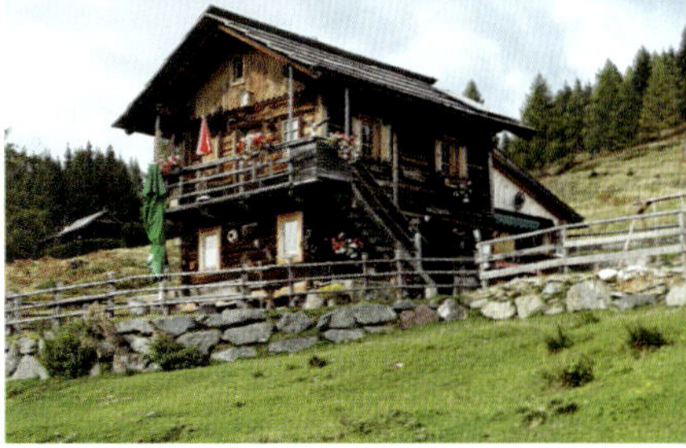

Die Oberraster Alm.

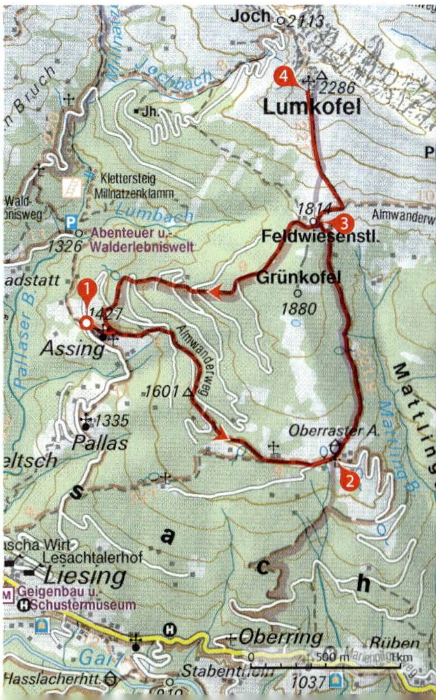

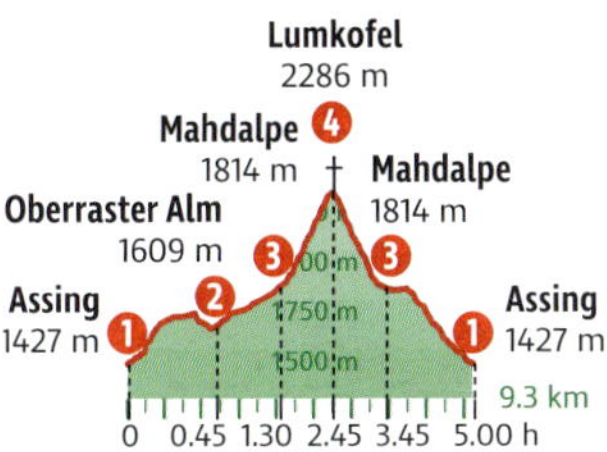

Am Gipfel des Lumkofel, ihm zu Füßen liegt Obergail.

↗ 260 m | ↘ 260 m | 2.6 km

47 Klettersteig in der Millnatzenklamm

2.15 h

Abenteuer- und Walderlebniswelt Lesachtal

Der auf Initiative des TVB-Liesing und des Alpinpolizisten Andreas Ortner entstandene Klettersteig führt durch eine von Wasserfällen belebte Schlucht. Zwei Seilbrücken und ein spektakuläres »Jausenbankl« in luftiger Höhe sind Teil der sieben durch die Schlucht führenden Sektoren. Die interessante Anlage vervollständigen ein Schausägewerk, ein Spielplatz samt Kletterturm und Ballanceparcours, sowie ein Walderlebnisweg mit Rast- und Ruheoasen – dort auch für Kinder ein willkommenes Abenteuer.

Entlang dem schnellen Wasser am Klettersteig in der Millnatzenklamm.

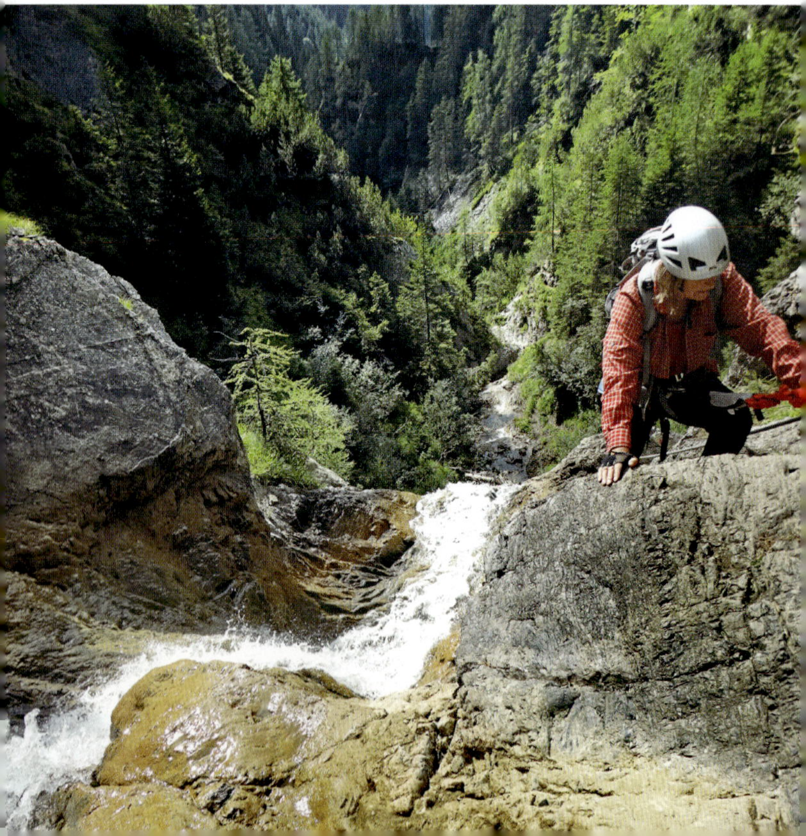

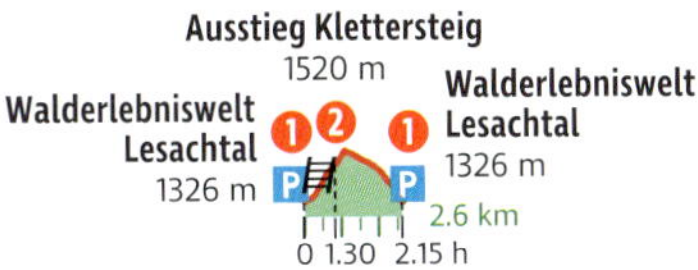

Talort: Liesing/Ortsteil Klebas, 1043 m, Postbusverbindung.
Ausgangspunkt: Parkplatz Walderlebniswelt Lesachtal, 1326 m. Zufahrt: Westlich von Liesing bei der Kirche in Klebas auf einer Bergstraße nach Unter- und Obertscheltsch, dann auf einem Naturweg in den Bereich Ladstatt (Schranke, Maut 5 €).
Anforderungen: Klettersteigset, Kletterzeit 1–1.30 Std., 200 Hm, Schwierigkeit B, C, inklusive einer anspruchsvolleren Variante. Abstieg auf Weg und Steig. Bei trockenem Fels ist die Tour angenehmer, bei hochgehender Wasserführung rutschiger, bei Gewittergefahr lebensgefährlich!
Einkehr: Keine. Gaststätten im Tal.

Vom Parkplatz der **Walderlebniswelt Lesachtal** ❶ lenkt ein grüner Pfeil links zum Walderlebnisweg, wir folgen dem roten Pfeil rechts in 12 Min. zum **Klettersteig**. Die seilgesicherte Route mit Kletter- und Gehstrecken verläuft weitgehend auf der orografisch rechten Schlucht(bach)seite. Zwei Seilbrücken würzen das Abenteuer. Beim Wasserfall nach der zweiten Seilbrücke führt die etwas leichtere Route rechts, die erwähnte anspruchsvollere links, senkrecht empor zum sogenannten Jausenbankl. Die Sektion 5 weist eine »Gischtdusche« und ein »Gipfelbuch« auf. Nach dem **Ausstieg** ❷, 1520 m, führt ein Trittsteig in ca. 15 Min. hinauf zum Forstweg. Hier links gelangen wir auf dem Walderlebnisweg, von dem auch ein interessanter Waldsteig abzweigt, zurück zur **Walderlebniswelt Lesachtal** ❶.

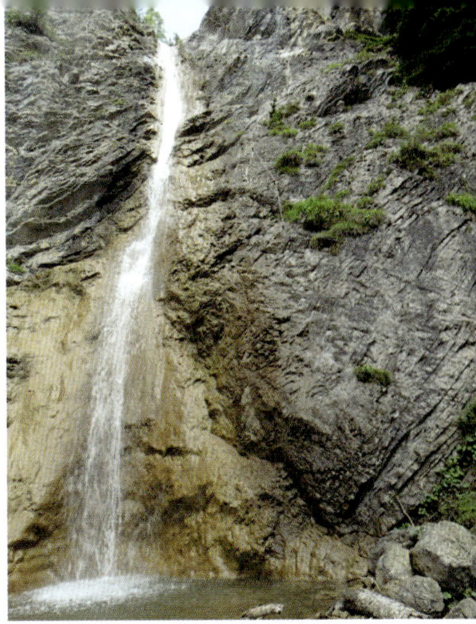

Steil führt die Route beidseitig des Wasserfalles hinauf zum »Jausenbankl«.

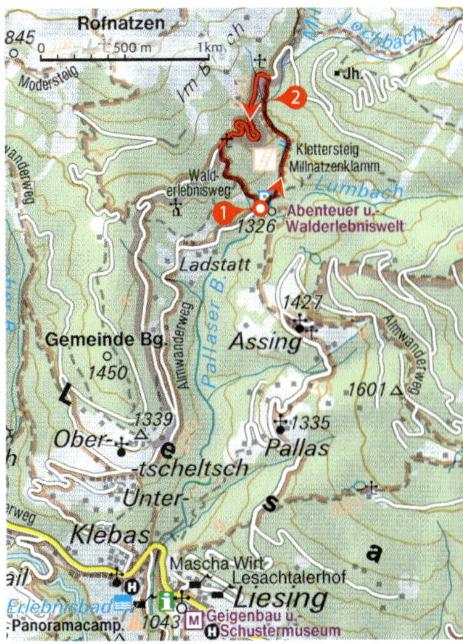

↗ 1100 m | ↘ 1080 m | 16.3 km

48 Von St. Jakob ins Naturschutzgebiet auf der Mussen 5.45 h

Florareiche Bergwanderung von St. Jakob zum Gailbergsattel

Den schönsten Teil dieser Tour bietet die baumfreie Mussen bis zur Mussenhöhe, wo wir auf einem Abschnitt des Gailtaler Höhenweges unterwegs sind. Die einheitlich erscheinenden blumenreichen Wiesenflächen auf der Mussen erweisen sich bei näherer Betrachtung als kleinräumiges Mosaik verschiedener Pflanzen- und Tiergesellschaften. Dies begünstigen der geologische Untergrund, die Exposition der Wiesen, das Klima und zu guter Letzt die gestaltende Hand des Menschen. Mit Rücksicht auf die streng geschützte Paradieslilie, das Paradestück der Flora in dem vier Quadratkilometer großen Schutzgebiet, wird hier nur alle zwei Jahre gemäht. Mit Auffahrt von St. Jakob ist die Mussen auch für Kinder ein schönes Wanderziel.

Talort: St. Jakob, 948 m, 8 km westlich, talaufwärts von Kötschach/Mauthen, Postbusverbindung.
Ausgangspunkt: St. Jakob, Mussen-Forstweg, 100 m östlich der Ortstafel.
Endpunkt: Gasthof Gailberghöhe am Gailbergsattel, 971 m, Postbushaltestelle.
Anforderungen: Leichte, aber Ausdauer erfordernde Wanderung auf Forstwegen und Almsteigen.
Einkehr: Unterwegs keine. Am Ausgangspunkt Gasthof zum Löwen in St. Jakob (Tel. +43 4715 8818, www.gasthof-ainetter.at), am Endpunkt Gasthof Hotel Gailberghöhe (Tel. +43 4715 368, www.gailberg.at).

Östlich vom Gasthof Löwen, bzw. 100 m östlich der Ortstafel von **St. Jakob** ❶ beginnt der auch befahrbare Almweg (Maut 10 Euro), der uns an den Beginn des Naturschutzgebietes bringt, wo Tafeln auf Besonderheiten hinweisen (Gehzeit 1.30 Std.). Steil und steinig führt ein Weg weiter aufwärts und wendet sich vor dem Linksabzweig nach Podlanig und Strenge nach rechts ❷. Er durchmisst in nordöstlicher Richtung die florareichen Bergwiesen. Wir kommen an »Hiasla Mich's Hütte« (Mussenking) vorbei, wo der Weg nordwestlich die schönen Bergwiesen streift und bei einer kleinen **Hütte mit Almkreuz** ❸ innehält. Dazu rät auch die Quelle etwa 7 Min. entfernt auf der nördlichen Kammseite. Weiter bergan formt sich das Almgelände zu einem länglichen Rücken, auf dem kleine, kegelförmige Fichten und einzelne Lärchen wie in einer Krippenlandschaft stehen. Etwas abseits unserer Route fällt ein originelles Kreuz auf. Bald

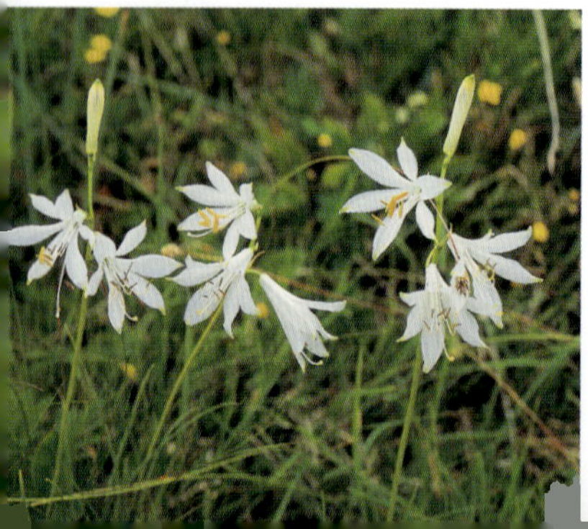

Paradieslilie, einzigartig auf der Mussen.

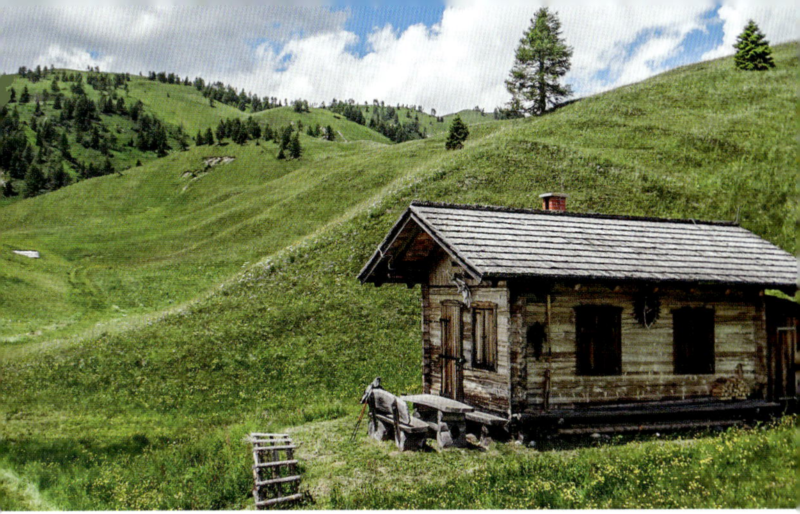

Almen und Bergwiesen prägen das weitläufige Gebiet der Mussen.

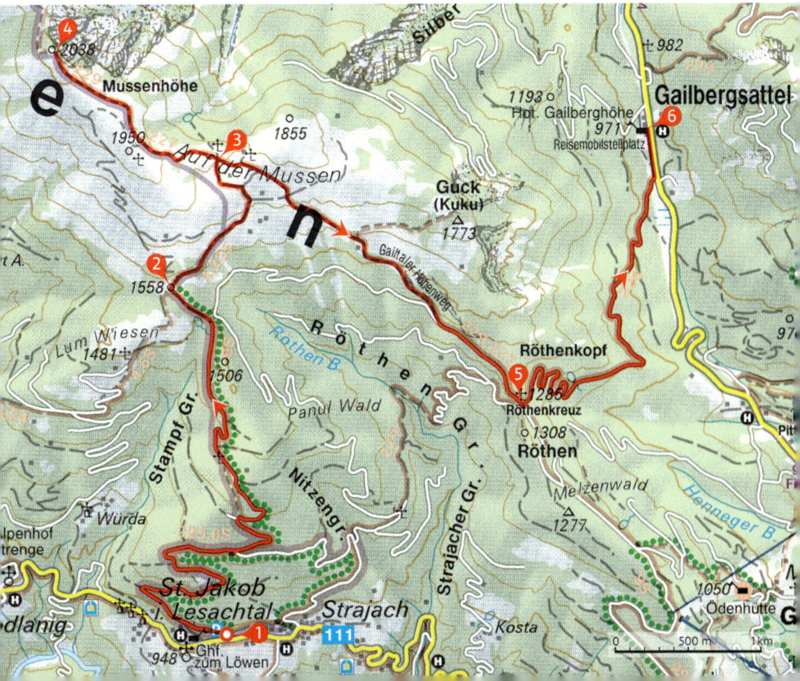

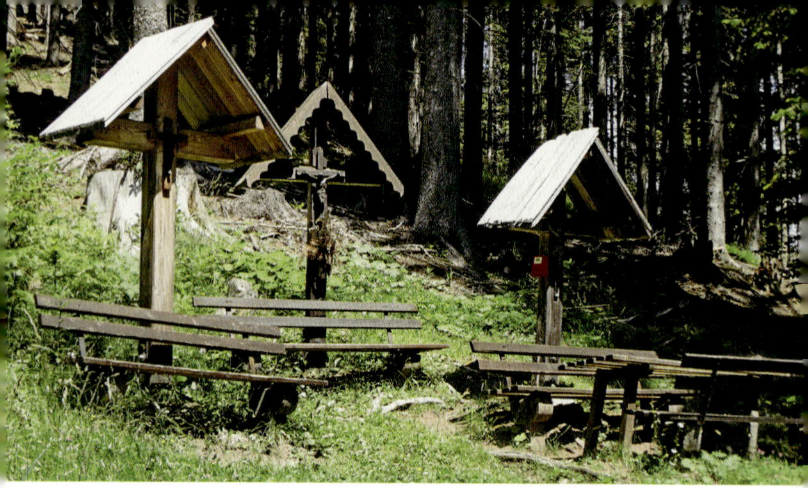

Vorbei an den Rötenkreuzen führt die Route hinab zur Gailberghöhe.

erreichen wir den Gipfel der **Mussenhöhe** ❹, 2038 m, mit einer rundum prachtvollen Aussicht.

Wir verlassen den höchsten Punkt und wandern auf dem Hinweg wieder hinab zur kleinen **Hütte mit Almkreuz** ❸. Im Rasenkleid erfreuen uns Steinnelken, Bergastern oder die schöne Alpen-Hagrose u. a. An etwas tieferer Stelle beachten wir die Steigteilung: Nach St. Jakob schert der Steig südlich aus, wir aber bleiben dem Gailtaler Höhenweg (bez. 229) treu und wandern in östlicher Richtung auf Röten zu. Der großteils erdige, dann wieder steinige Steig durchbahnt das Naturschutzgebiet mit der Paradieslilie als »Königin« unter den Floraschätzen. Wo der Steig in den Halbschatten mit Nadel- und Laubbäumen eintaucht, gibt es vereinzelt Hopfenbuchen und Manna-Eschen. Im Unterwuchs geht es aber auch den Kleinen gut: Seifenkraut, Pestwurz, Vogelwicke und Orchideen, das Rote Waldvöglein, Braunrote Stendelwurz u. a. wachsen hier. Wir kommen bei den drei **Rötenkreuzen** ❺, 1285 m, 1.45 Std. ab Mussenhöhe, vorbei und folgen dem Hinweis zum Gailbergsattel. Dann auf eintönig verlaufendem Forstweg talwärts zur Bundesstraße, wo uns nur noch wenige Minuten vom nördlich gelegenen **Hotel Gailberghöhe** ❻, 971 m, am Gailbergsattel trennen.

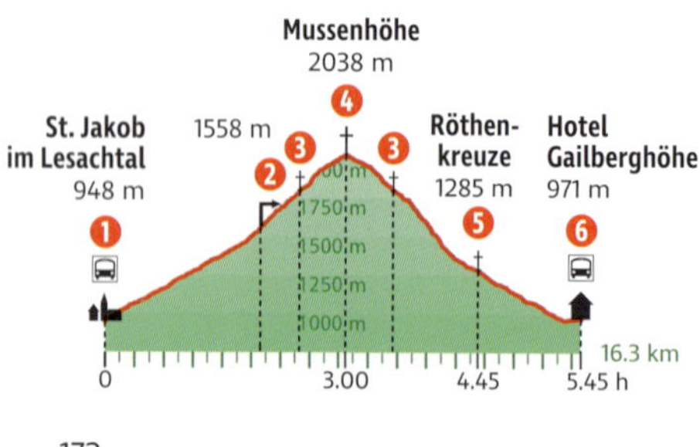

↗ 1420 m | ↘ 1420 m | 19.6 km

TOP

8.30 h

Wolayersee und Rauchkofel, 2460 m

49

Ein prachtvoller See umgeben von geschichtsträchtigen Gipfeln

Der Wolayersee liegt im Grenzgebiet zwischen Kärnten und der italienischen Provinz Friaul-Julisch Venetien und die Wanderung dorthin weckt viele Erinnerungen an die Wirren des Ersten Weltkrieges. Sie hat aber auch für Naturliebhaber viel zu bieten: Im Natura-2000-Schutzgebiet Wolayersee konnten über 600 verschiedene Blütenpflanzen nachgewiesen werden. Zu geologisch sehr interessanten Felsformationen führt von der Wolayerseehütte der Geotrail (siehe Tipp).

Talort: Birnbaum, 947 m, im Lesachtal Postbusverbindung.
Ausgangspunkt: Hubertus-Kapelle, 1114 m. Zufahrt: 500 m westlich vom Ortszentrum Birnbaum (Tafel) hinab zur Gailschlucht und am Gegenhang hinauf in die Ortschaft Nostra (Kapelle), 1038 m. Von dort weitere 4 km ins Wolayer Tal zum Parkplatz, ca. 120 m südlich der Hubertus-Kapelle (Schranke).
Anforderungen: Durchgehender Fahrweg bis zur Wolayerseehütte, teilweise sind noch abkürzende Steigpassagen erhalten. Zum Rauchkofel an teils felsdurchsetzten Stellen Trittsicherheit erforderlich, mäßig schwierig, markiert, bez. 438.
Einkehr: Obere Wolayeralm, 1709 m (geöffnet Anfang Juni bis 10. September, Getränke im Wassertrog, Bezahlung bei der Hütte). Wolayerseehütte, 1960 m (ÖAV-Sekt. Austria, geöffnet Mitte Juni bis Anfang Oktober, 24 Betten, 40 Lager; Tel. +43 720 346141, www.wolayerseehuette-lesachtal.at).
Tipp: Lohnend ist auch der Geotrail, der als Rundweg von der Wolayerseehütte durch eine versteinerte Meereswelt mit Spuren von Korallen, Seelilien, Krebsen und urzeitlichen Tintenfischen führt, die hier vor ca. 400 Millionen Jahren existiert haben (2.30 Std.).

Wolayersee und gleichnamige Hütte begrenzt vom Biegengebirge.

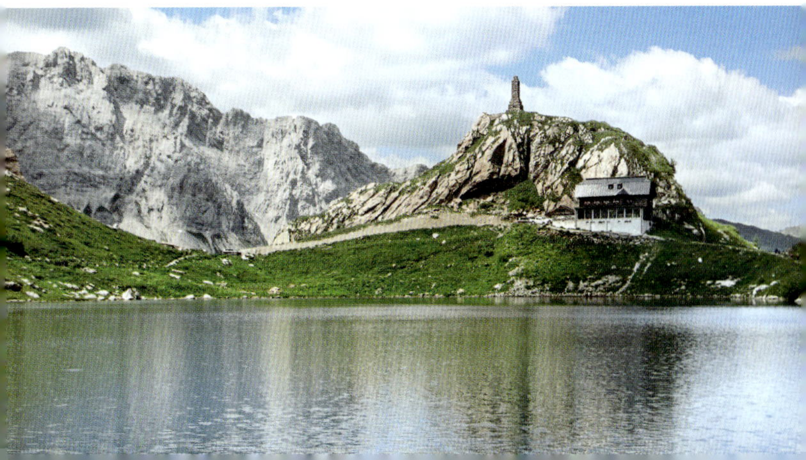

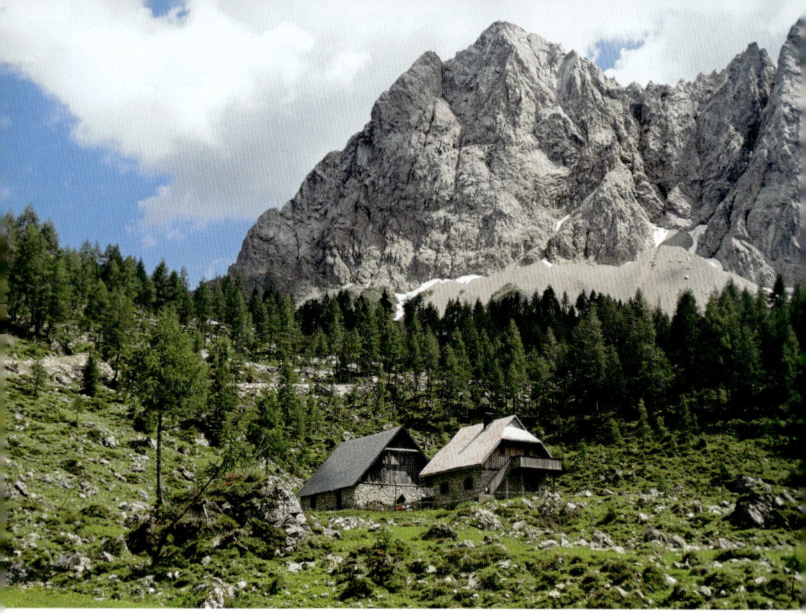

Die Obere Wolayeralm mit Seekopf (Monte Capolago), 2554 m.

Ab dem **Parkplatz** ❶ unmittelbar nach der 1916 eingeweihten Hubertus-Kapelle führt der Almweg (Fahrweg) leicht steigend vorbei an der unbewirtschafteten Unteren Wolayeralm ❷ in den Talschluss, 30 Min. Während rechter Hand sich ein steinüberlagerter Erlenwald ausbreitet (Hochwasser Oktober 2018) beeindrucken links des Weges mächtige Buchen vor steilen Felswänden, die das Tal kulissenhaft umschließen. Dann am Weg in Serpentinen mäßig steil aufwärts, wobei noch stückweise der alte Weg als Abkürzung dient. Im Bereich des **Hildenwasserfalls** ❸ überschreiten wir eine kleine Brücke und überwinden eine lärchenbewachsene Anhöhe mit anschließend flachem Wegverlauf zur **Oberen Wolayeralm** ❹, 1709 m, 2.15 Std. Wiederum in Kehren einen Lärchenkamm aufwärts, ehe wir in einem begrünten Bergtrog (Angerle) kurz etwas an Höhe einbüßen und dann den Schlusshang im Angesicht des Frauenhügels (Kriegerdenkmal, 1914–17) in sechs spitzen Wegkehren überwinden. Wir erreichen das Birnbaumer Törl unmittelbar vor der **Wolayerseehütte** ❺, 1 Std. Eindrucksvoll ragen die Seewarte, 2595 m, und der Seekopf, 2554 m, beidseitig des Wolayer Passes auf, während sich der Rauchkofel weniger auffällig nordöstlich der Hütte erhebt.

Zum Rauchkofel, verlassen wir die Hütte auf anfänglich dürftigem Steig, der links am Rauchkofelboden vorbeilenkt, 15 Min. Im Weiteren windet er

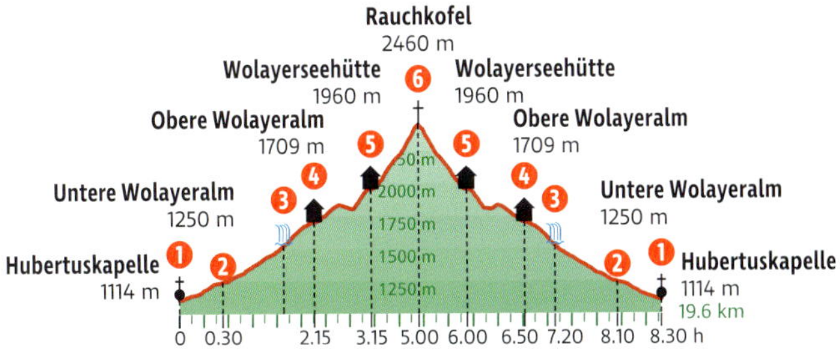

sich über kupiertes Rasengelände mittelsteil aufwärts. In der oberen steileren Rasenflanke ist der Kehrensteig erdig und nähert sich einer Rasenspitze, unter der wir rechts haltend dem leicht felsdurchsetzten Rauchkofel zustreben. Zum Gipfelsteinmann auf dem **Rauchkofel** 6 ist Trittsicherheit geboten, 1.45 Std. ab Wolayerseehütte.
Der **Abstieg** erfolgt auf der Aufstiegsroute, gesamt 3.30 Std.

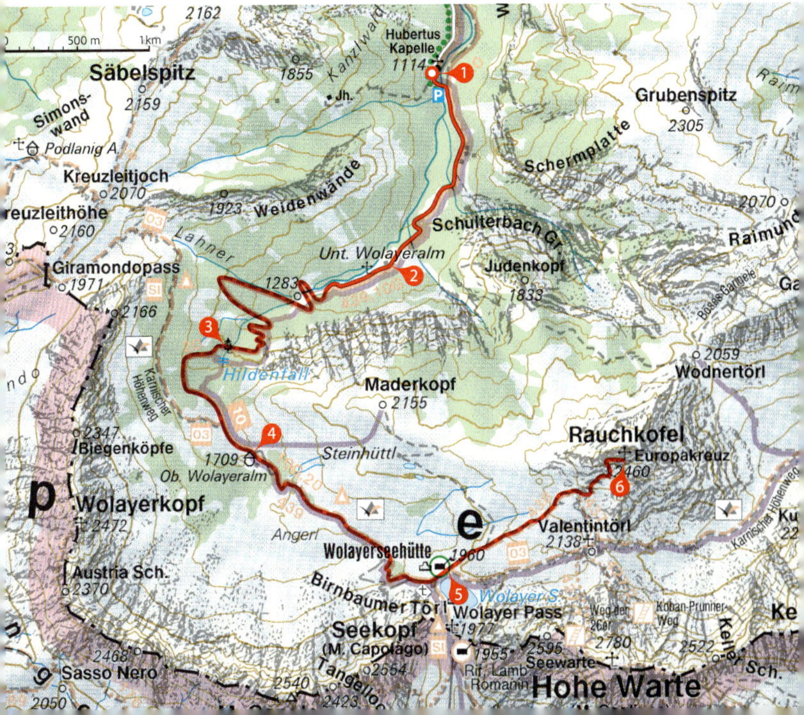

↗ 530 m | ↘ 530 m | 5.1 km

50 Freilichtmuseum Kleiner Pal, 1866 m

3.15 h

Geschichtsträchtiger Rundweg vom Plöckenpass (Passo Monte Croce)

Das Freilichtmuseum am Kleinen Pal erläutert den historischen Hintergrund des Ersten Weltkrieges. Nachgebaute Kriegseinrichtungen, Kampf- und Wehranlagen wurden im Verein der Dolomitenfreunde rekonstruiert.

Talort: Kötschach/Mauthen, 707 m, Postbus von Oberdrauburg und Sillian.
Ausgangspunkt: Plöckenpass, 1360 m, Parkplatz, Bushaltestelle, ca. 10 km südlich von Kötschach/Mauthen, Hinweistafeln zum Freilichtmuseum.
Anforderungen: Großteils Steiganlage, bei Nässe an mehreren Stellen mit Vorsicht zu begehen. Insgesamt unschwierig, bez. 401.
Einkehr: Unterwegs keine. Restaurant am Plöckenpass.
Tipp: In Kötschach/Mauthen dokumentiert das Museum 1915–18 die Front vom Ortler bis zum Isonzo und die Geschichte des Weltkriegs anhand der Schicksale einfacher Soldaten und der Zivilbevölkerung auf beiden Seiten mit historischen Fotos, Dokumenten und Exponaten (geöffnet von Mitte Mai bis Oktober; Tel. +43 4715 851332, www.dolomitenfreunde.at).

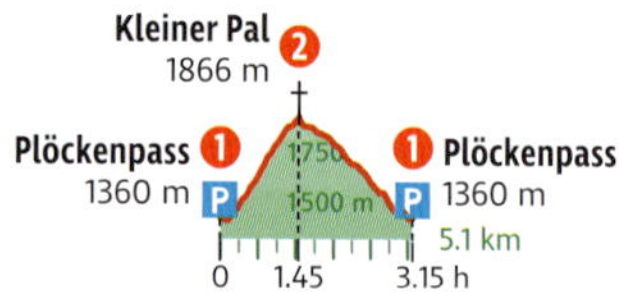

Mit der Fahrt vom Rathaus Kötschach/Mauthen beginnt auf der Plöckenstraße eine Reise in die Vergangenheit. Auf das Museum am Kleinen Pal stimmt der österreichische Soldatenfriedhof, Kreuztratte, 1077 m, ein. Das Schaukraftwerk, Hydro-Solar-Energie-Erlebniswelt, steht unweit davon. Nach weiteren Kehren und Galerien gelangen wir zum Plöckenhaus und durch eine letzte lange Galerie auf den **Plöckenpass** ❶ mit Grenzparkplatz und zwei unübersehbaren Windturbinen. Zum Kleinen Pal führt ein teils felsiger, dann wieder laubbedeckter Steig auf Stufen den Berghang empor. Nach ca. 15 Min. zweigt links ein Steig zum Plöckenhaus ab, während wir zur »MG-Nase« bergwärts ansteigen. Wir überwinden dichten Strauch- und Staudenbewuchs und nähern uns felsigen Zonen im Bereich der Staatsgrenze. Hier zweigt der Via-Vetta-Chapot-Weg (401-B) rechter Hand ab. Zum Kleinen Pal geht es hinauf in einen Fels-Rasensattel, wo zwei Anstiege zum Gipfel möglich sind: a) leicht und auf Holzstiegen oder b) am Front-Klettersteig (teils Tritteisen) für Geübte, jeweils ca. 15 Min.

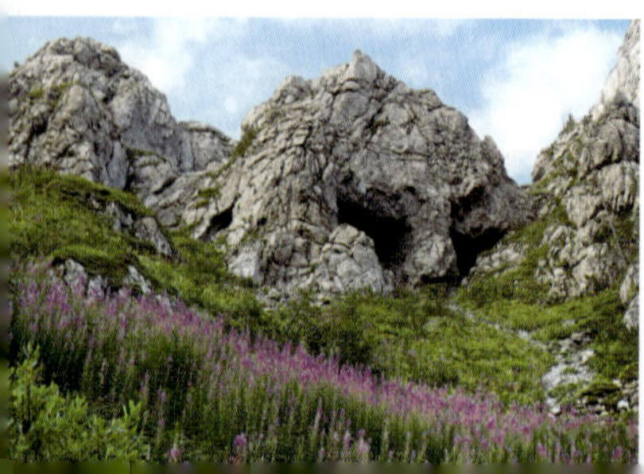

Weidenröschen versöhnen mit vom Krieg verbliebenen Stollen und Gängen.

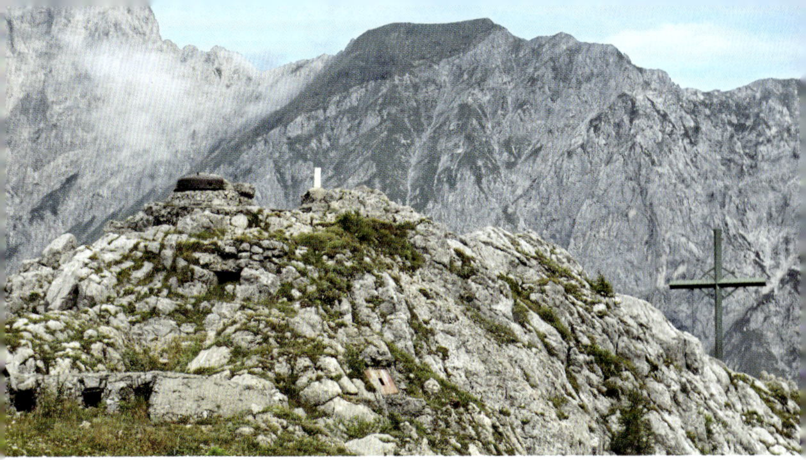

Das Gipfelkreuz und die Panzerkuppel am »verwundeten« Kleinen Pal.

Im weitläufigen Gipfelbereich des **Kleinen Pal** ❷, 1866 m, gesamt 1.45 Std., beeindrucken eine 500 kg schwere Panzerkuppel, Reste einer Materialseilbahn, eine Hütte und ein Gipfelkreuz. Betrachten wir die Schützengräben, Kavernen, Stollen und Stellungen in Stein- und Betonbauweise, dann ist vage vorstellbar, mit welchem Einsatz und Aufwand hier gekämpft wurde. Den **Abstieg** wählen wir am Alpinisteig, bez. 401, mit Beginn auf dem 15 Min. tiefer gelegenen, erwähnten Fels-Rasensattel. Ein kleines Rasentälchen mit üppigem Vorkommen von Weidenröschen lenkt in südwestliche Richtung. Wo sich ein kurzer Abstecher zum Freikofel anbietet, geht es am Alpinisteig zwischen Fichten, Latschen und Felsbrocken in Schleifen bergab. Der in Kehren angelegte und streckenweise auf Stützmauern ruhende Frontweg lässt auch hier unschwer ahnen, unter welch unsagbaren Mühen und ständiger Bedrohung diese Kriegswege angelegt wurden. Talwärts schreitend kommen wir am Fuße lotrechter Felswände vorbei, wo Extremkletterer zahlreiche Routen mit Bohrhaken ausgestattet haben. Unweit davon ist eine ehemalige Alpinistellung zur Ruine verfallen. Bereits mit den Motorengeräuschen von der Plöckenstraße im Ohr, durchschreiten wir an tieferer Stelle ein kleines Buchenwäldchen und steuern abschließend mit geringer Steigung dem Ausgangspunkt am **Plöckenpass** ❶ zu, gesamt 1.30 Std.

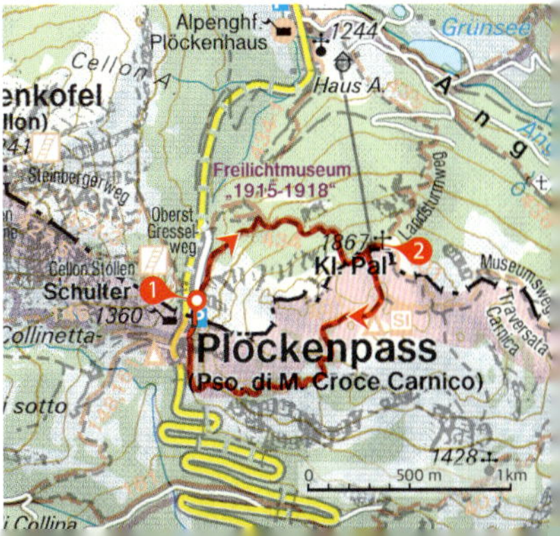

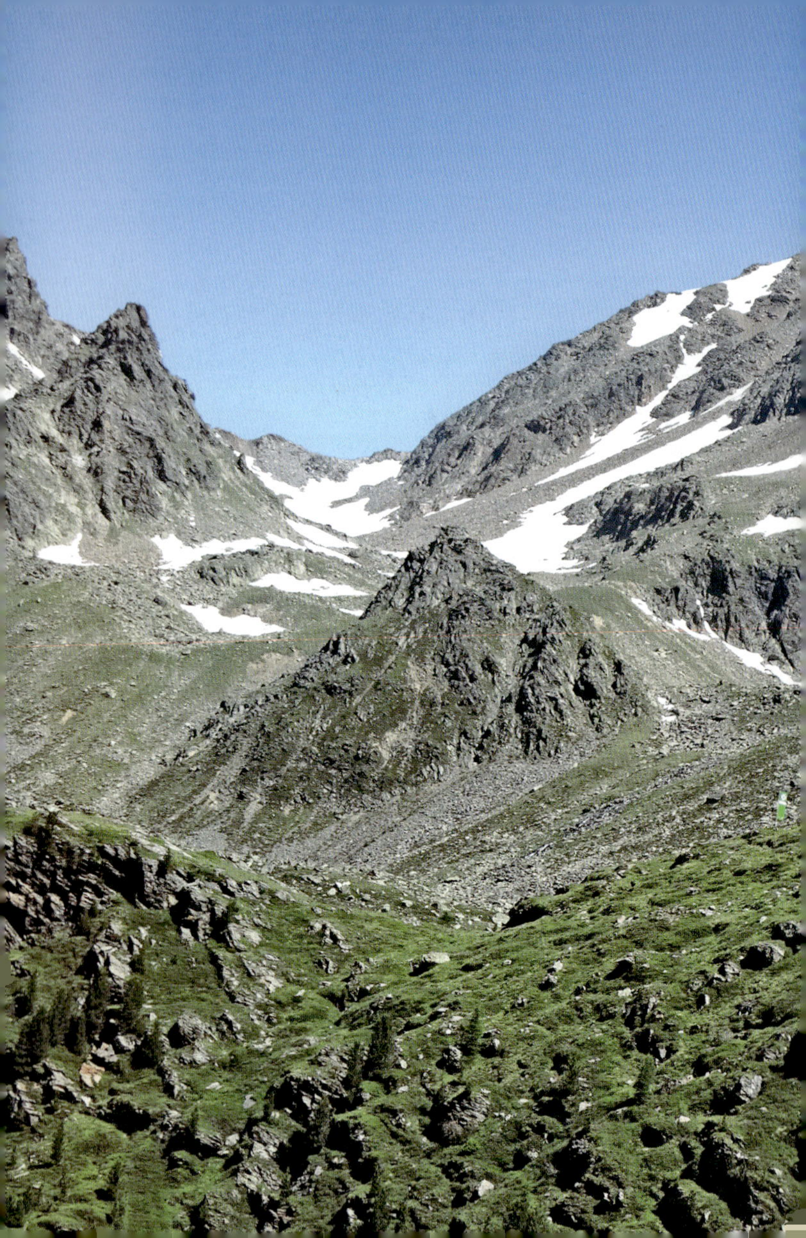

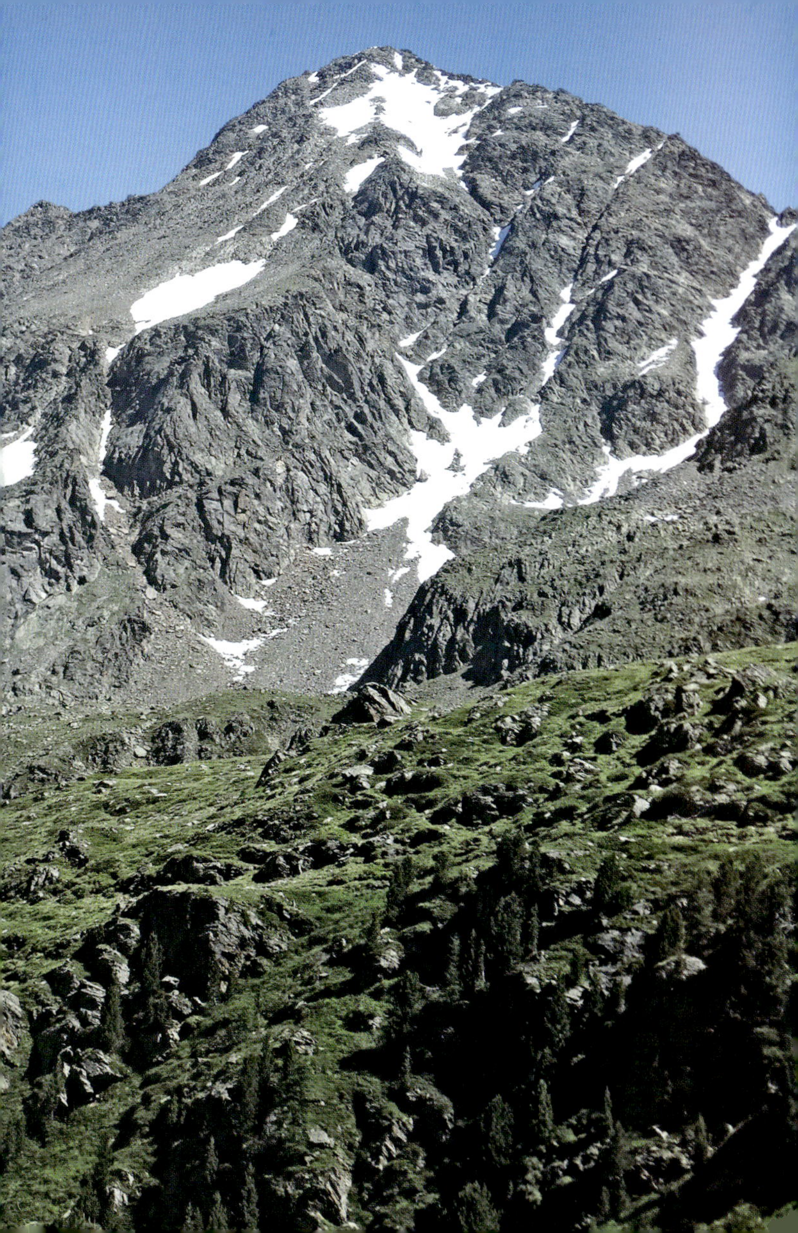

STICHWORTVERZEICHNIS

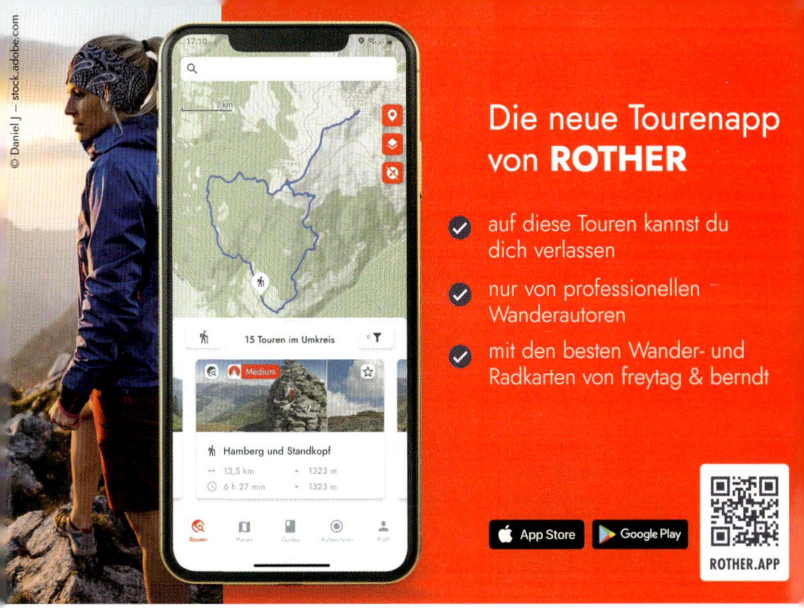
© Daniel J — stock.adobe.com
Die neue Tourenapp von ROTHER
auf diese Touren kannst du dich verlassen
nur von professionellen Wanderautoren
mit den besten Wander- und Radkarten von freytag & berndt
15 Touren im Umkreis
Medium
Hamberg und Standkopf
App Store
Google Play
ROTHER.APP

Umschlagbild: Karlsbader Hütte und Laserzsee im Herzen der Lienzer Dolomiten (Touren 7 und 8).

Bild S. 1: Ralfkopf, 3106 m, im Debanttal.

Bild S. 24/25: Die Kerschbaumeralm begrenzt von den Eisenschuß-türmen (Touren 5 und 6).

Bild S. 178/179: Blick auf den Hochschober von Süden. Von der Staniska-scharte (links) geht es am Westgrat zum Gipfel (Tour 16).

Alle Fotos vom Autor, außer Seite 160 (© Archiv Tuffbad).

Kartografie:
50 Wanderkärtchen im Maßstab 1:50.000
sowie 2 Übersichtskärtchen im Maßstab 1:500.000 und 1:700.000
© Freytag & Berndt, Wien

7., aktualisierte Auflage 2022

ISBN 978-3-7633-4132-0

FSC www.fsc.org
MIX
Papier aus verantwortungsvollen Quellen
FSC® C021956

Wir freuen uns über jeden Korrekturhinweis zu diesem Wanderführer!
Bitte per E-Mail an: leserzuschrift@rother.de

ROTHER BERGVERLAG · Keltenring 17 · D-82041 Oberhaching
Tel. +49 89 608669-0 · www.rother.de